U0095178

四川大学中华文化研究院　主办

项　楚　舒大刚　主编

中华经典研究

第三辑

创于1897
The Commercial Press

商务印书馆

图书在版编目 (CIP) 数据

中华经典研究 . 第 3 辑 / 项楚 , 舒大刚主编 . —北京：
商务印书馆 , 2023
ISBN 978-7-100-22769-8

Ⅰ.①中… Ⅱ.①项…②舒… Ⅲ.①中华文化—
文集 Ⅳ.① K203-53

中国国家版本馆 CIP 数据核字（2023）第 136672 号

中华经典研究

第三辑

项 楚 舒大刚 主编

商 务 印 书 馆 出 版
（北京王府井大街 36 号 邮政编码 100710）
商 务 印 书 馆 发 行
江苏凤凰数码印务有限公司印刷
ISBN 978-7-100-22769-8

2023 年 9 月第 1 版 开本 700×1000 1/16
2023 年 9 月第 1 次印刷 印张 14½

定价：96.00 元

目　录

书 评

专题研究

谯定易学:被转换了的角色

——谯定为"程门大宗"辨析

刘复生*

摘要:谯定是宋代著名易学家,以传象数之学名世。两宋之际,传闻他有御敌之术,两次受召而未果。他又是一名著名隐士,宋孝宗时期,传说他以一百二三十岁高龄隐居于成都青城山。然而多种证据显示,谯定不可能有如此高寿。谯定曾问学于郭雍、郭曩氏二郭,习易象数学。谯定与程颐的学术分野清楚,他终生并未见过程颐。宋人或列之入"程门",清人又将他视为"程门大宗",这些都是难以成立的。

关键词:谯定 程颐 易学 象数 朱熹

谯定,字天授,是宋代著名易学家,以传象数之学名世,是一位隐士,《宋史》入《隐逸传》。然而关于他的生平事迹,诸书语焉不详,且抵牾不少。宋李心传(1167—1244)在《道学兴废》中将谯定列入"伊川门人",《宋元学案》承此以"程子门人"入《刘李诸儒学案》,甚至视为"程门一大宗",今人亦多采此说。然而考诸史实,谯定"程门"及高寿之说都是不真实的,其师从"二郭"等问题也应有所辨正。本文揭示其易学角色之转换

---

* 刘复生,四川大学历史文化学院教授、博士生导师,主要研究方向为宋史、思想文化史与民族史。

及其由来,希望对这桩儒学史上的重要疑案有所澄清,期以深化对所谓"易学在蜀"的认识。

一、 谯定在宋代的社会活动

传说谯定是一位高寿的隐士,后世传闻甚多,然而比勘史料,除去无法证实的传闻,他的一生只有两个时段的活动比较可信。

第一个时段是两宋之际,谯定在中原地区活动,两次受召而未果。《宋史·谯定传》载:

> 靖康初,吕好问荐之,钦宗召为崇政殿说书,以论弗合,辞不就。高宗即位,定犹在汴,右丞许翰又荐之,诏宗泽津遣诣行在。至惟扬,寓邸舍,窭甚,一中贵人偶与邻,馈之食不受,与之衣亦不受,委金而去,定袖而归之,其自立之操类此。上将用之,会金兵至,失定所在。

两次受诏时间是靖康元年(1126)、高宗即位的建炎元年(1127)。《宋会要》载两次受召说:"建炎元年八月十五日,诏蜀人谯定、长卢隐士张自牧,令守臣以礼遣赴行在。定知兵法,晓八阵图,靖康间尝命以通直郎、崇政殿说书。自牧沈毅有谋,亦知兵。宣和末召至京师,不用。"①李心传《建炎以来系年要录》亦记谯定两次受召事,建炎元年八月壬申,"召布衣谯定赴行在。定,涪陵人,学于伊川程颐。靖康中,召为崇政殿说书,定以言不用,辞不受。至是犹在东都,尚书右丞许翰荐于朝,诏宗泽津遣赴行在"②。李心传在《道学兴废》中记为"天授入朝于靖康

---

① [清]徐松辑:《宋会要辑稿》选举三四之五〇,中华书局 1957 年版影印本。
② [宋]李心传:《建炎以来系年要录》卷八,建炎元年八月壬申,中华书局 1988 年版,第 200 页。

而不合,绍兴中再召不起,后隐青神山中"①,将第二次受诏时间记在绍兴中,或误。

关于第一次受召,《靖康要录》卷一一靖康元年十月十一日,殿中侍御史胡舜陟奏:"涪陵人谯定,尝受《易》于曩氏郭先生,究极象数,逆知人事,而洞晓诸葛亮八阵法,用兵有必胜之理。今居河南府,乐道潜幽,不求闻达,自非厚礼招之,恐莫能致。"②《宋史》卷三七八《胡舜陟传》记为靖康时,胡舜陟奏:"涪陵谯定受《易》于郭雍,究极象数,逆知人事,洞晓诸葛亮八阵法,宜厚礼招之。"如此,是先有胡舜陟举奏,后有吕好问荐。谯定第二次受召,王质《涪陵谯先生祠记》载:"建炎之初,诏起谯先生于河南,无所踪迹。有野人道使者入嵩山深绝,见先生卧土屋,衣襦,釜灶皆尘,强掖起之。既至,与宰相不合,遂去,不知所之。"③又据陆游所说:"建炎初以经行,召至扬州,欲留之讲筵,不可,拜通直郎、直秘阁致仕。"④"致仕"之说他处未见,此不论。受召的目的是朝廷不切实际地以为他有抗敌的奇术。综上,谯定在两宋之际曾在河南一带活动,两次被召,诸多材料可资印证,这是可以确定的。

第二个时段是孝宗时期,据传他长期隐居于成都青城山,当是建炎中被召未果后"不知所之"后的落脚地。《宋史·谯定传》载南宋初"失定所在"之后,"复归蜀,爱青城大面之胜,栖遁其中。蜀人指其地曰谯岩,敬定而不敢名,称之曰谯夫子,有绘像祀之者,久而不衰"。既然是"复归蜀",应该之前就曾在蜀地来过,前引《宋会要》建炎元年(1127)朝廷就称他为"蜀人"。从广义来讲,涪陵也可称为蜀地,但《宋史》所言的复归蜀显然是指的西蜀。曾敏行在《独醒杂志》记:"一日忽弃家,隐于青

① [宋]李心传:《建炎以来朝野杂记》甲集卷六《道学兴废》,徐规点校,中华书局2000年版,第137页。
② [宋]汪藻:《靖康要录笺注》卷一一,靖康元年十月十一日,王智勇校注,四川大学出版社2008年版,第1157页。
③ [宋]王质:《涪陵谯先生祠记》,载《雪山集》卷七,此据《全宋文》卷五八一三《王质》卷九。
④ [宋]陆游:《剑南诗稿》卷一九,载《陆放翁全集》,中国书店1986年版,第341页。

城山,莫知所终。"曾敏行(1118—1175),江西吉水人,未曾到过蜀地,自叙:"方士为余言,今或有见之山中者,不知天授之年又几何矣。"①陆游于乾道九年(1173)赴蜀州(今成都崇州市)任,前后在蜀宦游七年,陆游有记说:"近岁有谯定、雍孝闻、尹天民,亦皆以儒士得道。定今百二十余岁,故在青城山中采药,道人有见之者,读《易》尚不辍也。"②后来又有《寄谯先生》诗,题记有云:"谯先生定,字天授……今百三十余岁,巢居崄绝,人不能到,而先生数年辄一出至山前,人有见之者。"陆游说他们"盖皆得道于山中,因而作诗托上官道人寄之",诗问:"寄谢谯夫子,今年一出无?"大体与陆游听闻谯定事同时,王质有《谯天授画像》诗,自注云:"谯定名定,涪陵人,受道于伊川,后弃乡里,隐河洛,复归蜀,居青城之老人村,至今尚存。"王质(?—1188)为绍兴三十年(1160)进士,孝宗时虞允文宣抚川、陕,王质偕行,过涪陵时,伊川之孙程公为太守,方熟知谯定其人事迹,撰《涪陵谯先生祠记》说:"先生名定,字天授,起布衣为通直郎、直秘阁,丧乱莫知所终。或云终于嵩山少林寺,又云隐居青城之老人村,易姓,迨其今犹存云。"③多人指证谯定在宋孝宗时尚在人世,"人有见之者",或者可以采信,但是"百三十余岁"乃传闻无疑。

考诸史实,谯定只有在靖康、绍兴受召和宋孝宗时隐居青城山中两事较为确定。李心传在《道学兴废》中说,"天授入朝于靖康而不合,绍兴中再召不起,后隐青神山中"④,我以为合乎实情。至于其他传闻,下面再作分析。

① [宋]曾敏行:《独醒杂志》卷七,朱杰人点校,上海古籍出版社1986年版,第61页。
② [宋]陆游:《渭南文集》卷二六《书神仙近事》,载《陆放翁全集》,中国书店1986年版,第152页。
③ [宋]王质:《涪陵谯先生祠记》,载《雪山集》卷七,今据《全宋文》卷五八一三《王质》卷九。王质绍兴三十年(1160)进士第,孝宗初随虞允文入蜀,《宋史》卷三九五《王质传》。
④ [宋]李心传:《建炎以来朝野杂记》甲集卷六《道学兴废》,徐规点校,中华书局2000年版,第137页。唯"青神"当为"青城"之误。

二、 谯定的年龄与师从

谯定的身世一直是个谜,除以上两时段谯定生平活动有迹可循外,其他问题在南宋数据上即已经模糊抵牾,围绕谯定的一系列问题至今也难有定论。今用宋代的材料试作辨析,宋以后的材料附会更多,本文不取。

谯定的年龄,《宋史》缺载,传闻中的年龄则扑朔迷离。一般来讲,在"人生七十古来稀"的中国古代,活了一百三十余岁且还能出山入山,生活在"巢居崄绝,人不能到"之处,是违背常理的。前引陆游在蜀时所撰《书神仙近事》中说"定今百二十余岁",离蜀后又有《寄谯先生》诗称"今百三十余岁"①。淳熙二年(1175)陆游在成都知府范成大手下供职,以陆游两次谈到他的年龄推算,则谯定的出生大体在宋仁宗至和年间(1054—1056)前后。如此,两宋之际谯定活动于开封时,年应在七十多岁,此时之谯定的活动颇为神秘,也很有活力,或在汴,或在洛,或在嵩山,或在扬州,岂是古稀老人之所为? 当然,在理论上,也不能完全排除这种可能性。但今见两宋之际的相关史料,对他的年龄皆不置一词。谯定靖康被召未用而"杜门不出"时,张浚曾拜见过谯定,"问所得于前辈者,定告公,'但当熟读《论语》'"②。后面要提到的见过谯定的刘勉之(1091—1149)、胡宪(1086—1162),同样对其年龄不置一词。宋孝宗时王质《涪陵谯先生祠记》描述了两宋之际活跃的谯定,也未言及年龄。再说,从道理上讲,吕好问或胡舜陟以及许翰推荐一个七八十岁的老翁来抵御金人,荐辞中理应要渲染一番,然而却全然未及于年龄,似乎唯一正

---

① 钱仲联将此诗的写作时间定于淳熙十四年(1187),见钱仲联校注:《剑南诗稿校注》,上海古籍出版社1985年版,第1508页。
② [宋]李幼武:《四朝名臣言行录》别集上卷三《张浚》,引自[宋]汪藻:《靖康要录笺注》卷一一,靖康元年十月十一日,王智勇校注,四川大学出版社2008年版,第1157页。

确的解释是两宋之际谯定的年岁在正常的范围之内,并不需要特别提及。

所以我以为,所谓谯定高寿一百三十余年是极不可信的。两宋之际谯定活跃于中原时,也应当在壮年。"长寿"历来是准备成为神仙的隐逸之士夸耀道术的惯用做法,并无证据显示隐士就会长寿,已有学者对谯定超高寿有所质疑。① 有理由进一步提出疑问:两宋之际,谯定活跃于中原大地之时,没有人提及他的年龄,可约五十年后的孝宗之时,一个一百二三十岁的高寿隐者突然冒了出来,岂非咄咄怪事?

再说谯定的师从。谯定的老师是谁? 朱熹说:"涪人谯定受学于二郭,为象学。"小字记二郭为"载、子厚"②。宋太宗时有郭载者为成都知府,死于王小波、李顺变乱之年,与此郭载无关;郭子厚他无见,均可勿论。但我们知道,谯定的老师,的确有"二郭":一为郭雍,一为郭曩氏。假如此二郭与朱子所记二郭无关,谯定则有四个郭姓老师,这种"凑巧"是难以置信的。所以我以为,此二郭极有可能即彼二郭,因无确凿材料,可暂置勿论。

以下讨论谯定之师郭雍、郭曩氏"二郭"。

郭雍何人? 郭雍在《宋史》入《隐逸传》,长期"隐居峡州,放浪长杨山谷间",乾道年间(1165—1173),旌召不起。《宋史·胡舜陟传》中说:"涪陵谯定受《易》于郭雍,究极象数,逆知人事,洞晓诸葛八阵列法。"③ 这是钦宗时,时任侍御史的胡舜陟向朝廷推荐谯定之语。郭雍之父郭忠孝(字立之)曾"受业伊川先生二十余年",著有《易说》,号兼山先生。郭

---

① 胡昌健认为隐于青城山的谯夫子与谯定是两人,见胡昌健:《此"夫子"非彼"夫子"》,载四川大学古籍研究所、四川大学宋代文化研究中心编:《宋代文化研究》第 23 辑,四川大学出版社 2016 年版,第 252 页。

② [宋]黎靖德编:《朱子语类》卷六七《易三·纲领下》,王星贤点校,中华书局 1986 年版,第 1677 页。宋太宗时有郭载为成都知府,死于王小波变乱之年,可勿论。

③ 《宋史》卷三七八《胡舜陟传》,中华书局 1977 年版,第 11669 页。

雍自叙"甫四岁而伊川殁"①,伊川殁于大观元年(1107),则郭雍当生于约1103年,《宋史》本传载郭雍卒于淳熙十四年(1187),享年应为八十四岁(1103—1187)。北宋亡时,郭雍当为二十四岁,得家传之学,谯定稍前在汴,从郭雍问学自有可能。若此时谯定已古稀七十而"不耻下问",必学界之美谈,然而却未见对这一点有何誉词,可以推断,如果谯定年龄长于郭雍,那么也不会多太多。王质《涪陵谯先生祠记》言:"过涪陵见伊川之孙太守程公,示余以武夷胡公宪、河南郭公雍诸文,且道所未尽者,乃得其本末出处甚悉。"伊川之孙为涪陵太守,藏有胡宪、郭雍留存的与谯定相关的文字,胡宪曾问学于谯定,谯定曾问学于郭雍。《宋史》卷三八九《谢谔传》载,宋孝宗曾问谢谔:"闻卿与郭雍游,雍学问甚好,岂曾见程颐乎?"谔奏:"雍父忠孝尝事颐,雍盖得其传于父。"上遂封雍为颐正先生,时年八十二,应即淳熙十二年(1185)。朱熹曾在长沙见到郭雍所著"医书、历书数帙",又说他"著书颇多","其论《易》数颇详"。② 朱熹与郭雍(字子和)有一些交往,双方曾辩论蓍法问题而意见不合。郭雍曾治《中庸》,朱熹说"切不可看,看着转迷闷也"③,又说他"传其父学,又兼象数,其学已杂"④,对其学术不以为然。从郭雍颇详于象数之易来看,《宋史》所载谯定曾"受学"于他是可能的。

至于郭曩氏,《宋史·谯定传》说:"谯定字天授,涪陵人。少喜学佛,析其理归于儒。后学《易》于郭曩氏,自'见乃谓之象'一语以入。郭曩氏者,世家南平,始祖在汉为严君平之师,世传《易》学,盖象数之学也。"谯

---

① [宋]郭雍:《郭氏传家易说自序》,载[清]黄宗羲撰,[清]全祖望补修:《宋元学案》卷二八《兼山学案》,陈金生、梁运华点校,中华书局1986年版,第1029页。《宋元学案·兼山学案》以郭雍享年九十七,《中国历史大辞典·宋史卷》将郭雍生卒年标为1091—1187,皆误。

② 《跋郭长阳医书》《与陆子静书》,分别见郭齐等点校:《朱熹集》卷八三,四川教育出版社1996年版,第4297页;《朱熹遗集》卷二,载《朱熹集》,四川教育出版社1996年版,第5643页。

③ [宋]朱熹:《答胡宽夫》,载《朱熹集》卷四五,郭齐、尹波点校,四川教育出版社1996年版,第2152页。

④ [宋]黎靖德编:《朱子语类》卷一〇一,王星贤点校,中华书局1986年版,第2578页。

定说:"象学非自有所见不可得,非师所能传也。"①是言谓象学关键在于
自身的体悟。王应麟(1223—1296)记有两则关于谯定的材料,一为《困
学纪闻》卷十五《考史》所记:"谯天授之学,得于蜀夔氏夷族。"二为《姓
氏急就篇》卷下:"蜀有夔氏夷,其族世传严君平易学,谯定往受。"均将谯
定学得之于了西蜀之夷族。又,汪藻《靖康要录》卷一一靖康元年十月十
一日,胡舜陟奏说"涪陵人谯定,尝受《易》于夔氏郭先生",程迥《周易章
句外编》载:"谯定,字天授,涪州人,尝授(当为"受")《易》于羌夷中郭
载,载告以'见乃谓之象'与'拟议以成变化'之义。郭本蜀人,其学传自
严君平。"②若将以上提到的《宋史》《困学纪闻》《姓氏急就篇》《靖康要
录》《周易章句外编》五书对勘,有五点相似:谯定乃涪州人,曾受《易》于
郭氏(郭载或郭夔氏),郭氏本蜀人,世传严君平易学,郭氏与羌夷有关。
只有《宋史》中言郭夔氏"世家南平"且始祖为"严君平之师"与诸说不
协,没有材料可以佐证《宋史》此说。我以为《宋史》这一说法是不能成立
的,基于以下两点:

其一,南平在今重庆之南,与涪陵在汉代均属巴地,尚处未开发的状
况,唐宋时主要居民为"南平獠",住"干栏",穿"通裙"。③ 宋称为"渝州
蛮",在宋代为"熟夷",有李光吉、梁秀等三族据其地,"各有众数千家。
常威势胁诱汉户,有不从者屠之,没入土田。往往投充客户,谓之纳身,
税赋皆里胥代偿。藏匿亡命,数以其徒伪为生獠劫边民,官军追捕,辄遁
去,习以为常"④。其实"南平獠"即仡佬族先民,文化相当落后,无论从
哪方面来说,都与严君平无关。

其二,严君平乃西汉后期隐居于成都市井的易学家,以卜筮为业,是

---

① [宋]黎靖德编:《朱子语类》卷六七,王星贤点校,中华书局1986年版,第1677页。有注
云:"'见'字本当音现,谯作如字意。"
② [宋]程迥:《周易章句外编》,文渊阁《四库全书》本。
③ 《新唐书》卷二二二下《南蛮传下》,中华书局1975年版,第6325页。
④ 《宋史》卷四九六《蛮夷传四》,中华书局1977年版,第14240页。

大儒扬雄的老师。而《宋史》所载,世家南平的郭曩氏之始祖是汉代成都严君平的老师,这真是从何说起? 有关"南平"仅见于此,西汉至宋的一千年间,从未有过相关记载。古籍记载与流传,本来就是真实与谬误混杂,需要对史料作严密的考辨而后可用。而成都以西的青城山一带,正是古代的羌夷之地,也是夷汉交界的蜀地,程迥所记"郭本蜀人,其学传自严君平",符合史事。或以为,郭曩氏和郭载可能为同一人,①这是有可能的,此不多辨。

三、 谯定为"程门大宗"辨误

《宋史·谯定传》:"定《易》学得之程颐,授之胡宪、刘勉之。"宋人或认为谯定追随过程颐,故而列入"程门",如李心传《道学兴废》就将谯定列为"伊川门人"。②清人万斯同在《儒林宗派》中列谯氏入"程氏门人",王梓材认为谯定"在程门私淑之列",又弟子众,进而认为谯定"固程门一大宗也"。然而全祖望说:"有及相随从而不得置之弟子者,如谯定之于程门是也。"③显然并不赞同这种说法。

重要的是,谯定之《易》是否"得之程颐"? 虽然全祖望没有否定谯定"相随从"程氏,但他认为不得置于"程门"的见解,我以为是立得住足的,而将谯定列为"程门一大宗"更难以成立。其实,谯定是否见过程颐也是成问题的。朱熹说:

---

① 参见粟品孝:《〈宋史·谯定传〉注释》,载四川大学古籍研究所、四川大学宋代文化研究中心编:《宋代文化研究》第23辑,四川大学出版社2016年版,第161页。
② [宋]李心传:《建炎以来朝野杂记》甲集卷六《道学兴废》,中华书局2000年版,第137页。
③ [清]黄宗羲撰,[清]全祖望补修:《宋元学案》卷三〇《刘李诸儒学案·征君谯天授先生定》,陈金生、梁运华点校,中华书局1986年版,第1079页;[清]万斯同:《儒林宗派》卷八,四明张氏约园1934年雕本。2015年11月由四川大学等单位主办的"谯定学术研讨会"在重庆市长寿区召开,会上除祁和晖、陈德述等少数学者质疑外,大多采信"程门"之说。会议论文载四川大学古籍研究所、四川大学宋代文化研究中心编:《宋代文化研究》第23辑,四川大学出版社2016年版。

熹见胡（宪）、刘（勉之）二丈说亲见谯公，自言识伊川于涪陵，约以同居洛中。及其至洛，则伊川已下世矣。问以伊川《易》学，意似不以为然。至考其他言行，又颇杂于佛、老子之学者，恐未得以门人称也。以此一事及其所著象学文字推之，则恐其于程门亦有纯师者。不知其所谓卒业者，果何事邪？①

这是通过胡、刘二公之口转述的，谯公"自言"的内容有三：与伊川相识于涪陵，约以同居洛中，谯定至洛时伊川已下世。《宋史·谯定传》载谯定先到洛阳从程颐学，后来程颐刚好贬涪，师友"游泳"（"论学"）于当地北山。如此，谯定认识程颐又在贬涪之前甚早，与谯定"自言"说法相悖，《宋史》此记可以否定。

更重要的是，谯定"自言"是否真实？绍圣四年（1097）二月朝廷绍述新法，程颐于十一月被送涪州编管。元符三年（1100）元月宋哲宗死后，程颐被赦免回到洛阳。稍早于程颐被贬涪州，诗人黄庭坚也被贬谪为涪州别驾，黔州安置，他于绍圣二年（1095）四月到达黔州（治今重庆彭水），元符元年（1098）由彭水到戎州（今宜宾），元符三年（1100）遇赦而返。按理说，如果此间谯定在当地已有声名，或者如《宋史》本传所说谯定先到洛阳问学于伊川，程颐贬涪之后，二人应该"相见甚欢"才是，起码也应当在相关著述中有所反映，然而多种资料均显示程颐在涪时二人并无交往之迹。

其一，程颐、黄庭坚二人的著述中，没有与谯定相识的半点文字，留下的只是谯定"自言识伊川于涪陵"的传言。谯定的"自言"，本来就令人怀疑，与《宋史·谯定传》所记先在洛阳相识相矛盾。清儒胡渭说："朱子此言，则谯定仅识伊川于涪陵，而入洛则不及见，《史》称先受《易》于洛，

---

① ［宋］朱熹：《与汪尚书》，载郭齐等点校：《朱熹集》卷三〇，四川教育出版社 1996 年版，第 1286 页。

后复从游于其乡者,妄也。"①其实朱子也只是转述了胡、刘二公说的谯定在涪与程颐相识的"自言",而这"自言"并不可信。还可补充的是,称为程门四大弟子之一的洛阳人尹焞(1071—1142),靖康中被召入京,赐号和靖处士,开封陷落后,"焞自商州奔蜀,至阆,得程颐《易传》十卦于其门人吕稽中,又得全本于其婿邢纯,拜而受之。绍兴四年,止于涪。涪,颐读《易》地也。辟三畏斋以居,邦人不识其面"②。绍兴五年(1135)十一月被召赴临安。今存其《和靖先生集》中,对谯定也未置一词,故而谯定识程颐于涪之说是极可怀疑的。

其二,宝庆三年(1227)成书的《舆地纪胜》载"伊川、鲁直相继谪居于涪,闻其名,未之识,遂率伊川往访之,从此深加敬仰,后随伊川入洛"③。似乎伊川、黄庭坚(鲁直)在涪时,谯定已相当有名,故程、黄二人前往拜访。这段话是经不得推敲的,明显系后来的"建构",文字不经,断不可信。若依谯定在乾道时已有一百二十余岁计,程颐在涪时,谯定已四十多岁,正是学者大有为之年,然而却没有证据显示此时的谯定有何造诣。极有可能的是,这时的谯定还正年少,不太可能真的见到过程颐。

其三,谯定名声鹊起是北宋末年在河南之时,不是靠学术,而是靠"传闻":一是传闻他有抗金的异术,二是传闻他曾从程颐游;前者引朝廷注意,后者引学者探访。他两次受召不起,第一次受召因见解不合而去,第二次则"不知所终",疑似大敌当前"溜掉"了。两位求学者胡宪、刘勉之都是听闻谯定曾问学于程颐而前往叩之。刘勉之将谯定言"太极之

---

① [清]胡渭:《易图明辨》卷一〇《象数流弊·论蜀隐者》,文渊阁《四库全书》本。此《史》当指《宋史》。
② 《宋史》卷四二八《尹焞传》,中华书局1977年版,第12734页。本条材料为粟品孝教授提示,谨此致谢!
③ [宋]王象之:《舆地纪胜》卷一七四《涪州人物·谯定》,文选楼影宋钞本,中华书局1992年版。祝穆《方舆胜览》卷六一《涪州·人物》同此。

语"告诉前辈刘安世(1048—1125),安世感叹:"不知天壤乃复有斯人。"①若此,说明此前谯定没有什么名声,现也无确切的材料证明他此前有什么活动,前引胡舜陟推荐他时也说此人"不求闻达"。可以推测,谯定此时方"出山"不久。谯定"自言"到洛时,伊川已下世,程颐卒于大观元年(1107),可以进一步推测,谯定于宣和七年(1125)刘安世之前若干年才到中原地区活动,刘勉之等人听闻他曾问学于程颐,于是前往问学。

其四,《宋史·谯定传》说谯定从学于程颐之后,"弃其学而学焉"。曾敏行也记:"涪陵谯定,字天授,幼学释氏。伊川之贬涪也,始尽弃其学而学焉。伊川教以《中庸》诸书,多有颖悟。"②问题是,以象数学著称的谯定何尝丢弃了自己的易学观? 或丢弃了从少所喜之佛学? 谯定有阐发佛学明心见性的《牧牛图》诗,正是他幼学释氏的结晶,对"尽弃其学"作出否定的回答则是可以肯定的。如上揭,朱熹从学理上区别了谯定与伊川的差异,谯定对程颐之易"似不以为然",已说明这个问题。谯、程学术明显不同,将谯定列为程门并不符合实情。

所以,说谯定问学于程颐,不可引以为据。郭雍之父从程颐学,但他本人四岁时程颐就已去世,郭雍自己曾说有与伊川往来的一些书信,但已焚荡,朱熹就表示严重怀疑,当然,他有一些乃父与程颐交往的一些遗物是有可能的。郭雍曾说:"谯天授亦党事后门人。"③谯定追随过程颐门人,曾读过程氏的一些著述,和程氏的弟子有一些交往,这些都在正常范围之内。

从西汉严君平以来,蜀中《易》学表现出明显重象数的传统。《宋史·谯定传》载:

---

① [宋]王象之:《舆地纪胜》卷一五一《永康军人物》,文选楼影宋钞本,中华书局1992年版。
② [宋]曾敏行:《独醒杂志》卷七,朱杰人点校,上海古籍出版社1986年版,第61页。
③ [宋]朱熹:《与汪尚书》,载郭齐等点校:《朱熹集》卷三〇,四川教育出版社1996年版,第1286页。

　　初,程颐之父珦尝守广汉,颐与兄颢皆随侍,游成都,见治篦箍桶者挟册,就视之则《易》也,欲拟议致诘,而篦者先曰:"若学此乎?"因指"《未济》男之穷"以发问。二程逊而问之,则曰:"三阳皆失位。"兄弟涣然有所省,翌日再过之,则去矣。其后袁滋入洛,问《易》于颐,颐曰:"《易》学在蜀耳,盍往求之?"①

　　据此,篦者指"未济"之卦象为"三阳皆失位",以象推理,实操易之象数学无疑。如此而言,蜀中易象数学至少在北宋即已深入民间了。所谓"易学在蜀",毋宁说是易象数学在蜀更为准确,程颐成都问易事,朱熹编《河南程氏外书》卷一一已有载而稍简,《宋史》将这一段对话放在谯定本传中,正是谯定易学的正确诠释。谯定将隐居之地选在蜀地,不失为适合自己学术旨趣的合理选择。

四、 谯定易学:被转换的角色

　　以上认定,谯定并未见过程颐,两人在学术上的分野十分清楚,没有学脉相传的证据。如果此说成立,那么,将谯定认定为"程门一大宗"是如何发生的? 这位象数易学家的角色是如何被转换的?

　　如前述,谯定既然不可能与伊川相识于涪陵,当然就不存在"相约"之事。后来他的确到了洛阳,但未能获见程,这也是谯公自己说的。所以说,后来一些材料说谯公与伊川在洛阳相见的话应该是不真实的,逻辑、道理都很简单,为何要相信晚出材料说二人在洛见过? 有的史书上记载二人在洛阳相见,还不是简单相见,这里要重点分析《建炎以来系年

---

① 《宋史·谯定传》。程颐成都问易一事,学界有所讨论。朱熹编《河南程氏外书》卷一一也有记载,文字略有异,载《二程集》,中华书局1981年版,第412页。参见粟品孝:《〈宋史·谯定传〉笺注》,载四川大学古籍研究所、四川大学宋代文化研究中心编:《宋代文化研究》第23辑,四川大学出版社2016年版。

要录》建炎元年八月壬申所载材料：

> 壬申，召布衣谯定赴行在。定，涪陵人，学于伊川程颐。靖康中，召为崇政殿说书，定以言不用，辞不受，至是犹在东都。尚书右丞许翰荐于朝，诏宗译津遣赴行在。自熙丰间，程颢程颐以道学为天下倡，其高弟门人，有故监察御史建阳游酢，监西京竹木务上蔡谢良佐，今徽猷阁待制、提举西京嵩山崇福宫将乐杨时。其后党祸作，颐屏居伊阙山，学者往从之，而定与尹焞为首。至大观以后，（杨）时名望益重，陈瓘、邹浩皆以师礼事时，而胡安国诸人实传其学。宣和末，或说蔡攸以时事必败，及召时至经筵，渊圣皇帝擢为谏官，以论事不合去。吕好问在政府，首言时之贤于上，复召还朝，未至而又召定。是时，给事中许景衡、左司员外郎吴给、殿中侍御史马伸，皆号得颐之学，已而传之浸广。好名之士多从之。亦有托以是售于时，而识真者寡矣。①

这段史料理应十分重要，编者李心传利用了其父舜臣任宗正寺主簿而得以阅见官藏文档的条件。是书大约是在嘉定元年（1208）或稍前完成的，《四库提要》谓："是编以国史、日历为主，而参之以稗官野史，家乘志状，案牍奏报，百题名，无不胪采异同，以待后来论定。"也就是说，上面这段文字李心传是有来源根据的。寻其史源，可以发现，以上文字与题署留正编《皇宋中兴两朝圣政》（以下简称《两朝圣政》）卷二所载全同，一字不差。《两朝圣政》实际上是合《高宗圣政》（《光尧圣政》）和《孝宗圣政》（《寿皇圣政》）两书而成，加上了一些留正等人的评议，是否改动过原《圣政》本身文字不好臆测。《高宗圣政》于乾道三年（1167）修成，《孝

---

① ［宋］李心传：《建炎以来系年要录》卷八，建炎元年八月壬申，中华书局1988年版，第200页。

宗圣政》于绍熙三年(1192)修成,或可断定,《建炎以来系年要录》的这段文字来自《两朝圣政》。此述"大观"之前程氏"高弟门人"有游酢、谢良佐、杨时、尹焞、谯定五人,程学史表明,前四人被称为"程门四高足",其中尤以杨、谢二人成就最大,①而谯定无所依止,好事者将之拉入程门,遂成千古迷障。

《宋会要辑稿》中也有两段关于谯定的文字。"钦宗靖康元年十一月十一日,诏:涪陵人谯定赴阙,以殿中侍御史胡舜陟言,定究极易数,逆知人事,洞晓诸葛亮八阵法故也。"又建炎元年(1127),"八月十五日,诏:蜀人谯定、长卢隐士张自牧,令守臣以礼遣赴行在。定知兵法,晓八阵图,靖康间尝命以通直郎、崇政殿说书。自牧沉毅有谋,亦知兵。宣和末召至京师,不用,至是提举南京鸿庆宫,许翰奏闻,故有是命"②。两次被召均是因为谯定有退敌的奇术。与《宋会要辑稿》所载相较,除谯定两次受召事大体略同外,《两朝圣政》删去了被召是因为谯定身怀不靠谱的异术,但增修了二程道学的发扬光大的一段文字,而谯定成为追随程颐的首领人物,形象变得十分"正面",与程颐理学更为靠近了。一删一增,谯定的角色发生了转换,从易象数学的传承人成了程颐之学的追随者。

引文中"其后党祸",是指崇宁二年(1103)十一月,"言者论伊川先生聚徒传授,乞禁绝",于是"奉圣旨依","先生于是屏居伊阙之南","语四方学者曰:'各尊所闻,行所知可矣,不必及吾门也'"。③《两朝圣政》增加了"学者往从之,而定与尹焞为首"一句,程颐既已屏居,且有"不必"之戒,又与谯定本人所言"及其至洛,则伊川已下世矣"相悖,所以我以为,增加的这句话并不可靠。那么,这句话从何说起?答案也许就在上引《建炎以来系年要录》那段文字中。北宋晚期,虽然程颐道学受到朝廷

---

① 参见侯外庐、邱汉生、张岂之主编《宋明理学史》中《二程的后学及其思想》一节,人民出版社 1984 年版,第 173—180 页;何俊《南宋儒学建构》中《程门的薪火相传与南宋儒学的开始》一节,上海人民出版社第 2004 年版,第 20—24 页。
② [清]徐松辑:《宋会要辑稿》选举三四之五〇、五一,中华书局 1957 年版影印本。
③ [宋]李心传辑:《道命录》卷二,朱军点校,上海古籍出版社 2016 年版,第 16 页。

的打击，但三四十年以来"传之浸广"，如上所揭，许多人"皆号得颐之学，好名之士多从之。亦有托以是售于时，而识真者寡矣"。不幸的是，谯定确有托以自售之嫌。他对程颐之学，"似不以为然"，又杂佛老，《宋史》本传所谓此前即在洛"得闻精义、浩然而归"更是无稽之谈。

刘勉之、胡宪二人在北宋后期洛学遭逢厄运之时私下读程颐书，后来听闻谯定有问学于程颐的经历而前往求问，结果至少令胡宪失望。《宋史·胡宪传》载："绍兴（当为'靖康'）中以乡贡入太学。会伊、洛学有禁，宪独阴与刘勉之诵习其说。既而学《易》于谯定，久未有得，定曰：'心为物渍，故不能有见，唯学乃可明耳。'"《朱子语类》亦载："籍溪见天授问易，天授令先看'见乃谓之象'一说。籍溪未悟，他日又问，天授曰：'公岂不思象之在道，犹易之有太极耶？'"这个回答，连朱熹也很不满意地说："如此教人只好听耳！"①又载说，胡宪问《易》，"示喻'见乃谓之象'，若如是言，推为文辞则可，于见处则未必。公不思象之在道，乃易之有太极耶？"②张浚也曾慕名往拜谯定，朱熹《张浚行状》中记说：宋钦宗召谯定至京师，定以言不用力辞，杜门不出。张浚公往见至再三，"定开延入，公问所得于前辈者，定告公但当熟读《论语》"③。《论语》是儒家学者的必读"教科书"，该思想并不出于程颐，谯定的这个回答十分含混，未能传达出"前辈"的什么精髓来，而且"见乃谓之象"乃易象学家的玄想，无论如何解释，谯定却是得之于传蜀中严君平一系的郭曩氏，与程学并不靠边。由此可见，谯、程学术分野十分清楚，没有必要披上"程门"的外衣。所谓托伊川名以自售，就是欲拉近关系，谯定问学过的郭雍也有此"嫌疑"，朱熹在《与汪尚书》信中，就质疑郭雍事说："其辨侍疾事，云有《请问录》《象学问》及伊川往来书，虽已焚荡，想渠尚及记忆。欲乞因书试为询

---

① ［宋］黎靖德编：《朱子语类》卷六七《论后世易象》，中华书局1986年版，第1677页。
② ［元］刘应李辑：《新编事文类聚翰墨全书》辛集卷二，元刻本。
③ ［宋］朱熹：《少师保信军节度使魏国公致仕赠太保张公行状》上，载郭齐等点校：《朱熹集》卷九五上，四川教育出版社1996年版，第4804页。

访,或得其大略梗概,当有益于学者,而亦可以证明其说之不妄矣。"①但却没有了下文,朱熹之疑自有其理由。

在宋代,"圣政"与"会要"是两种不同的官修史书体裁,二者是相互关联的。前者"大凡分门立论,视《宝训》而加详焉"②;而"宝训",如周麟之说:"前圣典谟,布在方册,后代纂之,宝为大训。"③其以记载皇帝善政美德,弘扬先帝圣训。后者主要是分门别类地"备载祖宗以来良法美意,凡故事之损益,职官之因革,与夫礼乐之文,赏罚之章,宪物容典,纤细毕具,粲然一王之法,永贻万世之传。今朝廷讨论故事,未尝不遵用此事"④。也就是说,"圣政"的编撰是有所选择的,而"会要"是保存数据为主。前者经过改编,后者只是备载。也就是说,"会要"的记载要准确些,而《两朝圣政》加进了编者的一些考虑,作为史料,今人使用上要格外小意。

从上可知,南宋时已有人将谯定称为"伊川门人",遭到朱熹的质疑,其后李心传《道学兴废》沿用门人之说。程氏之学在南宋时,虽一波三折,然而在学者中间名望益盛,经朱熹等人的推动,到南宋孝宗时期渐成理学主流,《两朝圣政》修撰时间正是朱熹等人不断将二程理学推向高峰的阶段。可以肯定的是,编修者是怀着崇扬理学的宗旨而修的。话说回来,谯定"自言"虽有攀附之嫌,但也仅说相识而已,时人不辨,列入程门。经《两朝圣政》的进一步修订增删,谯定的易学角色发生转换。如清儒胡渭批评《宋史》谯定本传说:"盖其徒知象数非儒者所尚,故自附伊川之《易》以张其学。修史者不能裁择,因而书之为传,实不然也。"⑤这段批

---

① [宋]朱熹:《与汪尚书》,载郭齐等点校:《朱熹集》卷三〇,四川教育出版社1996年版,第1286页。

② [宋]李心传:《建炎以来朝野杂记》甲集卷四《两朝圣政录》,中华书局2000年版,第112页。

③ [宋]周麟之:《海陵集》卷三《论乞修神宗以后宝训》,文渊阁《四库全书》本。

④ 《宋会要辑稿》崇儒四之二五。燕永成《南宋史学研究》第五章第二节之下有两分节,分别题作《宣扬帝王德政的宝训和圣政》《常备检用的会要和玉牒》,对二者功用的不同是很好的区分。参见燕永成:《南宋史学研究》,甘肃人民出版社2007年版,第247—253页。

⑤ [清]胡渭:《易图明辨》卷一〇,巴蜀书社1991年版,第340页。陈德述《谯定象数易学之承传脉络》一文中已对此有所揭示,载四川大学古籍研究所、四川大学宋代文化研究中心编:《宋代文化研究》第23辑,四川大学出版社2016年版,第62页。

评大体得实。在南宋程氏理学逐渐成为主流之时,"象数非儒者所尚"也成为主流观点。《宋史》的编者理学情结本来很深,编辑之际,难免娇情。清儒王梓材进一步将之列为"程门一大宗",更是"谬种流传"了。

谯定是一位儒家学者,以易象数学为自己本钱,深染西蜀易学传统,同时具有很深的佛学修养。易学象数、义理之间,并非截然二分,谯定与程、朱之间,自有融通的一面。不能说谯定某些言论和程颐等理学家在"义理"上相通,就一定受教于程颐,影响是可以从多方面获取的。谯定与程颐的关系,可以确定的有二:一是谯为涪陵人而程颐曾贬于此,由此而引发了无数"想象",其"自言"是二人相识的唯一可据然而却不可信的材料;二是谯定与程颐之间,有间接的关系。如前言,郭雍之父郭忠孝曾受业伊川二十余年,郭雍之学得于其父。又,曾从谯定学的胡宪、刘勉之亦曾追随过程颐学,这也是一种间接关系。至于其他,难免虚妄之言。

最后应该说明的是,虽然笔者否定谯定为"程门大宗"之说,但并不否定谯定是一位颇具影响力的易学家,亦不以象数、义理为褒贬。谯定所秉持的易象数学,体现了蜀中易学的传统特色,这是另话了。

参考文献

1. 钱仲联校注:《剑南诗稿校注》,上海古籍出版社 1985 年版。

2. 胡昌健:《此"夫子"非彼"夫子"》,载四川大学古籍整理研究所、四川大学宋代文化研究中心编:《宋代文化研究》第 23 辑,四川大学出版社 2016 年版。

（编辑:陈长文）

中国古代民间道教与上层道教的历史轮回

——对《上清大洞真经》与《文昌大洞仙经》之关系的考察

黄海德[*]

摘要：道教是中国本土文化孕育产生的宗教，自其产生之时起，就以其特殊的组织形式与宗教仪轨呈现出鲜明的民间宗教性质。魏晋以后道教经由北方传入江南地域，随着社会历史环境的转换与贵族士大夫阶层的介入，道教逐渐向社会上层的宗教形态转化。唐宋时期由于皇朝统治的政治需要与道教自身的多方发展，道教信仰在中国社会盛极一时，几达国教的地位。而金元以后历史沧桑，上层道教逐渐式微从而转向民间发展，在中国各地的民间社会开拓出了一片广阔的宗教生存空间。这种由下层向上层的转化，又由上层向下层的扩散，呈现为中国道教特有的宗教轮回现象。本文通过对魏晋时期道教上清派的重要经典《上清大洞真经》与宋元时期流行的《文昌大洞仙经》的考察和探讨，试予描绘这一宗教轮回现象的特殊衍变轨迹，以期揭示隐藏在这一现象之后的内在历史逻辑。

关键词：民间道教　上层道教　《上清大洞真经》　《文昌大洞仙经》

　　宗教的历史犹如人类的历史，在特定的历史阶段有着轮回的特征。

＊　黄海德，华侨大学宗教文化研究所名誉所长、教授，四川大学道教与宗教文化研究所客座教授，四川大学中华文化研究院咨询委员，德国柏林洪堡大学汉学院访问学者，中国宗教学会理事。

中国的本土宗教道教从其产生的时期开始,就在民间蓬勃发展,政教合一的张鲁政权雄踞巴汉近三十年,当时神州板荡,生民涂炭,而史载四方之民携赴汉中"从之如流水"。汉末以后,五斗米道相继传播到了中原与江南地区,受到了魏晋士大夫的青睐从而逐渐向社会上层转化;经过南北朝时期的改革和发展,至唐代高道辈出,盛极一时,几为国教。宋元以后,历经沧桑,上层道教逐渐式微,又融合儒、释成分转向民间发展,从而开拓出了一片广阔的生存空间。本文拟以魏晋时期道教上清派的重要经典《上清大洞真经》与宋元时期流行的《文昌大洞仙经》为例,对中国历史上道教由民间向社会上层转化,后来适逢特有的历史因缘又从上层转向民间传播的特殊宗教现象予以初步考察与探讨,倘有舛误,尚祈方家教正。

一、《上清大洞真经》与《文昌大洞仙经》的问世年代

《上清大洞真经》是东晋之时形成的道教古经,简称《大洞真经》,因其内容原有三十九章,故又称《三十九章经》,其内容"皆修炼之旨"①,历来被道教上清派奉作"三洞宝经之首"②,传世千余年,对道教历史影响至巨。现明《正统道藏》"洞真部本文类"收有《上清大洞真经》六卷,前有北宋茅山上清派第二十三代宗师朱自英《序》,卷末有南宋咸淳年间嗣法程公端《后序》与明初第四十三代天师张宇初之《序》,卷前均题有"茅山三十八代宗师蒋宗瑛校勘",此即世传"茅山宗坛本"。《文昌大洞仙经》是《上清大洞真经》的另一传本,《道藏》本全称为《太上无极总真文昌大

① 《正统道藏》"洞真部·本文类"《上清大洞真经》卷六明第四十三代天师张宇初《序》云:"大洞真经,凡三十九章,皆修炼之旨。"见文物出版社、上海书店、天津古籍出版社1988年影印涵芬楼《道藏》本(以下所引,同此版本)第1册,第555页。
② [宋]陈景元《上清大洞真经玉诀音义·叙》云:"《大洞真经》三十九章,品目尊严,冠三洞宝经之首。"见《道藏》第2册,第705页。

洞仙经》，世称"梓潼文昌经本"，又称"蜀本"。元代翰林学士兼修国史张仲寿曾言："《大洞仙经》盖西蜀之文，中原未之见也。"①该经上承上清派"存心养性以事天，聚精会神而合道"的炼养传统，而掺合进灵宝派济生度死、消灾延寿的内容，并吸收四川北部文昌信仰的科仪程序，成为宋元之后巴蜀地区乃至西南地区道教奉持的重要经典。两部道教经典虽为同一经系，但前者形成于魏晋时期，后者问世于南宋时期，前后相隔有近千年之久，时异世迁，教义嬗变，无论是在道经格式、经文内容上，还是在存思神祇、科仪程序诸方面都有了很大的变化，分别表征着魏晋道教由民间宗教向社会上层的转化与宋明时期道教上清派式微后由正统宗教向民间社会转向的发展趋势和历史特征。

道教自东汉中期形成正式的教团组织，东部有"太平道"，西部有"正一盟威之道"（或称"五斗米道"），二者均在东西部地区的民间社会广泛传播，影响颇巨。其后西部汉中政权的系师张鲁部众被曹操收编，五斗米道亦随之传至北方中原地区。晋武帝平吴以后，"道陵经法流至江左"，以致两晋时期出现江东士族大批信奉五斗米道的特殊现象。陈寅恪先生《天师道与滨海地域之关系》率先指出，东晋南北朝之门阀士族多为信奉五斗米道的世家，其中较著者有侨姓大族琅琊王氏、高平郗氏、谯国桓氏、殷川庾氏等，而吴地士族则有丹阳葛氏与许氏、钱唐杜氏、晋陵华氏、吴郡顾氏与陆氏。② 这一时期流行于门阀士族之中的五斗米道，为适应士族阶层的生活方式和文化特征，已逐渐减少了早期民间宗教的方术仪式等内容，从而充实了大量养性长生的仙道内涵，道教已从具有民间性质的宗教向士族的神仙道教转变。在此形势之下，约于东晋中后期，经江南葛、杨、许、华等奉道士族的造作和传播，社会上相继出现了大

① ［元］卫琪《玉清无极总真文昌大洞仙经》卷一张仲寿《序》云："《大洞仙经》盖西蜀之文，中原未之见也。"见《道藏》第2册，第598页。
② 陈寅恪：《天师道与滨海地域之关系》，载《陈寅恪集》之《金明馆丛稿初编》，生活·读书·新知三联书店2001年版，第17—38页。

批新道经,其中尤以《三皇经》《灵宝经》《上清经》三组道经对道教历史的发展影响较著。

《上清大洞真经》是上清系经书的代表经典,据陶弘景《真诰》卷十九《真经始末》记载:

> 伏寻《上清真经》出世之源,始于晋哀帝兴宁二年(364)太岁甲子,紫虚元君上真司命南岳魏夫人下降,授弟子琅琊王司徒公府舍人杨某(杨羲),使作隶字写出,以传护军长史句容许某(许谧),并第三息上计掾某某(许谧之子许翙)。二许又更起写,修行得道。①

南岳魏夫人即西晋司徒魏舒之女魏华存,东晋时为天师道女祭酒。相传清虚真人王褒曾于汲郡修武县降授其“神真之道”并《大洞真经》《太上宝文》等道经三十一卷,景林夫人后又授其《黄庭内景经》,正一真人张道陵天师并授治精治鬼大法,“上清经从此而行世”,魏华存遂被后世道教尊奉为上清派第一代宗师,世称“南岳夫人”。自杨、许传经以后,上清经至晋末又经王灵期损益造制,逐渐在江东流传开来,渐次形成奉持上清经之道教上清派。上清派首重三部经典,即《大洞真经三十九章》《雌一玉检五老宝经》与《太上素灵洞玄大有妙经》,称为“道者三奇”,而《上清大洞真经》为“三奇之第一奇”,上清道派奉持该经,历代相传。

关于《上清大洞真经》的产生时期,目前学术界还有一有力佐证,即该经中所诵经文的用韵规律。四川大学的俞理明教授曾对道教经典的语言现象作了深入研究,认为道经的韵文跟汉语其他文献中的韵文一样,反映了一定时期和一定地域语音,六朝时期道经的韵文应该跟当时

---

① 〔日〕吉川忠夫、麦谷邦夫编:《真诰校注》,朱越利译,中国社会科学出版社 2006 年版,第 573 页。

的语音完全一致,因此"利用学界对六朝诗歌用韵的研究成果作为参照,可以证明这些道经的写作年代"。俞教授与夏先忠为此专门考察了《上清大洞真经》全部经文的一百九十个韵段,发现该经文中的歌、戈、麻韵,之、哈韵,微、脂、灰、齐、哈韵,鱼、虞、尤韵等均能通押,从而证明"《上清大洞真经》的用韵特征、七言韵文的体式特征与魏晋时期的用韵完全一致",断定《上清大洞真经》的成书时代实为晋代。这与道经文献的记载和近代学者的考证实相一致。①

据《三洞奉道科戒营始》记述,《上清大洞真经》原本为一卷,后经不同时地不同之人增衍,至南北朝时已经窜乱。萧梁之时,已有两种传本。《登真隐诀》第二《经传条例》云:"一则大卷,前有回风混合之道,而辞旨假附,多是浮伪;一本唯有三十九章,其中乃有数语与右英所说者同,而互相混杂不可分别。"②现今明《正统道藏》所载为六卷本,显有若干后人增益或改窜之内容,只是年代久远,典籍阙如,难以区分。

《道藏》本《上清大洞真经》全书之前有茅山上清派第二十三代宗师朱自英作的序文一篇。朱自英字隐芝,北宋前期人,幼年出家,曾学道于青城山,遇奇人授以"金鼎九转飞精剑法",宋仁宗时赐号为"观妙先生"。③全经六卷,每卷之前皆题有"茅山上清三十八代宗师蒋宗瑛校

---

① 夏先忠、俞理明:《从〈上清大洞真经〉用韵看它的成书年代》,《敦煌学辑刊》2010年第4期。

② 《正统道藏》"洞玄部·玉诀类"陈景元撰《上清大洞真经玉诀音义》之"案语"所引,见《道藏》第2册,第710页。

③ 《正统道藏》"洞神部·谱箓类"张天雨编《玄品箓》卷五有《道华》"朱自英"条,其云:"朱自英,字隐芝,句曲朱阳里人,生于太平兴国元年。八九岁从牧儿郭干村,能吹笛致鹤,父母以为不祥,弃之。乃从茅山朱元吉着道士服,时年十二,端拱之初也。继与明真张炼师居积金山顶,试辟谷术,人稍趋之,遂思远游。至襄阳遇异人陈铁脚,挟往青城山。复过濑乡,校雠太清宫古藏经。遇水星童子武仙(童名抱一)挟往河中府,谓此行已抵太阴炼形,一度行止神变。景德元年,嗣茅山经箓二十三代。真宗遣使,祈胤山中,明年生仁宗,事具《宋史》。奉旨住持玉清昭应宫,敕建乾元、天圣两观,赐号'国师'。明肃太后传大洞毕法,加号'观妙先生'。还山,因得抱一蜀中所寄书,意警责姓名显耀,暴露天机。先生对之,泣数行下,弟子莫测也。天圣七年十一月坐蜕于乾元,手执祥符所赐玉如意,汗流浃体,额有凝珠,尸解之上者。"另《正统道藏》所收《道门通教必用集》卷二,《混元圣纪》卷九,《茅山志》卷十一、二十五,《历世真仙体道通鉴》卷四十八皆有所记。

勘"。蒋为宋末元初之人,尝从茅山宗第三十七代宗师汤志道修道,宋亡以后,托疾远游,潜心整理《大洞真经》。书末第三十九章经之后有南宋度宗咸淳八年(1272)程公端后序,称该经长期隐秘不传于世,闻者几稀,惧将泯绝,遂发愿心,募工付梓,刊行于世,"与天下学士共之,以昌此道"。程公端序后又有第四十三代天师张宇初之序,署号为"正一嗣教道合无为阐祖光范真人领道教事"。据《皇明恩命世录》卷三记载,该封号为明太祖洪武十三年(1380)敕授,而明成祖永乐元年(1403)张宇初即奉敕重编《道藏》,则此本显经张宇初整理。据此可知,现今所见《道藏》本《上清大洞真经》六卷,实为两宋以来之茅山宗坛传本,第二十三代上清宗师朱自英曾为之作序,后经第三十八代宗师蒋宗瑛整理校勘,然皆宗坛秘传,不行于世;程公端将之初刊于南宋末年,明初重刊时第四十三代天师张宇初曾为之作序,后奉敕编修《道藏》将该经收入洞真部本文类。

《文昌大洞仙经》为《上清大洞真经》的另一传本,世称"西蜀文昌经本",长期流传在四川、云南地区,明清以来流播于江浙之地,后来又经福建传到了香港和台湾。明《道藏》中收有这一系统的经本共有三种,即洞真部本文类所收录的《太上无极总真文昌大洞仙经》五卷与《大洞玉经》二卷,洞真部玉诀类所收的《玉清无极总真文昌大洞仙经》十卷。此外,清代成书的《道藏辑要》与20世纪后期编成的《藏外道书》收有数种题名为《大洞仙经》或《大洞玉经》的经书,亦多属文昌经本系统。其中《道藏》所收三种,《大洞玉经》二卷题为"太玄赵真人注",实从"茅山宗坛及梓潼文昌经本"抄撮而成,约成书于元明;而《玉清无极总真文昌大洞仙经注》十卷为元人卫琪所注,成书于元代;现今所见这一系统最早的经本即为《太上无极总真文昌大洞仙经》五卷本。该经无著者之名,亦无刊行年代,仅在卷首书有"九天开化主宰澄真正观宝光慈应更生永命天尊序"与"甘山摩维洞主太玄无上上德真君校正"的字样,看来同《上清大洞真经》相类似,亦为托附神鸾降笔之产物。

考察该经的成书年代，在序文中有两条线索。一为"乾道戊子秋，（更生永命天尊）降于鸾台，刘安胜捧"；另一为"景定甲子秋再降，重校正于鳌头山摩维洞金莲石着仪台，罗懿子捧"。其中"乾道"为南宋孝宗年号，"戊子"即公元 1168 年；"景定"为南宋理宗年号，"甲子"即公元 1264 年，据此则《仙经》成书当于南宋之时。至于《仙经》作者，序文称天尊首次鸾台降笔为刘安胜捧。查刘安胜其人，史传皆无记载，唯《道藏》正一部有《高上大洞文昌司禄紫阳宝箓》三卷，其中有"九天开化天尊"降坛授箓于刘安胜的记载：

　　尔时，九天开化主宰澄真正观宝光天尊，于重光赤奋若之岁、日躔鹑尾月、望东壁之辰，降于蜀都宝屏山中，和诚应之楼，玄会玉虚之坛，告鸾府侍仙真人刘安胜曰：吾昔奉上帝玉敕，职掌桂籍，兴文儒而擢贵品，进贤德而佐明时，故得掌隶天曹，秩专司禄，校录地府，位司定贵，诠量水府，职在进贤，应三府选举，吾总隶焉。①

所云"重光赤奋若之岁"，应为干支辛丑年，时为南宋孝宗淳熙八年，即公元 1181 年，而《仙经》与《宝箓》皆为刘安胜一人承文昌天尊降坛扶笔而成，则刘安胜极有可能即为《大洞仙经》执笔之人。《大洞仙经》共五卷，卷首皆题有"甘山摩维洞主太玄无上上德真君校正"，而经中序文亦称"景定甲子秋再降校正"，后则书"罗懿子捧"，是知《仙经》又于宋理宗景定年间重新校正，校正之人或许即为罗懿子。《仙经》序文又云："岁在玄黓摄提格菊月重九日，（天尊）再降书于西陵桂岩卫生总真坛。""玄黓摄提格"为干支之壬寅年，书于景定甲子之后，当为元成宗大德六年，即公元 1302 年，是则该书之刊行当在元初大德年间。据上所考，《大洞仙经》一书应成书于南宋孝宗之时，执笔者为蜀地宝屏山玉虚台道人刘安

①《高上大洞文昌司禄紫阳宝箓》，载《道藏》第 28 册，第 504 页。

胜;后于宋理宗景定年间经罗懿子(甘山摩维洞主)重新校正,而《道藏》本《文昌大洞仙经》五卷则刊行于元成宗大德之年。

　　根据以前学者的研究与笔者的考察,《上清大洞真经》形成于东晋,应无疑义;《文昌大洞仙经》产生于南宋,亦于史有据。从公元 4 世纪至 13 世纪,其间约有千年之久,值得学界引起注意的是,《道藏》所收录的《大洞真经》与《大洞仙经》的问世年代相隔如此久远,然其刊行的时间却都在宋元之际,这绝非偶然的现象。那么,在这千年的历史岁月之中,《大洞真经》与《大洞仙经》在经文内容与经书格式方面产生了哪些异同? 中国的社会格局与道教的历史传承究竟发生了哪些变化? 这两个方面又具有怎样的内在联系? 从以上现象之中能够说明和揭示哪些道教文化与社会历史的深层问题? 试让我们继续予以探讨。

二、 两种道经的经书格式

　　《上清大洞真经》自晋代问世以后,在其流传的过程之中,即已产生了若干变异与不同的版本。萧梁之时上清派宗师陶弘景在《登真隐诀》中记述了两种不同的流传版本:

　　　　《大洞真经》今世中有两本:一则大卷,前有《回风混合之道》,而辞旨假附,多是浮伪;一本唯有三十九章,其中乃有数语,与右英所说同,而互相混糅,不可分别。唯须亲见真本,乃可遵用。又闻得杨、许《三十九章》者,与世中小本不殊,自既未眼见,不测是非,且宜缮写,以补品目。①

　　陶弘景距杨、许传经不过一百多年,即已有"辞旨假附"之"大卷"与

①　[宋]陈景元:《上清大洞真经玉诀音义》,载《道藏》第 2 册,第 710 页。

近似"杨许真本"的"小本"之别。今《道藏》所收《上清大洞真经》六卷，历来视为"茅山宗坛传本"，但陈国符先生《道藏源流考》考辨指出："《上清道类事相》、《三洞珠囊》、《无上秘要》、《御览》所引《大洞真经》、《大洞玉经》、《大洞经》、《玉经》文，今《道藏》所收四种《大洞经》多无其文。又《云笈七签》卷八释《三十九章经》引《大洞真经》，今本亦无其文。"[①]可见《大洞真经》在世间流传的过程之中实际产生了多种版本。传为"茅山宗坛本"的《大洞真经》与视为"西蜀文昌本"的《大洞仙经》虽然均以《大洞玉经》作为主体部分，但整体的经书格式已经发生了很大变化。

《道藏》本《上清大洞真经》共有六卷，卷前朱自英序云：此经之作，乃玄微十方元始天王所运炁撰集也，以之传上清八真中央黄老君，使教授下方。因上清有三十九帝，下镇人身中三十九户，"各由其所贯之户著经一章"，故有三十九章，即所谓"庆云开生门，祥烟塞死户"；若得此经，"当苦斋三年，乃得读之"，诵咏此经万遍，即可"上登上清，受书太极，拜为高仙左卿者"。[②] 通观全经，其经书格式由前后序、诵经玉诀、大洞真经（包括经名与章名）、存神咒祝（包括天上内音与地上外音）、回风混合之道、消魔玉符等部分组成。

其一，该经序文共有三篇，计前序一篇，后序两篇。前序为"茅山上清二十三代宗师观妙先生朱自英"所作，后序分别为"嗣法程公端"与"正一嗣教道合无为阐祖光范真人领道教事四十三代天师张宇初"撰书。此外，六卷之前皆题有"茅山上清三十八代宗师蒋宗瑛校勘"。

其二，《诵经玉诀》。卷一为总述全经修炼之法，题为《诵经玉诀》，其内容有存神、行炁、诵经、念咒等，有入室诵经存神图十幅，并附《大洞灭魔神慧玉清隐书》，五字一句，共九十四句。其中有"仙道乐子生，鬼道乐子凶；但闻贵生道，不闻鬼道隆"句，将"仙道"与"鬼道"并提，似可见出

---

① 陈国符：《道藏源流考》，中华书局1963年版，第19页。
② 《上清大洞真经》卷一，载《道藏》第1册，第513页。

东晋上清派形成之时与五斗米道的关系与影响。

其三,《大洞真经》,包括经名与章名。该经卷二至卷六为经文"三十九章",每章称"大洞玉经曰",或为四言一句,或为五言一句,甚至有四、五言或六、七言混列一章的,不过为数甚少,每章经文的句数从八句至二十余句不等,罕有超过三十句者(见图1—3)。陶弘景曾言近似"杨许真本"的"小本"唯有"三十九章",可见此三十九篇《大洞玉经》实为《上清大洞真经》原初经书的主体部分。

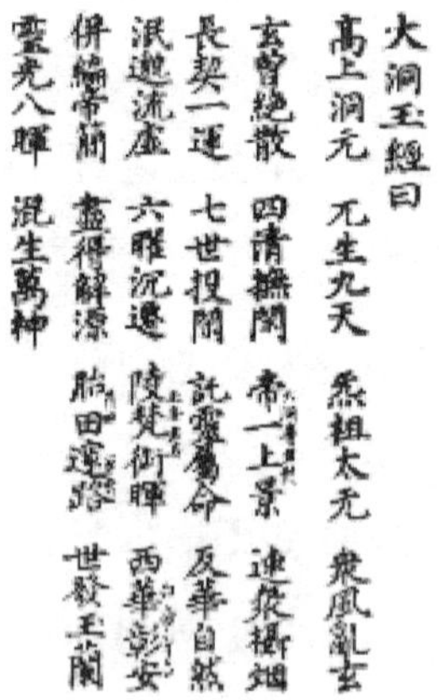

图1 《高上虚皇君道经第一》为四言 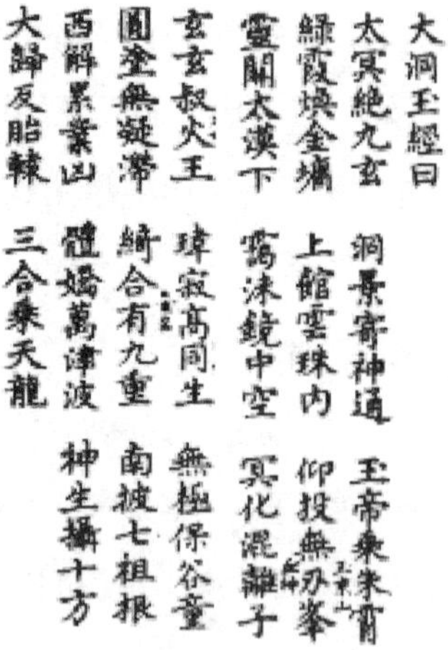　　图2 《上皇先生紫晨君道经第四》为五言

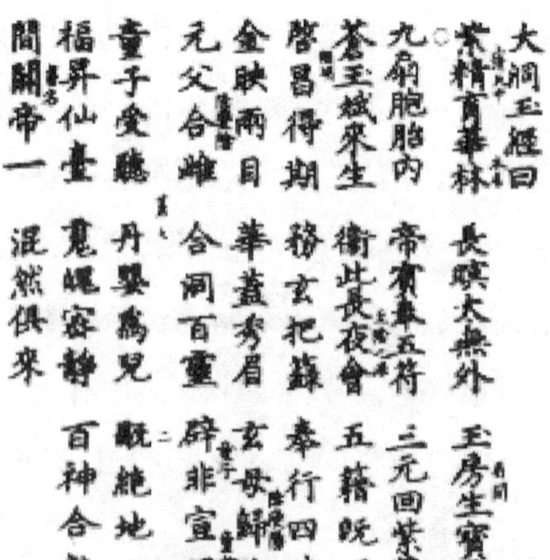

图3 《上清紫精三素君道经第九》为四、五言混列

《大洞真经》于每章之前皆标有"经名"与"章名",如第一章的经名为"高上虚皇君道经第一",章名为"太微小童章";第三十九章的经名为"九灵真仙母青金丹皇君道经第三十九",章名为"帝一尊君章"。此每章"经名"与"章名"是否杨、许传经时即如此,还是陶弘景整理所加,抑或是后代茅山宗师编排校定的产物,诸家见解不一,有待进一步探讨。

其四为存神咒祝部分。早期上清派的修炼方术即是以存神诵经为主要内容,即存思天界真神化炁吸入体内,通过特定的炼养方式,与身中之神"徊风混一",以"闭塞死户,开通生门",达到长生成仙的终极目标,故《大洞真经》每章之中的"存神"与"咒祝"皆为其重要内容。

以第一章为例:

图4　首章存思天蓬大将等三神图像

首先"谨请太微小童干景精,字会元子,常守兆舌本之下死炁之门,口吐赤云,绕兆一身,化生血液,上凝泥丸,泥丸坚明百神方位"。其次"真思太微小童干景精真炁,赤云之色,罩于顶上",接着默咒:"真炁下流充幽关,镇神固精塞死源。玉经慧朗通万神,为我致真命长存。拔度七祖反胎仙,制炼百神一炁全。"最后"次思赤炁从兆泥丸中入,兆乃口吸神云,咽津三过,结作三神。一神状如天蓬大将,二神侍立,下布兆肝内游遍,却入心内绛官,上充舌本之下,血液之府,顺时吐息"。①（见图4）

三十九章每章皆有此"存神"与"咒祝"的内容,只是存思神真与人体部位不同,而"默咒"与"微祝"的内容也有所不同。

其五为"徊风混合之道"。陶弘景在世时曾区分《大洞真经》有"大卷"与"小本"之别,而"大卷"增录有"徊风混合之道",被称为"辞旨假

①《上清大洞真经》卷二,载《道藏》第1册,第520页。

附"。今该经于三十九章之末有《徊风混合帝一秘诀》一篇,观其内容为存思"帝一尊君","口吐徊风之炁,吹此日月之光,皆郁郁变成白色,或成紫色。令光炁下入兆五脏六腑百节,一身之内,洞彻朗然,内外如白日之状",是为上清存神修炼的最高境界。朱自英所撰《前序》明言三十九章之外,又有"徊风帝一、高元雄一、五老雌一"三经作为三十九章尊经的辅助经文,可见"徊风帝一"之文的出现即使非杨、许真经,也是由来已久。

其六为"消魔玉符"。每章章末画有"消魔玉符"一道,玉符之名与存思神名大致相同。如第一章存思之神是"太微小童",符名即为"大洞太微小童消魔玉符",云以青书黄缯佩之,存呼小童内讳名字,即可"固液凝神,断塞死源"。(见图5)

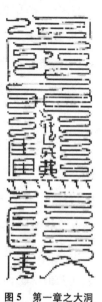

图 5　第一章之大洞太微小童消魔玉符

而《大洞仙经》的经书格式同《大洞真经》相比较,有着很大的改变与不同。

第一,内容大为减少,整部经文由繁化简。具体表现在:(1)将《真经》的第十章与十一章合为一章,《仙经》仅为三十八章;(2)每章删削了原有的"经名"与"章名",在章首以"元始天王曰"取代了《真经》的"大洞玉经曰";(3)无"存神图";(4)无"消魔玉符";(5)除卷三前面有一首"玄蕴咒"外,三十八章均无存想运炁之祝文。

第二,经文格式趋于整齐划一。《真经》或为四言、五言,或为六言、七言,甚至一章之中亦长短不等;而《仙经》除第一章为四言句外,其余三十七章全部为五言句,在形式上较茅山传本整齐划一。

第三,借用《度人经》的格式加用"道言"。从经文来看二者内容大体相同,而间有删减。《仙经》于第一章、第十二章与第二十三章之前与第三十八章之后,仿《度人经》体例,各加"道言"一段。

第四，增加托名为"九天开化主宰澄真正观宝光慈应更生永命天尊"的序文一篇。历述帝君之行藏及修道经历，言天尊虔诚奉祀元始天王，后得受《大洞经》一帙，晨夕诵读，竟获善果；后又得天王受《大洞法》与《大洞箓》二书，终至剪瘟除害，助国救民，济生度死，最终修道证果，列位仙班。

第五，增加《大洞经颂》与《清河老人颂》两篇颂文。前者为使《大洞经》广化宣行，天尊（文昌）作颂二十二首，分别题以叙经意、修真道、祈禄嗣、弭天灾、祈风雨致田蚕、化凡庶等，究其内容多为民间道教性质的劝善文。后者为《道藏》洞真部玉诀类所收《元始无量度人上品妙经注》中"清河老人"所作颂的节本，七言一句，共五十六句，其内容略与更生永命天尊序文相同。颂中有言，"元始初传大洞经，一音初出众知闻；法灯自许时人续，不但天尊与道君"，此种观念有接续旧统与新开教派之意，似应引起研究者注意。

第六，增加有"元皇全号"，即文昌帝君神号，长达二百五十四字，移录如下：

　　金阙上相检校太师，混元内辅三清上宰大都督府都统三界阴兵行便宜事，管天地水三界狱事收五岳四渎真形虎符龙卷总诸天星曜判桂禄嗣籍上仙英显元皇真人，司禄职贡举真君，洞照通真先生，编修飞仙列籍掌混元造化轮回六道救苦救难慈尊，玉清内境清静道真身现紫云岩手持如意杖统御万灵溥济诸苦大仁大孝大圣大慈无上不骄乐育天帝，都统混天诚心接物万天教主随愿慈应天尊，九天定元保生扶教辅元开化文昌度人主宰长乐永佑灵应大天帝君，掌五湖四海总十二河源水府运使定慧王菩萨证果迦释梵镇如来，澄真正观注禄定籍宝光慈应治世显道保安拔罪更生永命扶善济苦消劫行化纯一显应天尊。[1]

————————
[1]《太上无极总真文昌大洞仙经》卷二，载《道藏》第 1 册，第 505 页。

其神号集真人、真君、天尊、天帝于一身,显示了文昌帝君的尊崇地位。

三、 崇祀神仙谱系

道教神仙谱系在早期道经如《老子想尔注》与《太平经》中即有肇端,其后在葛洪《抱朴子》中亦有记述,但是尚未形成系统。根据现有道教文献追溯,对众多道教各派崇奉的天神地祇予以系统编列并初步形成道教神仙谱系的创始者即是南朝萧梁时的上清派宗师陶弘景。陶弘景以上清派崇奉的最高天神"元始天尊"为首编列了七层等级将近七百位元神灵的庞大神仙谱系。在《大洞真经》中,首先崇奉和存思的神灵主要有玉清琼元君、高圣万真太上大道君、中央黄老元素道君、上真圣母紫微元君王夫人、上真圣母中候元君、上相青童君上清九微太真玉保王、上清太无东震扶桑丹林大帝上道君、南极紫真上清道主、后圣帝君太微天帝君等,而三十九章存思的神灵分别为:

> 高上虚皇君,上皇玉虚君,皇上玉帝君
>
> 上皇先生紫晨君,太微天帝君,三元紫精君
>
> 真阳元老玄一君,上元大素三元君,上清紫精三素君
>
> 青灵阳安元君,皇清洞真道君,高上太素君
>
> 皇上四老道中君,玉晨太上大道君,太清大道君
>
> 太极大道元景君,皇初紫灵元君,无英中真上老君
>
> 中央黄老君,青精上真内景君,太阳九烝玉贤元君
>
> 太初九素金华景元君,洞清八景九玄老君,东华方诸宫高晨师玉保王青童君
>
> 扶桑大帝九老仙皇君,小有玉真万华先生主图玉君,玄洲二十

九真伯上帝司禁君

太元晨中君峨眉洞室玉户太素君,九灵真仙母青金丹皇君,九皇上真司命道君

太皇上真玉华三元君,太一上元禁君,灵黄房真晨君

太极主四真人元君,四斗中真七晨散华君,晨中皇景元君

金阙后圣太平李真天帝上景君,太虚后圣元景彭室真君,太玄都九炁丈人主仙君

上述神灵虽为《大洞真经》存思的对象,但上清派的修炼是将天上神真与身中之神一一对应,遂能修至"制命九天之阶,征召五帝之灵,逸徊风之混合,凝九转于玄精,交会雌雄,混合万神"①,故此三十九位尊神亦可视为魏晋时期上清派尊奉的主要神祇。上述神灵的名称,有出自《太平经复文序》者,其序文云:

皇天金阙后圣太平帝君,太极宫之高帝也,地皇之裔。生而灵异,早悟大道,勋业著于丹台,位号编于太极,上清锡命,总统群真,封掌兆民;山川河海,八极九垓,莫不尽关于帝君而受事焉。君有太师,上相上宰上傅,公卿侯伯,皆上真寮属,垂谟作典,预令下教。故作太平复文,先传上相青童君,传上宰西城王君,王君传弟子帛和,帛和传弟子干吉。②

其金阙后圣、上相青童君之神名皆为《大洞真经》所袭用。再者有不少神君之名是从汉代纬书化出,如纬书《龙鱼河图》中的五方之神、五岳之神、五官之神的名称亦多为早期上清派所借用。尽管《大洞真经》形成

---

① 《上清大洞真经》卷一,载《道藏》第 1 册,第 512 页。
② 王明:《太平经合校》,中华书局 1960 年版,第 744 页。

之时从汉代纬书与早期道教借用了众多的神灵名讳,但其神谱却具有杂多分散、不成系统的特点。

而《大洞仙经》产生于南宋时期,其时道教以"三清""四御"为主神的神灵谱系已基本成形,因此该经中出现的神仙名讳既与当时天师道的神仙谱系大多相同,又具有巴蜀地区民间宗教的信仰成分。其神灵谱系主要由三大部分所构成:

第一,天界尊神。如居于玉清圣境的大悲大愿大圣大慈无量度人元始天尊,上清真境的大悲大愿大圣大慈无量度人灵宝天尊,太清仙境的大悲大愿大圣大慈无量度人道德天尊,居于紫金金阙的大悲大愿大圣大慈穹苍圣主玉皇天尊,再如太乙救苦天尊、消灾解厄天尊、雷声普化天尊、玄真万福天尊、列位星君以及三元三官大帝、三百六十应感天尊等。

第二,道教教主。如先获黄帝九鼎丹书,后事老君,受盟威品而结璘诀,法箓全成,正邪两辩之上相玄都丈人、扶教度人天师、降魔护道天尊;北上太乙真庆官,誓断妖魔、检察诸天之玄天仁威精微上帝金阙化身天尊;诞生汉室,锡号晋朝,管玉霄洞清之法,传玄坛内教之经,判洞阳宫主混元教之九天保册司命天尊,三茅司命真君等。

第三,文昌诸神。主神为神文圣武孝德忠仁王、菩萨证果迦释梵镇如来救劫大慈悲更生永命天尊,即文昌帝君;其他则有七曲圣父储真衍庆天尊与圣母嗣庆储祥元君;帝君之子女辈如长子文昌衍庆真君,长子妇文昌静应天君,次子文昌司禄真君,次子妇文昌嗣庆天君,圣女文昌万寿天君;孙辈如长孙文昌积庆真人,长孙妇文昌积庆天君,圣次孙文昌袭庆真人,圣次孙妇文昌袭庆天君等,堪称四世同堂的西蜀文昌大神族。

从以上《真经》与《仙经》的神系比较可以看出,前者的神系构成主要为纬书中的山岳外神、早期道教尊奉的神祇与修道方士存思的"三田八景"等内神,形成早期上清派修道炼养的一个特殊神灵谱系,这种形成于东晋时期的《大洞真经》的炼养神系,为南朝时陶弘景综合道教上清、灵宝、三皇及正一盟威各派的天神地祇人鬼(包括古代的圣人先贤与帝王将相)来编撰《真灵位业图》从而构建道教七阶神系奠定了基础。而后者的神灵谱系与前者已迥然不同,形式上沿袭了唐宋道教的"三清"信仰,也对道教各派祖师有所尊奉,但其信仰主体却是以文昌帝君为首的梓潼地域神祇,明显地表现出其信仰主体已由六朝的上清派衍变为宋明时期的文昌信众,其神灵谱系构建的背后彰显着具有民间地域色彩的新的道教教派的孕育与产生。

四、 科仪程序

道教科仪虽然内容繁复,程序多样,但却有着共同之鹄的,即尊奉大道、交通神人以及修道成仙,担负着沟通世俗世界与神圣世界的重要使命。由于道教各派的教派传承、教义思想与所在地区的民俗传统不同,其科仪程序也有着程度不等的差异。

《大洞真经》的科仪程序主要由存神、行炁、叩齿、诵经、念咒、行祝、书符等构成,其中尤重存神与诵经,其他程序皆配合二者而进行,修行目的在于"解结散幽祸,拔脱七祖灵,三涂灭罪根,轮转升上清",即通过上清派的特定修行程序,持之以恒,"徊风帝一",即能超拔兆身并上溯七世,超脱贪欲、爱欲与色欲等三恶门,升入上清仙境。下以第三十九章(见图6)为例,以窥其科

图6　九灵真仙母青金丹皇君道经第三十九

仪程序的整体概况。

《大洞仙经》为西蜀地域文昌信仰的重要经典,其科仪程序有着明显的地方特色。据经中记载,凡文昌信众入会诵经者,首先当斋沐入室,焚香叩齿,心拜九天,存想元始天王与诸高真、七曲大帝、开化仙官降临法会;然后念咒文若干,主要有净心口神咒、净身神咒、净三业神咒、解秽神咒、净天地神咒、净坛咒、安土地咒、五星神咒等,是为道教八大神咒;接着为"发炉"仪式。其具体内容为:

> 启请无上三天真元始三炁太上老君,召出臣等身中三五功曹、左右官使者、捧香驿龙骑史、侍香金童、传言散花玉女、五帝直符直日香官,各三十六人出。默想出者严装关启,此问土地里域真官,令臣焚香诵经之所,金童扬姻,灵妃散花,三界真圣交集轩前。伏愿某诵经之后,真炁周流,上以保全宗社,安奉帝王,禳兵戈水火之灾,除疫病旱蝗之厄;中以祝延永命,保佑合门消九星八难之迍,免五苦三灾之累;下以落名黑简,脱籍鬼乡,七祖升仙,先亡证道。

> 次祈人民异姓,乘经法而万福兴隆,山泽含灵,感圣功而咸超道岸,庶使某疾患不侵,灾殃扫荡,思真慕道,延想丹华,涤虑澄心,以祈轻举,济人利物,立功为先,凡有所祈,克获通感,天上天下,咸丐闻知。

> 愿得太上十方正真生炁下降,流入臣某身中,令臣所启速达无极大道三清上圣、昊天玉皇上帝、梓潼神文圣武孝德忠仁王、救劫大慈悲更生永命天尊御前。[1]

发炉之后为祝香、礼赞,文昌会众齐唱颂赞词,先后礼请元始天尊、

---

[1]《太上无极总真文昌大洞仙经》卷一,载《道藏》第1册,第500页。

灵宝天尊、道德天尊、玉皇天尊、道君天尊以及七曲山文昌宫桂香殿之诸仙列圣。礼赞以后,继之以忏悔,发愿;最后齐唱"桂香殿上仁孝主,教雨周流洗业根……七曲子孙同护持,普愿今世与来生"①,以赞诵仪式结束全部文昌科仪。

《大洞真经》与《大洞仙经》二者的科仪程序既有其相同的传承,如存神与诵经,但由于道教历史的衍变,也有着明显的差异。具体表现在:其一,上清派的存神为其修炼核心,而文昌科仪的存神仅是其宗教仪礼的前期内容之一;其二,前者的全部科仪只是修炼者个体的特定行为,而后者却是文昌信众的集体行为;其三,前者的科仪必须静默修炼,而后者的科仪大多借助音乐来进行,并由此发展出了流行于川滇之地的"洞经音乐";其四,两部经典神咒内容的不同表现了宗教修行者不同的价值取向。

五、 民众道教与上层道教的轮回

《上清大洞真经》与《文昌大洞仙经》属于道教同一经系中的不同传本,二者在外在形式与经文内容方面都有着十分明显的差异。这种差异从外在形式上来看,则有经名的不同、卷数的不同、分章的不同与流传版本的不同;从两部道经的内容来看,又有文本内容的不同,包括经书的格式、崇奉的神灵谱系与程序不同的宗教仪式。其中经书的格式,前者自经名章名、存神礼仪、诵经内容到念咒书符的修炼程序一应俱全,而后者既无经名与章名,又无祝咒与玉符,在形式上前者较繁而后者较简。而两部经书的神灵谱系,前者糅合汉代纬书、早期道教神祇教祖与魏晋仙道内神,以修炼"帝一"臻达上清仙境为最终目标,体现了道教上清派的

---

① 《正统道藏》"洞真部·本文类"《太上无极总真文昌大洞仙经》卷二,载《道藏》第 1 册,第 505 页。

神仙信仰特点;后者继承了道教"三清"信仰的神灵系统,而又树立并强化了对于文昌帝君的信仰内容,具有鲜明的地域文化特征。在宗教仪式方面,前者的整个修炼过程皆属上清信仰者的个体行为,而后者结合了民间宗教信仰的部分内容,将诵咏《大洞仙经》的仪式改造成为文昌信众的集体行为,从而对西南地区的民俗与宗教产生了不容忽视的影响。尤其重要的是,《文昌大洞仙经》在上清信仰的基础之上,吸收了道教灵宝派"济世度人"的教义思想,提出《度人经》与《大洞书》同为"诸经之祖",两部道经同出而异名,生天立地,主持造化,"上可以资奉父母祖族魂灵,出离幽苦,中可以灭罪消灾,延年益福,下可以庇族救人同获保全",近则立正除邪,济生度死,消灾延寿,大则佐天行化,助国救民,将上清派的个人修行方式改变为救助世人的慈悲宏愿,从而为道教的终极关怀增添了新的宗教内涵。

东汉道教建立的教团组织,无论是"正一盟威之道"还是"太平道",其信仰神灵、教义思想、组织制度和宗教仪式皆与当时东汉政权的政治、经济和文化制度迥不相同,具有明显的民间宗教特征。后来两大教派的军事力量都被曹操击败和收编,早期道教的宗教信仰随之传播到了中原和江东地区,在特定的历史因缘作用之下,对魏晋以还的上层士族产生了极大影响,道教逐渐从民间宗教向社会上层的士族道教转化,东晋时期道教上清派的出现就是这一宗教转型的社会表征。而唐宋以后佛教兴盛,宋明时期儒学的复兴即理学的兴起又为中国文化注入了新的思想活力。恰在此一历史的际遇中,道教由于内外的多重因素从社会上层逐渐退隐,好似呈现为衰落之势。其实这只是历史的一种表面现象,道教在此时期吸收了儒、释两家的思想成分与仪式内容,与下层民众的信仰需要相结合,转向了民间发展,从而开辟出了广阔的信仰天地,《文昌大洞仙经》的产生正是这一发展趋势的初期表征。这是一个中国宗教的历史轮回,事实证明如此的轮回祸福相倚,文昌信仰逐渐从巴蜀传到了云南,嗣后又远播江浙,明清时期传到福建,又经福建传到了港台乃至海外,至今传承不绝,表现了中国道教与民间信仰相结合所呈现的顽强生命力。

参考文献

1. 张立文:《试论朱熹关于动静、变化的学说》,《浙江学刊》1981 年第 3 期。

2. 任继愈主编,钟肇鹏副主编:《道藏提要》,中国社会科学出版社 1991 年版。

3. 刘琳:《论东晋南北朝道教的变革与发展》,载四川大学古籍整理研究所、四川大学宋代文化研究中心编:《宋代文化研究》第 13、14 合辑,四川大学出版社 2006 年版。

4. 曾亦:《本体与工夫:湖湘学派研究》,上海人民出版社 2007 年版。

5. 杨立华:《气本与神化:张载哲学述论》,北京大学出版社 2008 年版。

6. 陈来:《朱子思想中的四德论》,《哲学研究》2011 年第 1 期。

7. 朱子学会编:《朱子学年鉴(2011—2012)》,厦门大学出版社 2013 年版。

（编辑:展言）

以理治经：王柏《尚书》学述论*

陈石军

摘要：王柏是北山学派的主要代表人物，其《尚书》学继承朱子、蔡沈而有所开创，体现了朱子学传入浙江金华地区的新发展。王柏治学以躬行与讲学并重，强调文本与思想的互动，将《尚书》视为传递儒家道统的三代信史，孔子删定《尚书》有垂范立教之意。借助道统论，王柏"补全圣人之书"，对《尚书》文本进行了移动、删改、重新排序等处理，发展了朱子、蔡沈"斟酌群言而断以义理，洗涤支离而一于简洁"的治经方法，一定程度上调和了朱子学在哲学义理和经学文本之间的冲突。王柏对文本的删移难免臆断，部分改动缺乏有力的证据，招致了后人诟病。在经学文本与理学义理之间，王柏偏向义理的一面，以理治经，兼顾经学之用，以朱子学为主体融摄并发展了浙学。

关键词：王柏　《尚书》学　朱子学　道统论　疑经

朱子之学在其去世后经过门人而逐渐传播到闽、浙、赣、苏等地，其中，他的女婿勉斋先生黄榦厥功至伟。黄榦之学又衍生出数条支流，而

*　本文系江西省高校人文社会科学重点研究基地项目"宋元《尚书》学研究"（JD19080）、国家社会科学基金青年项目"元代《尚书》学研究"（22CZX030）的阶段性成果。陈石军，北京体育大学人文学院讲师、硕士生导师，主要研究方向为宋明理学、《尚书》学。

在经学方面最有影响力的则属北山学派一脉。清人全祖望评说:"端平以后,闽中、江右诸弟子支离舛戾、固陋无不有之,其中能振之者,北山师弟为一支,东发为一支,皆浙产也。"①其中,北山师弟即指北山学派诸人,因主要在金华地区讲学,又称金华学派。北山学派的代表人物是北山四先生,由何基肇其始,到王柏时逐渐形成了自身的学派特色,进入元代以后,历经金履祥、许谦的继承与传播而光显于世。②

北山学派因朱子学传入金华地区而产生,朱子学重视义理的理学思辨与金华学者强调文献的学术传统相结合、激荡,产生了独具特色的经学,以理治经的思潮由此被推向了一个新的高度。其中,《尚书》是北山学派重点关注的经典之一,从宋末至明初,历代北山学者持续注释《尚书》,这一脉络主要是由王柏启发的。朱子治经学以阐发义理为宗旨,王柏绍述朱子学,继承和发挥朱子学的这一精神,遍注群经,在经学与义理的榫合处极大推进了朱子学的发展。朱子学以经学为学术形式,义理是其主要内容,朱子晚年有意注《尚书》而精力未逮,临终前将《书集传》一书托予门人蔡沈,其对朱子或遵或违,书成旋即受到同门诟病。这即是说,朱子学派的《尚书》学在形式与内容之间容有龃龉,还有待门人后学的补充与协调,是以当时《尚书》学迎来了一股研究的小高潮。此中,王柏的《尚书》学在经学方法上以疑经为形式,在哲学义理上以道统为内容,是切入这一学术进程的一个极好视角。

---

① [清]黄宗羲撰,[清]全祖望补修:《宋元学案》卷八六《东发学案》,陈金生、梁运华点校,中华书局1986年版,第2884页。
② 现代关于北山学派的研究主要源于20世纪70年代,较早的先行研究可参见孙克宽:《元代金华之学述评》,台湾东海大学1975年版;程元敏:《王柏之生平与学术》,学海出版社1975年版,又华东师范大学出版社2011年版;何淑贞:《金履祥的生平与学术》,台湾大学中国文学研究所博士学位论文,1975年;侯外庐:《宋明理学史》,人民出版社1984年版,其第二十三章专门叙述"金华朱学的主要特点和历史影响",指出北山学派重视道统的特点。此外,还可参见徐远和:《理学与元代社会》,人民出版社1992年版;何植靖:《许谦评传》,载《许衡评传》,南京大学出版社1995年版。近来的著作,可参见王锟:《朱学正传》,上海三联书店2010年版;高云萍:《北山四先生研究》,浙江大学出版社2012年版,该书从哲学方面对北山学派进行了研究。

一、"古雅是讲学工夫"：王柏《尚书》学著作胪述

　　王柏（1197—1274），字会之，一字仲会，少慕诸葛亮之为人，自号长啸，后改号鲁斋①，谥文宪②。王柏家世有理学渊源，祖父师愈，尝从杨时问《易》，与朱子、张栻、吕祖谦游；伯祖师蒉，为杨时私淑，曾刊《龟山遗书》；父瀚，字伯海，曾登朱子、吕祖谦门下问学，叔父汉、洽也都是朱子门人。年三十二时，从表侄徐顺处得《朱子语类》，如获至宝，叔侄二人共同抄写阅读，读至一半，"始知圣学之正途，入门之次序"，"粗识伊洛渊源之大略"。③ 端平二年（1235），通过船山先生杨与立的引荐，前往金华盘溪受学于北山先生何基门下。④ 何基举胡宏之言勉励："立志以定其本，居敬以持其志。志立乎事物一表，敬行乎事物之内。"⑤立志主要指向读书讲学，"苟无下学之工夫，决无上达之理"，这也成为王柏治学的主旨。⑥淳祐十一年（1251），王柏就任婺州丽泽书院山长；景定三年（1262），任上蔡书院堂长。在上蔡书院讲学期间，王柏的影响力逐渐扩大，许多弟子皆在这一阶段登门问学。王柏天资聪颖，但早年好学而不思，读书过目

---

① 按：王柏年三十八时，读《论语》至"居处恭，执事敬"一句，惕然而惧，改号"鲁斋"，其始末见［宋］王柏：《鲁斋记》，载《鲁斋集》（补遗附录）卷六，影印《丛书集成初编》本，中华书局1985年版，第117—118页。何基曾作《鲁斋箴》以赠王柏，见［宋］何基：《何北山先生遗集》，影印《丛书集成初编》本，中华书局1985年版，第3—4页。

② 按：王柏的生平和学术经历，程元敏先生考察极为详细，可参见程元敏：《王柏之生平与学术》上册，华东师范大学出版社2011年版，第1—166页。另参见［元］脱脱等：《宋史》卷四三八本传，中华书局1985年版，第12980—12982页；［元］叶由庚：《鲁斋扩志》，载《鲁斋集》（补遗附录）附录，影印《丛书集成初编》本，中华书局1985年版，第189—195页。

③ ［宋］王柏：《跋徐彦成考史》，载《鲁斋王文宪公文集》卷一二，胡宗懋1924年校刊《续金华丛书》本（覆双鉴楼藏明正统刊本），第9a页。按：中华书局影印《丛书集成初编》本《鲁斋集》系据《金华丛书》十卷本《鲁斋集》排印，未录此篇。

④ 按：王柏自述："我昔同学，莫知其宗……渊源师友，孤陋莫通。……得公盛名，于船山翁。获瞻典刑，乙未之冬。立敬居志，首开其蒙。"见［宋］王柏：《北山行状告成祭文》，载《鲁斋集》（补遗附录）卷八，影印《丛书集成初编》本，中华书局1985年版，第160页。

⑤ ［宋］王柏：《复吴太清书》，载《鲁斋集》（补遗附录）卷七，影印《丛书集成初编》本，中华书局1985年版，第133页。

⑥ ［宋］王柏：《复吴太清书》，载《鲁斋集》（补遗附录）卷七，影印《丛书集成初编》本，中华书局1985年版，第134页。

而忘,中年更号"鲁斋"后才发愤问学,何基曾称赞王柏"会之二十年工夫,胜他人四十年矣"①。

王柏的"工夫"兼重躬行与讲学,他认为"平实是躬行工夫,古雅是讲学工夫,躬行不可不平实,讲学然后能古雅"。因此,与"不曾开门授徒,不曾立题目作话头,接引后进"②的何基有别,王柏讲学乡里,任教书院,作育英才无数,一生著述丰富,同时代中无人能出其右。关于他的著作数量,裔孙王三锡谓其"当时著述八百余卷",清人周亮工云"鲁斋著书尤多,合之可千卷,未三百载俱鲜传,惟《文集》与《研几图》行世耳"。③ 王柏的著作大多已经散落佚亡,门人金履祥称王柏殁后,"书藏于家,后又分藏他所。丙子(1276)以后,散失几亡"④。经今人研究,现可知其名目者,经部有三十一种,史部十六种,子部十九种,集部二十六种,共计九十二种有名目可考。⑤

据《宋史·艺文志》所载,王柏《尚书》学著作主要有《读书记》十卷、《书疑》九卷、《书附传》四十卷。⑥《书附传》一书今佚,仅存其序,该书性质较为特殊,其内容是拟照孔子编删《尚书》体例,剪裁《左传》所载诸国文章,分为《周传》《鲁传》《卫传》《晋传》《齐传》《宋传》《郑传》《秦传》《吴传》《诸小国传》等十国之书传。王柏严格区别经传,将《左传》一分为二,与《春秋》经旨相关者编为《正传》,与《春秋》无关者,"别其辞章记叙,事以国从,国以事类,删剪澡涤,各自成长,名《周书附传》"⑦。王柏

① [清]卢标:《何文定弟子》,载[宋]何基:《何北山先生遗集》卷四,影印《丛书集成初编》本,中华书局1985年版,第51页。
② [宋]王柏:《复吴太清书》,载《鲁斋集》(补遗附录)卷七,影印《丛书集成初编》本,中华书局1985年版,第133页。
③ [清]周亮工:《因树屋书影》卷一〇,清康熙六年刻本,转引自程元敏:《王柏之生平与学术》上册,华东师范大学出版社2011年版,第167页。
④ [宋]金履祥:《鲁斋先生文集目后题》,载《仁山集》卷三,影印《丛书集成初编》本,中华书局1985年版,第55页。
⑤ 程元敏:《王柏之生平与学术》上册,华东师范大学出版社2011年版,第168页。
⑥ [元]脱脱等:《宋史》卷二百二《艺文一》,中华书局1985年版,第5044页。
⑦ [明]阮六声编:《金华文征》卷三,转引自程元敏:《王柏之生平与学术》上册,华东师范大学出版社2011年版,第205页。按:程元敏先生将该书归入《春秋》类著作。

此举是为了仿照孔子以国史续《书》，延备《书》体，"史法于是而庶几"，因此，该书虽内容与《尚书》无关，但体现了王柏的《尚书》学精神，《宋史》录在《书》类，有其合理之处。《读书记》久佚，程元敏先生曾根据元人金履祥《通鉴前编》、许谦《读书丛说》、黄镇成《尚书通考》三书辑得八条佚文，而其中多与《书疑》的意见相左，似乎属于早年的作品。① 此外，《经义考》载有《禹贡图》一卷，朱彝尊称未见，按语云"西亭王孙（朱睦㮮）《万卷堂书目》载之"②。《鲁斋集》卷一有《洪范九畴说》《皇极说》《皇极总图》，亦属《尚书》学范围。王柏以图解经，《研几图》中第十六至三十二图涉及了《尚书》。朱彝尊《经义考》载王柏有《书经章句》一书③，但除了朱氏以外不见著录，程元敏先生疑其为《鲁经章句》一书的误名，朱子门人徐侨曾上书请宋理宗升《论语》为经，故王柏尊称《论语》为鲁经。

《书疑》一书，或称《书集疑》④，据王柏自序云"愚不自揆，因成《书疑》九卷，凡五十篇，正文《考异》八篇"⑤，其篇幅为九卷五十八篇。《书疑》宋元刻本久佚，清康熙十九年（1680）纳兰性德刊刻《通志堂经解》本，已与王柏原书有一定的差别。首先，卷前阙《书疑序》，今从《鲁斋集》中才能见到遗文。清人洪颐煊《读书丛录》曾记录一种宋刻《书疑》："鲁斋《书疑》九卷，前有宝祐丁巳王柏自序。"⑥由此，《书疑》约成书于南宋

---

① 参见程元敏：《王柏之生平与学术》上册，华东师范大学出版社 2011 年版，第 173—176 页。笔者核对程先生所辑诸条，如金履祥《通鉴前编》引作"子王子曰"（六条）、"子王子谓"（一条），黄镇成《尚书通考》引作"鲁斋王氏曰"（一条），许谦《读书丛说》引作"王鲁斋先生谓"（一条，引文与金履祥同），皆未提及《读书记》书名，这是需要注意的。

② ［清］朱彝尊：《（点校补正）经义考》第 3 册，林庆彰、杨晋龙、蒋秋华、张广庆编审，冯晓庭、陈恒嵩、侯美珍点校补正，"中央研究院"中国文哲研究所筹备处 1997 年版，第 582 页。

③ ［清］朱彝尊：《（点校补正）经义考》第 3 册，林庆彰、杨晋龙、蒋秋华、张广庆编审，冯晓庭、陈恒嵩、侯美珍点校补正，"中央研究院"中国文哲研究所筹备处 1997 年版，第 385 页。

④ 按：元人胡一中《定正洪范集说》引作"《书集疑》"。

⑤ ［宋］王柏：《书疑序》，载《鲁斋集》（补遗附录）卷四，影印《丛书集成初编》本，中华书局 1985 年版，第 58 页。

⑥ ［清］洪颐煊：《读书丛录》卷二四，清道光二年富文斋刻本，转引自程元敏：《王柏之生平与学术》上册，华东师范大学出版社 2011 年版，第 183 页。

宝祐五年(1257),是年,王柏已六十岁,可认为是晚年的成熟著作。其次,《书疑》自序言共有五十八篇,并且《书疑》前也有《书疑目录》列有五十八篇目录,但今本仅存五十七篇,阙卷五《洪范图》一篇。① 《书疑》体例主要有"疑"与"考异"两种,前者在疏解《尚书》义理的基础上考订文本错乱、倒置、衍文、阙文,整理各篇的纲目结构;后者订正《尚书》篇目、次序,并在前者的基础上形成新的经学文本,两种体例互为表里。王柏疑改《尚书》的基础是义理,推查圣人作经之意,严格区分经传,对经文的处理有较为明显的结构化倾向,这种以理治经的经学方法与朱子解《大学》《中庸》一脉相承。

二、"得观典谟手笔":王柏《尚书》学渊源补考

王柏《尚书》学的渊源,当前研究一般首推朱子和吕祖谦。② 从学术渊源上来看,王柏祖于朱子毫无疑问;而吕祖谦与王柏都是金华地区的学者。王柏的父亲王瀚曾登朱子、吕祖谦门下问学,王柏与吕祖谦在学术上也有一定的联系。③ 朱子曾评价吕祖谦《尚书》学"伤于巧",而王柏判断《尚书》各篇成文年代以改易《尚书》篇序,移经入史,他将《左传》改为《尚书》体,与吕祖谦作《大事记》等史书有异曲同工之妙。不过,王柏学术对朱、吕二人主要是"远绍",除此之外,更主要的来源应该是王柏的

---

① 按:关于今本《书疑》所阙的《洪范图》。程元敏先生认为即今本《研几图》第十六至三十二图(共十七张图),应归还于《书疑》卷五,置于"当于五福之下而致详焉"以后。对此,蔡根祥先生认为,今本《研几图》这十七张图是否即《书疑》的《洪范图》,存有疑问,两者在文义上有一定的差距,遽还附入,容易陷先儒于浅薄;并且,十七张图中有《三圣授受图》和二典、三谟相关,《人心道心图》和《大禹谟》相关,与《洪范》并无直接的关系。参见程元敏:《王柏之生平与学术》上册,华东师范大学出版社 2011 年版,第 182 页;蔡根祥:《宋代尚书学案》下册,花木兰文化出版社 2006 年版,第 646—647 页。
② 蔡根祥:《宋代尚书学案》下册,花木兰文化出版社 2006 年版,第 647—652 页。
③ 按:吕祖谦之学一般又称为浙学、婺学等。金华地属婺州,金华之学与浙学、婺学的关系,近来已受到学者的关注。参见董平:《南宋婺学之演变及其至明初的传承》,载刘东主编:《中国学术》第 10 辑,商务印书馆 2002 年版,第 193—244 页。

老师何基,还有禀朱子之命作《书集传》的蔡沈对王柏《尚书》学有更直接的影响。

首先,何基对王柏《尚书》学教诲有启发之功。何基重视《洪范》,尤其是他对"皇极"的哲学阐释,①于王柏有显然的影响。王柏效仿朱子《大学章句》分传以释经的方法,分析《洪范》经传;又因用《洪范》九畴拟配《洛书》数理,以"五皇极"居中,设立了《皇极经》。重视《洪范》和"皇极"是宋代《尚书》学发展的一大特色,朱子、蔡沈师弟子都有相关的著述。北山学派作为朱子学的主力继承者,对此也下了一番苦功,何基以《四书》注解"皇极",他指出:"箕子所以告武王者,纲领宏硕,条目明备,议论又自精深严密,本末毕举。因参以《大学》《中庸》,其大本大经盖有不约而符契者。"②何基通过《大学》《中庸》解释《洪范》,以四书之义理注释五经文本,这为王柏的《尚书》学奠定了理论的基础。

其次,王柏通过友人蔡杭而得观蔡沈《书集传》。淳祐四年(1244)七月,王柏四十七岁,是年婺州守赵汝腾礼聘何基为丽泽书院山长,而何基以身体病弱坚辞。此后,赵汝腾、蔡杭、杨栋三人继而礼聘王柏,何基也勉励王柏就任。其中,蔡杭即蔡沈子,王柏与蔡杭之间的联系由此可见一斑。蔡沈《书集传》成书于嘉定二年(1209),但并未广泛传播,直至淳祐七年(1247)八月二十六日,蔡杭向宋理宗进蔡沈《书集传》,并上表云:"伏以惟精一以执中,乃三圣传授之心法;无党偏而建极,盖百王立治之大经。"淳祐十年(1250),吕遇龙在江西上饶刊刻《书集传》,蔡沈的《书集传》自此才开始得到推广。王柏与蔡沈之子蔡杭关系密切,蔡杭曾将朱子改定蔡沈《尧典》《舜典》《大禹谟》手稿交予王柏观看。王柏自述:

---

① 按:王圻《续文献通考》卷一七三著录《皇极说》一篇,署"何基著",但是今传《何北山先生遗集》已不存该篇。王柏撰述的《何北山先生行状》对何基皇极说多有阐述。

② [宋]王柏:《何北山先生行状》,载[宋]何基:《何北山先生遗集》卷四《附录》,影印《丛书集成初编》本,中华书局1985年版,第28—29页。

予尝多幸,得观典谟手笔,密行细字,东圈西补,盖非一日之所更定,其用力精勤如此。①

这所谓的"典谟手笔",是朱子晚年对《尧典》《舜典》《大禹谟》所作的注释,在托付蔡沈作《书集传》时即已交付蔡沈。蔡沈曾云:"《二典》《禹谟》,先生盖尝是正,手泽尚新。"②蔡杭既能将朱子与父亲的《尚书》手稿出示王柏,如此,王柏能从蔡杭处提前获见《书集传》,当是无疑问的。

除此以外,与王柏有密切来往的朱子学派《尚书》学名家,还有朱子门人陈文蔚,后者曾在端平二年(1235)通过徐侨的介绍而进《尚书类编》一书于理宗,而王柏曾问学于徐侨门下。此外,从《书疑》所引用的内容来看,刘敞、王安石、刘牧、程颐、邵雍、苏轼、林之奇、吴棫、胡宏等宋代《尚书》学名家对王柏也有较明显的影响。

三、"定《书》者所以立其教":
王柏《尚书》学的道统论

王柏的《尚书》学是在继承朱子学派理学思想的基础上形成的,理学思想该摄经学思想,是其主要特色。学界在讨论王柏《尚书》学的时候,多是从经学形式上入手,讨论王柏在疑经、改经等方面的特色,这固然是重要的,但缺乏对王柏以理治经方法的一贯性理解,不易呈现哲学与经学之间的联系。以下不揣鄙陋,从哲学思想的角度入手,进而推出王柏在解经方法和经学形式上的创新之处。

---

① [宋]王柏:《书疑序》,载《鲁斋集》(补遗附录)卷四,影印《丛书集成初编》本,中华书局1985年版,第57页。
② [宋]蔡沈:《书集传》卷前《九峰蔡先生书集传序》,载朱杰人、严佐之、刘永翔主编:《朱子全书外编》第1册,华东师范大学出版社2010年版,第1—2页。

在朱子、蔡沈师弟子正式将"道统论"思想纳入《尚书》学之后，道统就成了朱子学派注解《尚书》最重要的思想内核，此后朱子门人黄榦为发展朱子学派的道统论思想作出了许多贡献。作为朱子三传弟子、黄榦再传弟子的王柏，在道统论思想上也提出了自己的创新意见。

第一，王柏将道统论的内容扩展至宇宙论。历史包括宇宙历史与人文历史，王柏发挥"道"的内涵，将道统贯彻于宇宙、社会、历史的绵延传承。王柏认为：

> 立天道者阴阳也，立地道者刚柔也。四时行焉，百物生焉，此非天地之道统乎？圣人以仁义设教，为天地立心，为生民立道，所以继绝学而开太平。此则圣人之道统也。道统之名不见于古，而起于近世，故朱子之序《中庸》，拳拳乎道统之不传，所以忧患天下后世也深矣。①

"天地之道统"和"圣人之道统"的发现，是王柏对朱子道统论的一大补充。朱子在与陈亮的论辩中，逐渐形成了关于三代历史的道统论，主要是基于社会教化和文明历史的传承来谈的。朱子道统论中所列举的尧、舜、禹、汤、文、武、周公，以至于孔子、颜回、曾子、子思、孟子，到近世的二程兄弟等人，主要聚焦道统在人文世界的生成与展开。蔡沈通过《书集传》进一步论证了三代圣王传心的过程，"二帝三王之道，本于心"②，将三代历史与心性论打并为一，但没有将道统论拔高到宇宙论层次的高度。天道、地道、阴阳和万物，这些论题在理学中都是既有的老话题，关涉的是客观自然层面的领域，属于宇宙论的范围；圣人、仁义、教

---

① [宋]王柏：《跋道统录》，载《鲁斋集》（补遗附录）卷五，影印《丛书集成初编》本，中华书局1985年版，第77页。
② [宋]蔡沈：《书集传》卷前《九峰蔡先生书集传序》，载朱杰人、严佐之、刘永翔主编：《朱子全书外编》第1册，华东师范大学出版社2010年版，第1—2页。

化、生民,这些充满实践性的话题,是理学家们最重视的道德概念,也是道统论的重要论题。王柏以天地之道统来讲宇宙自然的流行和演化,以圣人之道统来讲社会历史的发展和传承,这就使得宇宙不再是一个冷冰冰的客观的独立存在,而可以下落至现实的人类社会;而与之相对的,社会的政治教化也由此获得了一个客观、超越的存有依据。

天地道统与圣人道统之间,在分析上属于相互并置的对立关系;在时序上,则具有生成的先后关系。① 王柏的四言诗《畴依》描述了从天地初开到朱子创立道统论阶段的生成过程。该诗指出:

> 元会开物,风气浑庞。聿生神圣,惟包羲皇。始画八卦,人文炳煌。大道之书,谁云已亡?巍乎大哉,尧之为君。其仁如天,其知如神。凿井耕田,出作入息。击壤而歌,不知帝力。虞舜侧微,重华协帝。父顽母嚚,烝烝以乂。天理之极,人伦之至。恭己当天,云行雨施。禹乃嗣兴,载平水土。天锡九畴,彝伦攸叙。克俭克勤,不伐不矜。有典有则,贻厥子孙。昔在帝尧,咨舜一语。允执厥中,舜亦命禹。危微精一,义复兼举。三圣授受,独眬前古。……恭惟道统,一绝千载。……渊源微矣,予将畴依。②

在这之下,王柏《畴依》还列举了商汤、伊尹、文王、武王、箕子、周公、孔子、颜子、曾子、子思、孟子、周敦颐、二程、尹焞、谢良佐、游酢、杨时、朱子,将他们作为道统的传承者。"畴依"之名,即同类相依的意思,代表了王柏要继承这些圣贤的历史使命的决心。从哲学问题的层面上讲,从宇宙阶段到人文阶段的这一生成过程,在《易传》中就有相关的阐述和记录,并不是新鲜的论题。只有将之放在道统论的视域下,我们才能明白

---

① 〔宋〕王柏:《宇宙纪略序》,载《鲁斋集》(补遗附录)卷四,影印《丛书集成初编》本,中华书局 1985 年版,第 64—65 页。
② 〔宋〕王柏:《畴依》,载《鲁斋王文宪公文集》卷一,《续金华丛书》本,第 3b—5b 页。

王柏的创新之处，以及他对道统论的完善和贡献。

第二，王柏将道统论视为《尚书》的精神内核，并将《尚书》视为三代的信史，以道统来重新叙述中国的历史脉络。王柏认为：

> 天开文明，《河图》斯出，圣心默契，画卦造书，而后《三坟》《五典》《八索》《九丘》传于世。后一千八百六十有余年，吾夫子秉道统之传，任述作之责，咸黜旧闻，断自唐虞而已。夫子岂不欲备上古之淳风，考制作之本始，探幽赜而昭阳德也？顾其荒诞鄙野，庞杂淆乱，或讹其旨，或失其传，非可以立人极、阐世教，为万世帝王之法程。……因治世之事以达其道，定《书》者所以立其教也。①

在王柏看来，中国历史是一部文明史，而文明的本质是"道统"。换言之，历史不仅是人类活动的记载，更应该在本质上体现出道统的价值内涵。在孔子之时，记载中国上古史事的仍然存在着《三坟》《五典》《八索》《九丘》等史书，但上古之时文教未开，史官随笔而记的这些书籍，在内容上存在荒诞之处，而且杂乱无序，它们无法体现"道统"的延续，不能达到"定《书》者所以立其教"的目的，所以被孔子所删除。王柏认为：

> 所谓《三坟》《五典》《八索》《九丘》者，古人固有此书，历代相传至夫子时已删而去之，则其不足取以为后世法可知矣。②

以孔安国、孔颖达为代表的汉唐儒者将《三坟》等书视为上古《尚书》的一部分。孔安国《尚书序》认为"伏牺、神农、黄帝之书，谓之《三坟》，

---

① ［宋］王柏：《续国语序》，载《鲁斋集》（补遗附录）卷四，影印《丛书集成初编》本，中华书局1985年版，第59页。
② ［宋］王柏：《书疑》卷前，影印《丛书集成初编》本，中华书局1985年版，第1页。

言大道也;少昊、颛顼、高辛、唐虞之书,谓之《五典》,言常道也"①。"大道"与"常道"的具体内涵虽有争议,至少可确定的是,汉唐经学认为认为《三坟》《五典》体现了"道"。从程颐开始,对《三坟》《五典》提出了质疑,程颐认为:

> 所谓大道,虽性与天道之说,固圣人所不可得而去也。如言阴阳四时七政五行之道,亦必至要之语,非后代之繁衍末术也,固亦常道,圣人所不去也。使诚有所谓羲、农之书,乃后世称述当时之事,失其义理,如许行所为神农之言,及阴阳医方称黄帝之说耳。此圣人所以去之也。②

朱子则认为《三坟》《五典》若果存在,圣人就不应全部删去,而应存其书以保存历史。朱子指出:

> 《周礼》外史掌《三皇》《五帝》之书。周公所录,必非伪妄。知《春秋》时《三坟》《五典》《八索》《九丘》之书犹有存者。若果全备,孔子亦不应悉删去之。③

与之相反,王柏把《三坟》《五典》视为已经亡佚的书,并且是被孔子有意删去的、不足为法的佚书。王柏在承认伏羲作为道统序列中的圣人的基础上,否认《三坟》《五典》的可靠性。正如《畴依》指出的,"惟包羲皇。始画八卦,人文炳煌。大道之书,谁云已亡",王柏认为伏羲的主要

---

① [汉]孔安国:《尚书序》,载[汉]孔安国传,[唐]孔颖达疏:《尚书正义》,北京大学出版社1999年版,第4页。
② [宋]程颢、程颐:《经说》卷二《书解》,载《二程集》下册,王孝鱼点校,中华书局2004年版,第1032页。
③ [宋]朱熹:《晦庵朱文公文集》卷六五,载朱杰人、严佐之、刘永翔主编:《朱子全书》(修订本)第23册,上海古籍出版社、安徽教育出版社2010年版,第3149—3150页。

贡献在于画八卦,因而开创了人文历史。在王柏,所谓的"大道之书"是
传承下来的八卦,并没有亡佚。因此,王柏通过道统作为决断的标准,就
此将《三坟》《五典》从《尚书》的序列中剔除出去。

王柏这么做的目的主要是建构符合道统论的历史观。王柏指出:

> 帝王之书,自《尧典》而始。上古风气质朴,随时致治,史官未
> 必得纂记之要。故夫子定《书》所以断自唐、虞者,以其立政有纲,
> 制事有法,可以为万世帝王之轨范也。唐、虞之下,且有存有亡,有
> 脱有误;唐、虞之上,千百年之书,孰得其全而传之? 孰得其要而
> 绎之?①

也就是说,《尚书》以《尧典》作为开篇,不仅出于历史的考虑,更出于垂教
立政、社会治理的典范性意义。尧以前千百年的历史,存在着亡佚、脱漏
的可能,并且没有经过圣人的编选,既不得其全,更不得其要。在这里,
王柏的"孰得其要"之"要"即指道统思想,未经圣人编选的上古事迹,因
其缺乏道统的内在价值,就不能称之为历史。进一步地,王柏提出了自
己基于《尚书》的历史观:

> 太史公之为书也,唐、虞之上增加三帝,曰黄帝,曰颛顼,曰帝
> 喾,论其世次,纪其风绩,惊骇学者,以吾夫子之未及知也。……
> 尧、舜,吾知其为帝也;禹、汤、文、武,吾知其为王也;皋、夔、稷、契、
> 伊、傅、周、召,吾知其为贤也。吾何从而知之? 以吾夫子之书而知
> 之也。②

---

① [宋]王柏:《书疑》卷一,影印《丛书集成初编》本,中华书局 1985 年版,第 2 页。
② [宋]王柏:《续国语序》,载《鲁斋集》(补遗附录)卷四,影印《丛书集成初编》本,中华书局
1985 年版,第 59—60 页。

司马迁的《史记》以黄帝、颛顼、帝喾的《三皇本纪》为中国历史叙述的起源,这对于坚守道统论史观的王柏来说,显得不能接受,甚至认为这是一件惊骇学者的事情。在此,王柏将孔子编定过的六经视为判断标准,如此一来,《尚书》经由孔子的编定,就具有不可动摇且必须坚守的经典地位了。

按照这一思路,王柏的门人车若水进一步著有《道统录》,剖析道统内核为三:"曰大原者,统之体也;曰明训者,统之用也;曰分纪者,统之序也。有经焉,有传焉,有史焉。"①经、传、史三学的分立统一于道统。王柏为该书作跋时指出,道统可以"闲先圣之道而大一统也"②。就此,王柏的道统论具有其独特的价值。在哲学上,它通过"天地之道统"与"圣人之道统"来弥补了传统道统论缺乏的宇宙层面的关怀。在历史观上,他将道统论与历史进行深度结合,将道统视为高于事实的本体存在,主张一种价值史观,从而认为《尚书》是传递了三代道统价值的信史,使北山学派的经史观之发展迈出了重要的一步。

四、"(补)全圣人之书": 王柏《尚书》学与疑经改经

王柏将《尚书》视为传递了孔子思想的三代信史,但是《尚书》在流传的过程中,历经劫难,使得《尚书》的文本并不完全可靠。就此,王柏以道统论作为价值的尺度,对《尚书》文本进行了移动、删改、重新排序等处理。《四库全书总目》认为,"宋儒说经以理断,理有可据,则六经亦可改",尤其是"王柏诸人点窜《尚书》……悍然欲出孔子上"。③ 虽然四库馆臣有贬义,但也正是《尚书》文本的移改之处,体现了王柏接榫《尚书》

---

① [宋]王柏:《跋道统录》,载《鲁斋王文宪公文集》卷一一,《续金华丛书》本,第1b页。
② [宋]王柏:《跋道统录》,载《鲁斋王文宪公文集》卷一一,《续金华丛书》本,第1b页。
③ [清]永瑢等:《四库全书总目》卷三二《孝经问》提要,中华书局1965年版,第266页。

与道统论的独创性,更揭示出他以理治经的真实目的:补全圣人之书。

第一,王柏通过补充《尧典》,进一步完善尧、舜、禹三圣传心的理论。

朱子学关于《尚书》中有关尧、舜、禹三圣心法相传的过程,主要是从《大禹谟》的十六字心传中挖掘思想资源。但是,《大禹谟》主要是舜命禹的记录,而对于尧、舜二圣之间的传承,《尚书》并没有明文记载。王柏认为,这是由于《尚书》存在着错简与阙文,有待补入。他指出:

> 昔尧之试舜也如此之详,而逊位之际,止一二语而已。此非小事也。以天下与人,而略无叮咛告戒之意,何也?愚读《论语》,终篇乃见"尧曰:咨!尔舜。天之历数在尔躬,允执厥中。四海困穷,天禄永终"。《书》中脱此二十有四字……此所谓错简也。愚不揣僭,欲合二典之旧章,补以孔孟之逸语,黜错简,削伪妄,以全圣人之书。[1]

为了"(补)全圣人之书",王柏在《尧典》"舜让于德,弗嗣"以后补入《论语·尧曰》篇的二十四字,以完善尧、舜传授的心法和过程。按照王柏的逻辑,《尚书》是孔子编排过的六经之一,而《论语》记载了孔子的言行,乃是"鲁经",两者具有同等的地位,把《论语》补入《尚书》自然是可以接受的。王柏这种补经的行为,在后人看来不免有狂妄、僭越的地方,尤其是以错简为理由,但并没有考虑到竹简的前后长短与阙文字数之间的联系,在审慎的文献学立场上其实站不住脚。不过,如果超脱文献的局限,从文本结构与义理内核上看待王柏的补经行为,道统论则能为其提供合理的解释。

第二,王柏继承蔡沈帝王传心思想,并对商汤心法的来源与内容进行了补充。

---

① [宋]王柏:《书疑》卷一,影印《丛书集成初编》本,中华书局 1985 年版,第 5 页。

蔡沈在《书集传》中提炼出"二帝三王之心"的概念,以解释尧、舜、禹、汤、武相传的帝王心法。在蔡沈看来,商汤的心法指《仲虺之诰》中的"建中"。① 与尧、舜、禹三圣相传不同的是,尧、舜、禹在时间上是相续的,而商汤距离三圣在时间上有着数百年的差距,不可能耳提面命而亲自获得三圣的心法传授。商汤如何继承道统呢? 这一问题换一个视角来说,即宋人如何上承孔孟的道统。如此一来,就要为商汤的心法之传承找到一个合理的来源。在此,王柏认为,商汤的身边有伊尹、仲虺这两位贤臣。对于伊尹,王柏认为"考其大用,诚圣人也";对于仲虺,王柏认为"亦亚圣之大贤也"。② 因此,商汤之所以能达致圣人,在王柏看来:

> 是故汤之惭德,仲虺大诰以慰之;汤之《盘铭》,仲虺倡论以开之;告之以"懋昭大德",此帝尧"克明峻德"之绪余也;告之以"建中于民",此《洪范》"皇极"之祖宗也。③

"懋昭大德"和"建中于民"是《仲虺之诰》中仲虺所言。王柏通过把伊尹、仲虺视为圣贤,而对君王提出了告诫,既是理学家规劝帝王理念在经学上的体现,也让王柏为接续三圣与商汤找到了一个解释。不过,把伊尹、仲虺视作天生性成的圣贤,并且能够教育商汤接续三圣心法,甚至成为周武心法的"祖宗",是有疑问的,因此受到了后人诟病。

王柏还进一步为仲虺所倡言的"建中"找到了人性论上的依据。他认为《汤诰》一篇开头的"惟皇上帝,降衷于下民。若有恒性,克绥厥猷惟后"一句,其实就是商汤"建中"心法的核心,"可谓得唐虞之心传者也,危微精一之传,万世帝王之宝典"④。《汤诰》"若有恒性"一句,以传世本

① [宋]蔡沈:《仲虺之诰》,载《书集传》卷三,收入朱杰人、严佐之、刘永翔主编:《朱子全书外编》第1册,华东师范大学出版社2010年版,第90页。
② [宋]王柏:《书疑》卷二,影印《丛书集成初编》本,中华书局1985年版,第16页。
③ [宋]王柏:《书疑》卷二,影印《丛书集成初编》本,中华书局1985年版,第16页。
④ [宋]王柏:《书疑》卷二,影印《丛书集成初编》本,中华书局1985年版,第16页。

《尚书》五十八篇的篇次来看,是全书首次出现"性"字。蔡沈曾通过人性论的角度指出:"天之降命,而具仁义礼智信之理,无所偏倚,所谓衷也。人之禀命,而得仁义礼智信之理,与心俱生,所谓性也。"①王柏则进一步从"天命之性"和"气质之性"的角度加以补充,他认为:

> "惟皇上帝,降衷于下民。若有恒性,克绥厥猷惟后。"此即天命之性,《书》中性字始于此。"克绥厥猷惟后"者,此君师之任,品节其气质之性者也。②

"降衷"即天降下中道,是商汤"建中"心法的来源。王柏所使用的"天命之性"和"气质之性",是宋明理学讨论人性的一对固有概念。王柏运用这些理论、概念来对《尚书》的文本进行解释,这正好说明了理学的义理思想在发展到一定的成熟阶段后,需要通过经典的文本来得到印证,实现经学与哲学的统一。在此,理学人性论的有效性通过《汤诰》的文本得到了进一步的确证。与之相应,《汤诰》的文本也因为新的义理而获得了新的诠释。王柏对商汤心法的人性论解释,不仅是王柏对蔡沈帝王传心思想的补充,也丰富了其道统论的内容,更由此体现了哲学与经学之间的互动关系。

第三,王柏重新调整《洪范》文本结构,将"皇极"畴提拈为独立的经典文本,进一步提升皇极心法在道统论中的地位。

重视《洪范》和"皇极"是朱子《尚书》学的一大特色。"皇极"出自《洪范》篇,朱子将"皇极"解释为人君建立道德的至极标准,以为天下之楷模;蔡沈进一步将"皇极"视为周武心法,成为二帝三王相传的心法,与尧、舜、禹的"精一执中"心法,商汤的"建中"心法相等同。王柏也继承了

---

① [宋]蔡沈:《汤诰》,载《书集传》卷三,收入朱杰人、严佐之、刘永翔主编:《朱子全书外编》第1册,华东师范大学出版社2010年版,第91页。
② [宋]王柏:《书疑》卷二,影印《丛书集成初编》本,中华书局1985年版,第16页。

这一看法,他认为《洪范》一篇:

> 此《书》王者继天立极之大典也,其纲目为最明,其义理为最密,其功用所关者为最广,其归宿枢机为最精。朱子谓:"此是人君为治之心法也。"①

王柏将《洪范》视为帝王心法,这与朱子、蔡沈是一致的。王柏对《洪范》的认识并不止于此,他认为《洪范》一篇应像《大学》一样,有纲有目、有经有传。正如朱子通过《大学章句》将《大学》文本分析为经传结构一样,擅长条理、对称思维的王柏也对《洪范》的篇章结构作出了调整。

首先,王柏将《洪范》篇首"惟十有三祀"至"天乃锡禹洪范九畴,彝伦攸叙"视为武王、箕子问答语,作为开篇语。其次,他将每一畴的第一句"初一曰五刑"至"次九曰乡用五福、威用六极"共六十五字视为《洪范经》,从而每一畴除首句外的其他内容就是《洪范传》。

分别经、传以解释经学文本,在方法上并非王柏的首创。就注书而言,朱子作《楚辞章句》以屈原《离骚》为经,其余为传;朱子作《仪礼经传通解》以《仪礼》为经,《礼记》等为传,开其先河。吕祖谦《读书记》也曾欲以风雅之正为经,风雅之变为传。就注篇而言,朱子《大学章句》分传十章释经一章,这些师友的方法对王柏自然有所启发。至于《洪范》"初一"至"次九"这六十五字,在汉唐经学中就受到极高重视。《汉书·五行志》所载刘向看法:

> 凡此六十五字,皆《洛书》本文,所谓天乃锡禹大法九章常事所次者也。以为《河图》《洛书》相为经纬,八卦、九章相为表里。昔殷道弛,文王演《周易》;周道散,孔子述《春秋》。则《乾》《坤》

---

① [宋]王柏:《书疑》卷五,影印《丛书集成初编》本,中华书局1985年版,第33页。

之阴阳,效《洪范》之咎征,天人之道粲然著矣。①

《汉书》将六十五字视为《洛书》本文,与《周易》《春秋》相提并论,认为《洪范》与《乾》《坤》之阴阳一样,都是天人之道的体现,从而为历代政治的天人感应提供了依据。到了宋代,出现了将《洪范》文本视为经传体的看法,例如:

> 朱子曰:"吴氏谓《洪范》乃五行之书,其下诸畴各以序类相配,此《洪范》之传也。"②

把五行视为宇宙的本根,是汉唐哲学中宇宙气化论的产物,为理学家所不取。吴棫将第一畴"五行"视为经文,"二五事"至"次九"视为传文。从文本结构来说,还显得比较机械、粗糙,且其思想未出汉唐气化论藩篱。与之相比,王柏对《洪范》经、传的理解,既是对图、书学的继承,在内涵上也包容更多的理学内容。

由此,王柏将宋代图书学的《河图》《洛书》视为圣人所传之书,仿照其体例撰作《洪范图》,以《洪范》诸事拟配《河图》《洛书》。王柏曾撰作《洪范传目图》指出:"《河图》之数四十有五,《洪范》之经推而为五十五事,与《河图》之数不期而暗合。"③尤其是《洪范》的第五畴"皇极",王柏尤为看重:

> (皇极)文势既极缜密,字义备于形容,使人悠扬吟咏,意思尤觉深长,此宜为皇极之经。先儒亦有谓此乃帝王相传之训,非箕子

---

① [汉]班固:《汉书》卷二七上《五行志》,中华书局1962年版,第1316页。
② [宋]金履祥:《通鉴前编》卷六,日本静嘉堂文库藏元天历元年序刊明修本,第34b页。
③ [宋]王柏:《研几图·洪范传目图》,影印《丛书集成初编》本,中华书局1985年版,第32页。

之言,是也。①

这里的"先儒"指傅子骏。② 王柏认为皇极畴在文字上与《洪范》其他畴具有明显的区别,不仅文势缜密,而且在内涵上韵味丰富,适合吟诵。但是,这种特征只适合皇极畴部分内容。为了解释这一冲突,王柏认为"皇极一章,疑其有错简",于是,他移改皇极畴经文为:

> 五、皇极:皇建其有极。(……按:王柏将中间内容移入第九畴作为"福极传"……)无偏无陂,遵王之义;无有作好,遵王之道;无有作恶,尊王之路。无偏无党,王道荡荡;无党无偏,王道平平;无反无侧,王道正直。会其有极,归其有极。③

就此,王柏将"皇极"畴中选出来的六十四个字称为《皇极经》,"即禹舜执中之义,而《诗》之祖也"。从文体上来看,这六十四个字接近诗体,在《洪范》的经文中是比较独特的。在文本性质上,王柏把皇极由传上升为经,这是他发挥道统思想的必然结果。《皇极经》强调王道在政教中的作用,在含义上也符合尧舜"执中"、商汤"建中"的一贯思想。与经相对,王柏还从皇极畴的文本中分析出《皇极传》:

> 曰:皇,极之敷言,是彝是训,于帝其训,凡厥庶民,极之敷言,是训是行,以近天子之光。曰:天子作民父母,以为天下王。

---

① [宋]王柏:《书疑》卷五,影印《丛书集成初编》本,中华书局1985年版,第33页。
② 按:陆游:"乡里前辈虞少崔,言得之傅丈子骏云:'《洪范》"无偏无党,王道荡荡,无党无偏,王道平平,无反无侧,王道正直,会其有极,归其有极"八句,盖古帝王相传以为大训,非箕子语也。至曰"皇极之敷言",以曰发之,则箕子语。'傅丈博极群书,少崔严重不妄,恨予方童子,不能详叩尔。"见[宋]陆游《老学庵笔记》卷三。王柏门人金履祥也曾指出:"傅子骏曰:'此章乃古书韵语,与箕子前后书文不同。'王文宪是之。"见[宋]金履祥:《尚书表注》,载《儒藏·精华编》第13册,北京大学出版社2014年版,第712页。
③ [宋]王柏:《书疑》卷五,影印《丛书集成初编》本,中华书局1985年版,第36页。

惟辟作福,惟辟作威,惟辟玉食。臣无有作福、作威、玉食。臣之
有作福、作威、玉食,其害于而家,凶于而国。人用侧颇僻,民用
僭忒。①

这糅合了原"皇极"和"三德"两畴内容的《皇极传》,在内容上进一步强
化了人君的核心作用,认为臣民的福、威、玉食等都应该出自人主,实际
上抬高了君主的地位,这与蔡沈的皇极思想在理路上相一致。

在朱子学中,"皇极"居于《洪范》九畴之中,地位高于其他八畴;与汉
唐经学相比,"皇极"取代"五行"的地位,本质上是朱子经学的本体宇宙
论取代了汉唐儒学的气化宇宙论。从经文本身来说,九畴的大部分内
容,都能与五行找到对应的关系,而与皇极的对应则较少。为了解决这
个文本上的冲突,王柏以"错简"作为理由,将《洪范》的经文进行了重新
排布,一定程度上解决了"皇极"中心说缺乏文本证据支持的弱点。此
外,王柏将"皇极"畴的部分文本,自"敛时五福"至"其作汝用咎"移入第
九畴,成为《福极传》。通过这种安排,皇极的建与不建,其直接结果和影
响,就在经学文本上得到了体现。除了文本结构以外,王柏还以图为例,
撰作《皇极经图》《惟皇建极》《皇不建极》《皇极敷言敷锡》等图来说明皇
极与其他八畴的联系,②以此强化皇极在九畴中的核心地位。

王柏分《洪范》为经、传,在思想上以他的道统论作为支撑的内核,
在方法上借鉴了宋儒疑经、改经的既有路数;他把皇极提升到"经"的
地位,把朱子、蔡沈建立起来的皇极心法向前推进,一定程度上为皇极
提供了文本支持。王柏利用疑经、改经、图解等方式,对《洪范》皇极的
改造,虽然调和了朱子学在哲学义理和经学文本之间的冲突,但他对文
本的处理过于直接,缺乏有力的证据,在清儒的文献学兴起以后,也遭到

---

① [宋]王柏:《书疑》卷五,影印《丛书集成初编》本,中华书局1985年版,第35—36页。
② 分别见[宋]王柏:《研几图》,影印《丛书集成初编》本,中华书局1985年版,第32—47页。

了批评。①

第四,王柏按照道统论的历史观,重新排列《尚书》的经文篇序。

传世《尚书》的篇次,是按照《书小序》的顺序进行排列的。经过朱子、蔡沈对《书小序》的批判,在朱子学中基本已不相信《书小序》的真实价值了。蔡沈《书集传》曾参考吴棫、胡宏之说法,将《康诰》《酒诰》《梓材》三篇从传统的周公代成王所作,改视为周武王所作,在时间上当在周公作的《金縢》之前。王柏既视《尚书》为三代信史,对《尚书》的篇章排序,也依照朝代和时间先后进行了初步重排。②

在《虞书》,王柏认为应合《尧典》《舜典》为一篇,这样才是首尾完备的帝王之书。在《夏书》,王柏重视《禹贡》,提至第二篇;又认为当删去旧题"大禹谟"的"大"字,改为《禹谟》,以和《禹贡》呼应。合《皋陶谟》《益稷》为一篇。《夏书》前三篇记载了夏朝之兴起,其后的《甘誓》《五子之歌》《胤征》这三篇则记载了夏朝的衰弱。在《商书》,王柏没有对篇目进行调整,主要是确定了各篇的帝王归属。在《周书》方面,他认为《泰誓》三篇应改名为《周诰》(原《泰誓上》)、《河誓》(原《泰誓中》)、《明誓》(原《泰誓下》);又认为《多方》当在《多士》之前。《康诰》《酒诰》《梓材》三篇,也按照胡宏、蔡沈的观点,移至《金縢》之前。

王柏将《尚书》按照时代先后进行了篇次调整,一定程度上是对胡宏《皇王大纪》的借鉴,由此也反映了湖湘学与北山学派之间的联系。胡宏《皇王大纪》的考证并未完备,王柏进一步了考证部分篇章的时间,这也为他的门人金履祥将《尚书》改编为《通鉴前编》的史书体式作了准备。不过,王柏对部分篇章的时间仍不确定,例如王柏认为《君奭》一篇"若考

---

① 按:典型观点如《四库全书总目》认为王柏"纯以意为易置,一概托之于错简。有割一两节者、有割一两句者,何脱简若是之多,而所脱之简又若是之零星破碎、长短参差? 其简之长短广狭、字之行款疏密,茫无一定也。其为师心杜撰,窜乱圣经,已不辨而可知矣"。见[清]永瑢等:《四库全书总目》卷一三,中华书局1965年版,第107页。
② 蔡根祥:《宋代尚书学案》下册,花木兰文化出版社2006年版,第682—692页。

其时,则未有定论"①,这有赖金履祥进一步的补充和完善。

五、"洗涤支离": 王柏《尚书》学的根本立场

王柏以道统论来统筹建构其《尚书》学,理论的重心是三代心法,其成立必须依托《尧典》《舜典》《大禹谟》《仲虺之诰》《汤诰》《洪范》等经文提供支持。这数篇中,《大禹谟》《仲虺之诰》《汤诰》皆属于所谓《古文尚书》,在《古文尚书》开始被质疑的南宋中后期,王柏对《古文尚书》的态度就成了一个问题。

《尚书》学发展到了南宋,其创新之一是开始认识到传世《尚书》的文本来源存在着问题,从而开始怀疑《尚书》部分内容为伪书。从吴棫、朱子开始,就对旧题孔安国的《尚书序》《尚书传》怀疑是魏晋人的伪作,但朱子对《古文尚书》的态度较为保守,不认其为伪书。其后,蔡沈在《书集传》中对《尚书》每篇的解题分别列其属于《古文尚书》或《今文尚书》,也未臧否其真伪。王柏的《尚书》学方法建立在"疑经"的基础之上,他也没有直接提出对《古文尚书》或者《今文尚书》的认可与批评。于是,后人对王柏是否辨疑《古文尚书》、是否怀疑《今文尚书》持有不同的看法。

其一,认为王柏对今、古文《尚书》并疑。

这一方面的观点,有如下几位可作为代表。清人纳兰性德编《通志堂经解》将王柏视为疑《今文尚书》的始祖,认为"有宋诸儒……于今文固为有拟议也。其并今文而疑之,则自公始"②。《四库全书总目》总结道:

　　柏之学,名出朱子,实则师心,与朱子之谨严绝异,此(引按:

---

① 〔宋〕王柏:《书疑》卷八,影印《丛书集成初编》本,中华书局1985年版,第59页。
② 〔清〕纳兰性德:《王鲁斋书疑序》,〔宋〕王柏:《书疑》卷前,影印《丛书集成初编》本,中华书局1985年版,第1页。

《书疑》)其辨论《尚书》之文也。《尚书》一经，疑古文者自吴棫、朱子始(见朱子《语录》)，并今文而疑之者自赵汝谈始(见陈振孙《书录解题》)，改定《洪范》自龚鼎臣始(见所作《东原录》)，改定《武成》自刘敞始(见《七经小传》)，其并全经而移易补缀之者则自柏始。①

《四库全书总目》列举了王柏对《尧典》《皋陶谟》《盘庚》《说命》《泰誓》《武成》《洪范》《大诰》《多士》《多方》《立政》等篇的辩护和疑改，指出王柏以"脱简为辞、臆为移补"，对经文的改动不管每枚古竹简的长短和字数，一概托之于错简，毫无根据。

皮锡瑞也作"论王柏《书疑》疑古文有见解，特不应并疑今文"一文，指出王柏《书疑》"失在并今文而疑之……其并疑今文，在误以宋儒之义理，准古人之义理；以后世之文字，绳古人之文字"。② 刘起釪先生《尚书学史》也持有类似的看法：

> (王柏)所撰《书疑》九卷，不论今文、古文都怀疑，并以错简为名随意改动经文。③

刘起釪先生认为，王柏和赵汝谈对《今文尚书》的怀疑，是疑辨精神的肆意所至，有失正确的观察力，并且王柏对部分《古文尚书》篇章(如《泰誓》)的辩护也往往进退失据。④

一方面，四库馆臣、皮锡瑞和刘起釪先生的观点有合理的地方。站在客观的态度上，王柏疑经、改经，尤其是他对错简的处理，经不住文本

---

① ［清］永瑢等：《四库全书总目》卷一三《书疑》提要，第107页。
② ［清］皮锡瑞：《经学通论》，吴仰湘编，中华书局2015年版，第260页。
③ 刘起釪：《尚书学史》(订补修订本)，中华书局2017年版，第289页。
④ 刘起釪：《尚书学史》(订补修订本)，中华书局2017年版，第289页。

上的仔细检验。但另一方面，四库馆臣和刘先生的观点也有值得商榷处，他们抱有清代汉学、当代古史辨派的立场，对王柏《尚书》学背后所持有的道统论和价值立场无法同情地理解。

其二，认为王柏尊崇《古文尚书》，怀疑《今文尚书》。

当代的研究者在承认前人看法的基础上，对王柏《尚书》学的立场提出了新的理解。程元敏认为王柏"尊《古文尚书》而不甚非今文"。程先生认为王柏卫护《古文尚书》主要有两个原因：其一，朱子对《古文尚书》的态度模棱两可；其二，蔡沈、真德秀将《大禹谟》的"人心道心"十六字心与《洪范》的皇极心法传视为三圣传心的要诀。因此，王柏通过曲辞强解、表彰经文价值的方式来维护《古文尚书》的合法性。① 其后，蔡根祥先生进一步指出王柏"尊信古文而于今文有微词"②。应该说，程、蔡二先生相对前人，更能看到王柏《尚书》学的苦心孤诣。不过，相比于关注《古文尚书》和《今文尚书》的区别，从道学理论的角度对王柏《尚书》学进行抽象的概括未被注意。

那么，究竟王柏对《尚书》古、今文持什么态度呢？王柏认为：

> 甚矣！《书》之难读也。今九峰蔡氏祖述朱子之遗规，斟酌群言而断以义理，洗涤支离而一于简洁。如今文、古文之当考，固已甚明矣。《大序》《小序》之可疑，今已甚于帝王之词与史氏之词参错乎其中。③

其实，王柏对《古文尚书》和《今文尚书》都有所辩驳，但也都有所维护。王柏最认可蔡沈"斟酌群言而断以义理，洗涤支离而一于简洁"的方法，

---

① 程元敏：《王柏之生平与学术》下册，华东师范大学出版社2011年版，第599—615页。
② 蔡根祥：《宋代尚书学案》下册，花木兰文化出版社2006年版，第666—667页。
③ ［宋］王柏：《书疑序》，载《鲁斋集》（附录补遗）卷四，影印《丛书集成初编》本，中华书局1985年版，第57页。

这也成为他疑辨《尚书》的根本立场和基本精神。王柏对《尚书》文本进行了重新考察,主要目的是区分帝王之词与史官之词。正如上文所言,王柏将旧题孔安国的《书大序》,以及冠于每篇的《书小序》都斥为伪书,其裁断的标准就是道统论思想。因此,如果站在朱子学义理的基础上,就可以发现问题的关键本不在于王柏是否尊崇古文、怀疑今文。

正如有的学者所指出,王柏把理学置于经学之上,"推人心之理以正后世之经","这同程朱一样是要把经学纳入理学的轨道,使经学理学化",这"是经学在宋明时期发展的唯一通路。这个时期的经学可称之为理学经学"。① 对王柏来说,他的《尚书》学更多的是作为一种以道统为内容的历史哲学,进而在义理的基础上表达出他的经学观点。也就是说,在王柏《尚书》学中,义理价值是更优先的考虑,应该超脱于经学的文本形式去进行理解。在这一点上,我们应该说《书疑》所讨论的无关今文、古文之区别,而主要是《尚书》本身所蕴含的义理内涵,这也是北山学派《尚书》学的一贯立场。

六、 余论:王柏《尚书》学的流传与评价

王柏门人治《尚书》学者有金履祥、周敬孙、张翌等,其中以金履祥的影响为最大,也最受当代学者关注,研究成果众多。王柏的其余门人对推广其《尚书》学也皆有其功,不应被埋没,以下略举其要。

周敬孙,生卒无考,字子高,台州临海(今浙江)人,在王柏主讲台州上蔡书院时从学,著有《尚书补遗》一书;周敬孙之子周仁荣(1269?—1329?),字本心,承家学之传,对《尚书补遗》进行了补充。孟梦恂(1283—1356),字长文,台州黄岩(今浙江)人,与周仁荣一起师事王柏的弟子杨珏、陈天端,为王柏续传,在《尚书》方面,著有《七政疑解》,传承了

———————————

① 徐远和:《理学与元代社会》,人民出版社1992年版,第148页。

北山学派《尚书》学。

张翌(1236—1302),字达善,蜀人,后在江宁(今南京)讲学,学者称为导江学生。《宋元学案》称鲁斋门人"惟仁山、导江为最盛。仁山在南,其门多隐逸;导江在北,其门多贵仕"①。张翌在王柏晚年讲学于上蔡书院时从学,在北方士人中极受敬重。"至元中,中丞吴曼庆延至江宁学宫,俾子弟受业,时中州士大夫欲淑子弟以《四书集注》者,皆遣从先生游,或辟私塾迎之。"张翌的著述受到了吴澄的推崇,"其所著书,草庐吴氏澄以为议论正,援据博,贯穿纵横,俨然新安朱氏之尸祝也"②。吴师道还指出,王柏之学能够得到北方士人的认可,张翌首居其功。"导江学行于北方,故鲁斋之名因导江而益著。盖是时北方盛行朱子之学,然皆无师授,导江以四传世嫡起而乘之,宜乎其从风而应也。"③张翌教导学生时,《尚书》方面以蔡沈《书集传》为教材,对于将《书集传》传播至北方地区,张翌之功不可无视。

此外,私淑王柏《尚书》学的也不乏其人。牟楷,字仲裴,号葛屋,又号九溪,学者称为静正先生,台州黄岩(今浙江)人。《宋元学案》称其"刻志正心诚意之学,以养母不仕。时天台方行王鲁斋之学,先生不知师传所出,要亦其私淑也"④。著有《定武成错简》一卷。综上可见,金履祥、周敬孙、牟楷等人一起将北山学派《尚书》学延续至元朝;而张翌则将北山学派的《尚书》学影响范围扩大至北方。

总体来说,北山《尚书》学继承朱子之说,由何基奠定了重视义理的基本方向,并在王柏时得到极大的发展。王柏的《尚书》学思想,受到后

①［清］黄宗羲撰,［清］全祖望补修:《北山四先生学案》,载《宋元学案》卷八二,陈金生、梁运华点校,中华书局1986年版,第2765页。
②［清］黄宗羲撰,［清］全祖望补修:《北山四先生学案》,载《宋元学案》卷八二,陈金生、梁运华点校,中华书局1986年版,第2753页。
③［清］黄宗羲撰,［清］全祖望补修:《北山四先生学案》,载《宋元学案》卷八二,陈金生、梁运华点校,中华书局1986年版,第2765页。
④［清］黄宗羲撰,［清］全祖望补修:《北山四先生学案》,载《宋元学案》卷八二,陈金生、梁运华点校,中华书局1986年版,第2767页。

人褒贬不一的评价。肯定者如纳兰性德,其在重刻《书疑》时认为,"是书之最善者,如订正皇极之经传;谓《论语》'咨尔舜' 二十二言、《孟子》'劳来匡直' 数语宜补《尧典》缺文;《禹贡》叙一事之终始,《尧典》叙一代之终始,《禹贡》当继尧典之后,居三谟之前。皆卓然伟论,即以补伏孔所未逮可也"①。反对者如皮锡瑞,其甚至认为"若王柏作《书疑》,将《尚书》任意增删……可谓无忌惮矣……经学至斯,可云一厄"②。这两种截然相反的态度,既是王柏《尚书》学勇于创新的体现,也说明了王柏在根本上的理学家立场,正是由于王柏坚守以理治经的根本立场,才招致了后人的许多非议。

清人黄百家称赞王柏"纯然得朱子之学髓",通过本文的分析,可以看出这一学髓主要体现在王柏继承了朱子以理治经的学术脉络,故可谓"紫阳之嫡子"。③ 王柏在思想内容上,以道统观为内核,将《尚书》视为三代信史,奠定了北山学派经史观的基础;在经学形式上,重新改定《尚书》篇序,以叙述三代的历史,为金履祥的《尚书》学提供了模板;在解经方法上,注重图解,分析经、传、疑改经文,是宋代经学方法的集成者,但过于激进的改经行为也导致了后人诟病。王柏的《尚书》学表明,他开始自觉地总结朱子学派《尚书》的既有理论成果,在经学文本与理学义理之间,王柏偏向义理的一面,这是时代思潮的使然,也是他的局限。王柏在《尚书》学方面的很多尝试还不成熟,没有取得较为完满和令人信服的结果,但通过北山学派后续的传承和发展,一些不足的缺点得到了改善。就此,理解王柏的《尚书》学不仅应在其学说的内部,还应该把它放在北山学派的学术发展,乃至浙学转向朱子学的发展脉络中进行理解。

① [清]纳兰性德:《王鲁斋书疑序》,[宋]王柏:《书疑》卷前,影印《丛书集成初编》本,中华书局1985年版,第1页。
② [清]皮锡瑞:《经学历史》,中华书局2015年版,第79页。
③ [清]黄宗羲撰,[清]全祖望补修:《北山四先生学案》,载《宋元学案》卷八二,陈金生、梁运华点校,中华书局1986年版,第2727页。

参考文献

1. 徐远和:《理学与元代社会》,人民出版社 1992 年版。

2. 程元敏:《王柏之生平与学术》,华东师范大学出版社 2011 年版。

3. 高云萍:《宋元北山四先生研究》,浙江大学出版社 2012 年版。

4. 向世陵:《宋代经学哲学研究:基本理论卷》,上海科学技术文献出版社 2015 年版。

5. 刘起釪:《尚书学史》(订补修订本),中华书局 2017 年版。

6. 王小红:《〈尚书〉学文献史略》,载舒大刚主编:《儒藏论坛》第 13 辑,四川大学出版社 2019 年版。

7. 王锟:《"朱学嫡脉"王柏的理学及其地位》,《现代儒学》2021 年第 3 期。

（编辑:王小红）

董仲舒对晚清今文公羊学的影响[*]

黄开国

摘要:春秋公羊学是阐发《春秋公羊传》而形成的学说,是今文经学最重要的学说,董仲舒是其学的最大宗师。他的春秋公羊学,不仅是西汉的显学,更在晚清产生了重大影响。接着晚清今文经学所讲的廖平、康有为的经学理论就主要利用了董仲舒提出的孔子改制说,并注重灵活性解经而构建起来的。借助董仲舒的孔子改制说,廖平发明出了尊孔尊经的孔经人学、天学,康有为则构建起了以西方民主等为实质内容的近代学说;而解经的灵活性,则为廖平、康有为得心应手地利用古今中西各种学说来建立其学说提供了最有效的方法论。

关键词:董仲舒 公羊学 晚清 廖平 康有为

春秋公羊学是今文经学中最为重要的学说。尽管从东汉以后到清代初期的一千多年,春秋公羊学几乎默默无闻,但在西汉与晚清两个时期,春秋公羊学却是时代的显学,在社会政治文化生活中起着重大的影响。而春秋公羊学的这两次辉煌都与董仲舒有直接关系。

---

[*] 本文系国家社会科学基金项目"春秋时期的文化转型"(17BZX006)阶段性成果之一。黄开国,四川师范大学哲学学院研究员、博士生导师,四川师范大学杰出教授,主要从事儒学、经学研究。

在西汉的春秋公羊学家队伍中,董仲舒是公认的领袖,他创立了第一个系统的春秋公羊学理论。董仲舒的公羊学成为汉武帝最重视的官学,也成为后来春秋公羊学的理论基石。清代从庄存与开始今文经学复兴,但直到晚清以前,其今文经学主要是对何休春秋公羊学的回归整理,做以例释经的文本训释,而非以董仲舒为宗。直到晚清,廖平、康有为才回复到董仲舒的公羊学,今文经学得以与社会现实相融合,而在社会上形成如飓风、火山般的反响。从春秋公羊学的视角,董仲舒对晚清今文经学的影响主要是孔子改制说的理论与《春秋》无通辞的经典诠释方法。

一

在春秋公羊学发展史上,董仲舒第一个将孔子定性为素王。《天人三策》说:"孔子作《春秋》,先正王而系万事,见素王之文焉。"①《春秋》出于孔子,以《春秋》为素王之文,即以孔子为素王,其意甚明。孟子有《春秋》为"天子之事"②一说,但没有称孔子为素王。董仲舒直接称孔子为素王。孔子就不再只是单纯的圣人,不再只是教育家、思想家、哲学家,同时也是政治的君主人格。这是从政治对孔子的定位,这也确定了春秋公羊学以外王为主导的学术格局。

但孔子并没有为王,董仲舒以孔子为素王,是从孔子受命改制的天命的高度来论证的,其中最根本的论点就是《春秋》为孔子受命改制的典籍。冯友兰先生在《中国哲学史新编》说"春秋公羊学的基本精神是'改制'"③,这是对董仲舒春秋公羊学精神的准确把握。我在《公羊学发展史》一书中就指出,相对董仲舒的大一统等说,改制说具有更为重要的意

---

① [汉]班固:《前汉书》,台湾商务印书馆影印文渊阁《四库全书》本,第250册,345b页。
② [汉]赵岐:《孟子注疏》,台湾商务印书馆影印文渊阁《四库全书》本,第195册,151b页。
③ 冯友兰:《中国哲学史新编》第3册,载《冯友兰文集》第10卷,长春出版社2017年版,第60页。

义。① 但该论缺乏文献根据的说明，现在补充这方面的证据。在《春秋繁露》中没有出现"大一统"一词，但言"改制"却有八次之多，且有《三代改制质文》的专篇；在《汉书·董仲舒传》记载董仲舒对策中"大一统"也只讲到一次，即"春秋大一统者，天地之常经，古今之通谊也"②；讲"改制"则有两次："五帝三王之道，改制作乐而天下洽和，百王同之"③；"故王者有改制之名，亡变道之实"④。在一个哲学家著作里，只见到一次的词汇，绝不可能成为该哲学家最重要的观念。所以，董仲舒的春秋公羊学最重要的观念是改制说，而不是大一统，讲董仲舒的春秋公羊学应该首重改制说。除董仲舒外，《汉书》载西汉人言"大一统"仅两次，一出于《贾邹枚路传》："臣闻《春秋》正即位，大一统而慎始也。"⑤一出于《王贡两龚鲍传》："《春秋》所以大一统者，六合同风，九州共贯也。"⑥言"改制"则有八次之多，分别见于《律历志上》的"故自殷周，皆创业改制"⑦；《郊祀志下》的"孝武之世，文章为盛，太初改制"⑧；《司马相如传》的"出德号，省刑罚，改制度，易服色，革正朔，与天下为始"⑨，"文王改制，爰周郅隆，大行越成"⑩；《公孙弘卜式儿宽传》的"臣闻三代改制，属象相因"⑪；《韦贤传》的"至元帝改制，蠲除此令"⑫；《眭两夏侯京翼李传》的"以问贺良等，对当复改制度"⑬；

---

① 参见拙著《公羊学发展史》，人民出版社 2013 年版，第 166—174 页。
② ［汉］班固：《前汉书》，台湾商务印书馆影印文渊阁《四库全书》本，第 250 册，第 351b—c 页。
③ ［汉］班固：《前汉书》，台湾商务印书馆影印文渊阁《四库全书》本，第 250 册，第 339c 页。
④ ［汉］班固：《前汉书》，台湾商务印书馆影印文渊阁《四库全书》本，第 250 册，第 349c 页。
⑤ ［汉］班固：《前汉书》，台湾商务印书馆影印文渊阁《四库全书》本，第 250 册，第 277c 页。
⑥ ［汉］班固：《前汉书》，台湾商务印书馆影印文渊阁《四库全书》本，第 250 册，第 598b 页。
⑦ ［汉］班固：《前汉书》，台湾商务印书馆影印文渊阁《四库全书》本，第 249 册，第 457b 页。
⑧ ［汉］班固：《前汉书》，台湾商务印书馆影印文渊阁《四库全书》本，第 249 册，第 605a 页。
⑨ ［汉］班固：《前汉书》，台湾商务印书馆影印文渊阁《四库全书》本，第 250 册，第 371d—372a 页。
⑩ ［汉］班固：《前汉书》，台湾商务印书馆影印文渊阁《四库全书》本，第 250 册，第 383c 页。
⑪ ［汉］班固：《前汉书》，台湾商务印书馆影印文渊阁《四库全书》本，第 250 册，第 397b 页。
⑫ ［汉］班固：《前汉书》，台湾商务印书馆影印文渊阁《四库全书》本，第 250 册，第 626a—b 页。
⑬ ［汉］班固：《前汉书》，台湾商务印书馆影印文渊阁《四库全书》本，第 250 册，第 661b 页。

《王莽传中》的"又好变改制度,政令烦多"①。这些史料也有力地证明了西汉最有影响的是改制说,而不是大一统。

根据《三代改制质文》等相关论述可知,董仲舒所说的改制只是正朔、服色等的改变,而道则永恒不变,这带有重视历史发展继承一面的积极意义。董仲舒的这一改制说一经出现,就成为汉代经学的通行之说。《礼记·大传》说:"立权度量,考文章,改正朔,易服色,殊徽号,异器械,别衣服,此其所得与民变革者也。其不可得变革者则有矣,亲亲也,尊尊也,长长也,男女有别,此其不可得与民变革者也。"②《礼记》成于西汉宣帝时的戴圣之手,从《大传》的这段话来看,明显与董仲舒的改制说如出一辙,可以肯定这是受到董仲舒的影响。据此可推测《大传》此篇的成书当在董仲舒之后。不仅如此,在遇到社会危机时,最高统治者也往往依据改制的理论,借改变年号来表示所谓更化,以图带来社会的安宁,而在历史上上演了一场场的改元闹剧。虽然这是改制说的庸俗化,但也反映了董仲舒改制说的历史影响。

董仲舒的孔子改制说在晚清今文经学接着讲的阶段,③成为经学家构建其学说最重要的理论依据。无论是尊孔尊经的廖平,还是维新变法的康有为,他们的今文经学学说无不是依赖孔子改制说而建立起来的,离开孔子改制说,他们的学说就无法自圆其说。

廖平自道其学经六变。我以经史之分来区分经学六变。一为讲经学史的今古文之分的平分今古之说与尊今抑古之论,一为尊孔尊经的经学理论,可以分为天学、人学两大部分。④ 所谓孔经人学有两大内容:其一是孔经人学小统说,为治理中国的方三千里的小九州之说;其二是孔

---

① 转引自[汉]班固:《前汉书》,台湾商务印书馆影印文渊阁《四库全书》本,第 251 册,第 366d 页。
② [汉]郑玄:《礼记注疏》,台湾商务印书馆影印文渊阁《四库全书》本,第 116 册,第 49c—d 页。
③ 详细的论述,请参见拙著《清代今文经学新论》,人民出版社 2017 年版。
④ 参见拙著《廖平评传》(第三次再版)第二章第四节,百花洲文艺出版社 2010 年版。

经人学的大统说,即治理全球的方三万里的大九州之说。孔经天学也包含两大内容:以灵魂遨游宇宙为天学小统说;以人人成仙,形神漫游天际为天学大统说。无论是廖平讲经学史的问题,还是构建其尊孔尊经的经学理论,都是以孔子改制说为根据的。他讲平分今古之说以为今古文经学形成的原因,在孔子晚年改制,尊今抑古以孔子晚年改制为经学真义,以古文经学为刘歆作伪的产物。他的尊孔尊经经学理论更是借孔子改制说,将孔子从中国之圣神化为全球之圣,再从全球之圣神化为宇宙之圣,以证明孔经中不仅包含有治理中国之法,还有治理全球之法;不但有人世间之法,还有整个宇宙之法。

董仲舒的春秋公羊学讲孔子改制说,就孔子身份而言,既带有政治改革家的色彩,也有天命承担者的角色;就改制的内容而言,既有改周文之弊,为汉制法的含义,又有承天意而制法之义。廖平在讲经学史问题与构建尊孔尊经的理论时,虽然都是借董仲舒的孔子改制说立论,但所讲孔子改制却有不同的含义。当讲经学史问题时廖平说孔子改制是有鉴于周文之弊,将孔子视为政治改革家,而改制的内容则是改文从质,没有丝毫的神秘主义。但在进行尊孔尊经经学理论构建时,廖平的孔子改制说所说的孔子则完全是天意的代言人,改制的内容全部是对孔子、五经的神化,才有孔子为中国立万世法、为全球立万世法的人学小统、大统说,以及其为宇宙天体立法的天学小统、大统说,这完全是对孔子改制说向神秘主义方向的极度发挥。

康有为早年尊周公,崇《周礼》,企图从《周礼》寻求治理中国现实问题的药方。① 但自与廖平羊城之会后,转而改从今文经学,并认为古文经学经典《周礼》等出自刘歆作伪,古文经学是刘歆为迎合王莽篡汉而作伪的"新学"。刘歆伪造"新学"的最大危害,就在于掩盖了圣人的微言大

① 请参见黄开国、唐赤蓉:《从〈教学通义〉看康有为早年思想》,《四川大学学报》(哲学社会科学版)2009年第4期,第21—34页;黄开国、唐赤蓉:《〈教学通义〉中所杂糅的康有为后来的经学思想》,《近代史研究》2010年第1期,第97—114页。

义,这个微言大义就是春秋公羊学的孔子改制说。所以,康有为专门写了《孔子改制考》,详细阐发孔子改制的微言大义。在这部著作中,康有为将孔子说成不仅有其名而且有其实的君主,对孔子为"王"作出了名目繁多的论证。除春秋公羊学所说的素王之外,康有为还在所谓制法之王的名目之下,讲出了新王、先王、后王、文王、圣王、继周之王等种种名目,认为这些名目都是对孔子为王的不同说法。而孔子之所以被尊称为圣王,就在于孔子改制得十全十美。康有为论说孔子改制说,虽然也采三统说、三世说等春秋公羊学之说,但真正能代表康有为思想实质的,是他提出的具有近代思想内容的孔子改制的新内容。他借助孔子改制说,将西方近代资本主义政治制度与民主、自由、平等等观念,附会成孔子改制的结果。到康有为晚年,他在《礼运微》《论语注》《中庸注》《大同书》等著作中,依然声称西方近代的民主、平等等观念与制度出自孔子改制。同廖平一样,康有为经学的建构无不是依据孔子改制说来实现的。

　　康有为与廖平的经学学说,尽管都是以董仲舒的孔子改制为其立论的根据,但他们对董仲舒的态度却有很大的区别。廖平在《何氏公羊春秋三十论》中虽然有《用董论》,肯定董仲舒的公羊春秋学有何休所不及的精义,但也批评董仲舒支离失据,咸非本旨。康有为则以《春秋繁露》为文本,著成《董氏春秋学》,极力赞扬董仲舒的春秋公羊学得孔子之真传。该书《自序》说:"因董子以通《公羊》,因《公羊》以通《春秋》,因《春秋》以通六经,而窥孔子之道。"[1]这既是对董仲舒春秋公羊学的极度称赞,也是康有为服膺董仲舒春秋公羊学的自白。出现这一差别的原因在于康有为不仅是经学家,更是一位对政治充满激情的政治家,廖平则只是尊孔尊经的经学家。而西汉今文经学尤其是公羊春秋学,是与现实政治密切结合的学说,董仲舒也是一位深得汉武帝赏识的大师,联系现实政治是春秋公羊学真精神,也是春秋公羊学能够在社会上产生巨大影响

---

[1]　康有为:《春秋董氏学自序》,载《春秋董氏学》,中华书局 1990 年版,第 2 页。

的根本原因。在利用春秋公羊学的孔子改制说构建其学说上，廖平有从孔经人学小统说到天学大统说多层次的系统建构，并不逊于康有为，但他的孔子改制说之所以并没有康有为的孔子改制说所具有的社会影响，就在于康有为的孔子改制说得董仲舒经学的真精神，带有强烈的现实政治意义，廖平的孔子改制说却限于在理论上对孔子与五经的神化，并没有将其与现实政治实践结合起来。

　　当然，无论是廖平还是康有为的今文经学，除了主要利用董仲舒的孔子改制说外，还对春秋公羊学的三统说、三世说等有所采用。特别是他们在论说各自的社会历史观时，常常发挥三世说，以无数三世的变迁来论说大同世界、极乐世界的实现。但三世的发展变化，说到底都是孔子改制的体现。刘逢禄总结春秋公羊学的理论，是以张三世为第一义，廖平、康有为以孔子改制说为春秋公羊学的第一义，并用以统摄其他学说，这是清代今文经学发展的最大变化。之所以有此变化，单从理论方面说，孔子改制说是一个可以包容任何时代内容的理论，而孔子是中国文化公认的圣人，打着孔子的旗号以言具有近代精神的改制，容易获得社会的认可。

<h2 style="text-align:center">二</h2>

　　廖平、康有为借董仲舒的孔子改制说，能够建立起具有近代意义的自圆其说的今文经学体系，还与"六经注我"的灵活解释经典方法论有密切关系。而这一方法论创自董仲舒。

　　董仲舒在《春秋繁露》中说："《春秋》无通辞，从变而移。"①又说："所

---

① ［汉］董仲舒：《春秋繁露》卷二《竹林第三》，载钟肇鹏：《春秋繁露校释》（校补本）上册，河北人民出版社 2005 年版，第 76 页。

闻《诗》无达诂,《易》无达占,《春秋》无达辞,从变从义而一以奉人。"①强调要以变的精神来灵活解释经典的文句,解释的灵活性是董仲舒解经的灵魂。最能表现董仲舒这一方法论特点的是他的辞指论。他的辞指论既有由辞言指、假辞言指,但董仲舒更重视的是离辞言指的治经之法。此法又称为"见其指者不任其辞",他说:"见其指者,不任其辞。不任其辞然后可与适道矣。"②所谓"见其指者,不任其辞",就是根本不受文辞的束缚,去自由地发挥己说。此法是董氏借治经以立其说的主要方法。董氏此说看到了辞表现指的局限性,虽然具有反对墨守成义的积极意义,但也容易导致不顾经典文本,完全以己意解经的牵强附会。而经学史上今文经学家多依董仲舒此法来建立自己的学说,这些学说常常受到古文经学家不合本义的讥刺。

　　晚清是一个社会急剧变动的时代,变化的社会需要变化的理论来说明中国向何处去。无论是廖平还是康有为,他们都不具备作出正确解答的主观条件,但作为深受今文经学浸润的经学家,他们都力图从经学经典中证明孔子改制有解决晚清社会问题的秘方。这样在解经方法上,董仲舒重变的灵活解经方法,就成为他们构建其学说的不二法则。正是利用董仲舒此法,廖平、康有为才构建起了他们各自的今文经学学说。

　　廖平对经学经典解释有一个在当时最时髦的说法,就是翻译;他自称六译先生,就是表示他的经学六变不过是对孔子经典微言大义的翻译。他的翻译说将经典中的记载,都视为孔子改制的符号。为了证明这一点,他提出经史之分说,认为经学的经典讲的是圣人的微言大义,而史书只是对历史事实的陈述记载,这有一定合理性。但廖平却将经典的经义视为无所不包、空前绝后的绝对真理,并以为孔经的微言大义是借用

---

① [汉]董仲舒:《春秋繁露》卷二《精华第五》,载钟肇鹏:《春秋繁露校释》(校补本)上册,河北人民出版社 2005 年版,第 181 页。

② [汉]董仲舒:《春秋繁露》卷二《竹林第三》,载钟肇鹏:《春秋繁露校释》(校补本)上册,河北人民出版社 2005 年版,第 84 页。

三皇五帝、文武周公等人事来隐喻的,三皇五帝等人事不过是孔经表述微言大义的符号。既然是符号,不同的人就可以作出不同的解释。于是,他借助翻译的名义,不仅从孔经中发明治理中国的万世法(所谓人学小统说)、治理全球的万世法(所谓人学大统说),甚至六合之外无限天体宇宙的治法。五经最初文本出现在孔子之前,经孔子删定修改而成,春秋时期的孔子绝没有所谓治中国的万世法,更没有治全球的万世法,对六合以外孔子的态度是存而不论,更无从说起有什么六合以外的天学。

任何一个有起码文史知识与科学素养的人,或者有一点经学与经学史常识的人都不会相信这样的说辞。但廖平不仅坚信,而且借助董仲舒重变的解经灵活性,作出令人叹为观止的论证。如他为证孔经大统说,不仅杂引中国古代经史子集四部的各种文献,儒家、道教(包含道家)、佛教、诸子百家、谶纬神学等种种学说,还将中国古代文献中凡言"大"的名词术语,都一概说成孔经大统说,是大九州的不同表述。他还以西方近代地理学知识附会经学经典,并且证明经学经典中早有西学的地理学知识,而且更为高明。为证孔经天学,他不仅给孔经带上"哲学"的桂冠,更是据道教、佛教的神仙学说,以为西方近代天文学不过是孔经早有,并远逊于孔经的学说。他的经学理论,连他的学生也以越变越玄不知所云来评价。可以说,没有董仲舒的这一解经方法,廖平的经学理论根本无从建立,更不可能有所谓六变之说。但廖平经学的治经方法绝不是简单地因袭董仲舒,而是常常带有对"注重灵活性"的滥用。

康有为的孔子改制说,强调所谓托古改制,将经典中关于古代历史的记载,都说成孔子的假托,而非真正的历史。他的《孔子改制考》第一篇就是《上古茫昧无稽考》,以为孔子以前的历史都是虚无不实,所谓三皇五帝及其古帝王、古人都是孔子改制的假托。这与廖平的翻译说可以说是异曲同工。由此出发,康有为将经典的各种历史记载,附会为孔子改制的内容。如《孔子改制考》说孔子改制托尧、舜以行民主,"《尧典》

特发民主义"①，"选举实为孔子创制"②，等等。为了加强说服力，康有为还将这些说法与春秋公羊学的三世说等相联系，如说"尧、舜为民主，为太平世，为人道之至"③。康有为晚年注《论语》等，更将西方进化论与三世说相附会，说成孔子改制，《论语注》说："孔子之为《春秋》，张为三世：据乱世则内其国而外诸夏，升平世则内诸夏外夷狄，太平世则远近大小若一。盖推进化之理而为之。"④在《孟子微》中，又说什么"孟子特明升平授民权、开议院之制，盖今之立宪体，君民共主法也"⑤。其《礼运注》更是附会出全球大同的世界大一统。康有为这些说法，同廖平一样都是通过对经典文字的主观附会，甚至是脱离经典文本的先入为主的臆说而得出来的。所以，康有为的著作《新学伪经考》《孔子改制考》，皆以考为名，貌似重视考据精神，却常常违反考据的基本原则，根本不顾训诂的常识。若以考据的原则来衡量，多为无根之论。故钱穆先生的《刘向歆父子年谱》一问世，就彻底摧毁康有为古文经学出于刘歆作伪之说。

董仲舒创立的不囿于文辞解经的方法论与何休的以例解经，同为春秋公羊学解经的最重要方法。二者各有短长，以例解经具有忠实文本的优点，但容易流为固执经例缺乏变通；董仲舒的方法具有解经灵活性的优点，但容易堕入主观臆说的牵强附会。董仲舒的解经方法尽管有不重甚至是脱离文本的弊端，却是今文经学家构建其学说最有成效的方法。董仲舒借以建立起了划时代的春秋公羊学理论，廖平、康有为则据以构建起具有时代特色的学说，它们都在各自的时代形成巨大的社会影响。

---

① 康有为：《孔子改制考卷十二·孔子改制法尧舜文王考》，载《康有为全集》第 3 集，中国人民大学出版社 2007 年版，第 152 页。
② 康有为：《孔子改制考卷三·诸子创教改制考》，载《康有为全集》第 3 集，中国人民大学出版社 2007 年版，第 25 页。
③ 康有为：《孔子改制考卷十二·孔子改制法尧舜文王考》，载《康有为全集》第 3 集，中国人民大学出版社 2007 年版，第 149 页。
④ 康有为：《论语注》卷二，载《康有为全集》第 6 集，中国人民大学出版社 2007 年版，第 393 页。
⑤ 康有为：《孟子微》卷一，载《康有为全集》第 5 集，中国人民大学出版社 2007 年版，第 421 页。

所以,不能因其有方法论的缺陷,就否定董仲舒方法论的独特价值与历史影响。

无论是廖平还是康有为,其经学构建都主要利用了董仲舒的孔子改制说与重视灵活性的解经方法。孔子改制说固然可以通过对孔子形象的塑造,得出各自需要的改制内容,再加上灵活性的解经方法,就更能够对孔子改制作出适合不同需要的新解释,二者相得益彰,成为廖平、康有为经学构建得心应手的理论资源。这是董仲舒春秋公羊学最重要的历史影响。

周桂钿先生多次讲到,儒学发展史有三个具有历史意义的代表人物:一个是孔子,一个是董仲舒,一个是朱熹。这是很有学术眼光的观念,我们讲董仲舒的历史地位,若能加上他对晚清今文经学的影响,可能会更深入地认识董仲舒的文化价值。当然,董仲舒对晚清今文经学的影响,就人物而言,绝不限于廖平、康有为。董仲舒对廖平、康有为的影响,主要在孔子改制说与注重解经灵活性的方法论两个方面,但绝不限于这两个方面。

参考文献

1. 康有为:《康有为全集》,中国人民大学出版社 2007 年版。

2. 魏怡昱:《孔子、经典与诸子——廖平大统学说的世界图像之建构》,载舒大刚主编:《儒藏论坛》第 2 辑,四川大学出版社 2007 年版。

3. 冯友兰:《中国哲学史新编》,长春出版社 2017 年版。

4. 陈冬冬:《论廖平〈公羊〉学的矛盾性》,载舒大刚主编:《儒藏论坛》第 13 辑,四川大学出版社 2019 年版。

（编辑:张尚英）

孝为德本与《孝经》为"六经之宗"

——立足马一浮先生《泰和宜山会语》《孝经大义》的考察

舒大刚*

摘要： 本文从学理、文献和历史文化等角度，对马一浮先生"《孝经》为'六艺'之宗"的观点进行了论述，认为马先生构建的"六艺统诸学""《孝经》统六艺"等体系，对系统认识儒家经典的意义，理顺读书次第，快捷地掌握儒家经典实质，具有以简驭繁、握本执要的功效。

关键词： 马一浮 六艺 《孝经》 孝道

　　马一浮先生为理清中华学术的源流正变，提出"国学即'六艺'之学""'六艺'该摄一切学术"等重要命题，特别彰显了儒家经典的重要价值。"六艺"即"六经"，马先生意谓："六艺"之书是中国最古老的文献，记载和传承了中华上古的历史文化；"六艺"之文又是中国最古的教科书，诱发了包括儒家在内的诸子百家的形成和经史子集文献的产生。可见国学的主要流派——诸子百家，主要载体——经史子集，都是在"六艺"影响下形成的，因此说"国学即'六艺'之学"。此外，还有"六艺之道"和"六艺之教"，诸如"知仁圣义忠和""礼乐射御书数"，等等，亦具有广泛的普遍性和容摄性，可以涵摄中学（经学、子学、史学、词章等）、西学（自

＊ 舒大刚，四川大学古籍整理研究所教授、博士生导师，主要从事儒学文献研究。

然科学、社会科学、哲学、宗教等）。于是举国学诸科可以归诸"六艺"之道，举"六艺"之教可以该摄天下之学，古今中外的学术不外乎"六艺"之道与"六艺"之教的分殊。

然而"六经"卷帙浩繁，内容庞杂，以事言理，旨趣各别，如何才能以简驭繁、提纲挈领地掌握经典要义呢？马先生指出："六艺之旨，散在《论语》而总在《孝经》。"六经的义理宗旨已经散见于 16 000 字的《论语》之中，而其纲领又系统地总结在 1 800 字的《孝经》之中。这样一来，马先生就为我们构建起了以"六艺统天下学术"、以《论语》见"六艺"精神、以《孝经》举"六经"纲领的经典体系和文献架构了。这一架构对于我们了解中华文化的根源问题、主次问题、繁简问题，都具有重要参考价值，这里愿就六艺与国学、孝道与诸德、《孝经》与六艺等问题，谈一谈个人体会。

一、"六艺"该摄一切学术

马一浮（1883—1967）原籍浙江绍兴，生于成都。平生隐遗，不事荣利。抗日战争期间，曾随流亡中的浙江大学，短暂讲学于泰和、宜山，讲义集为《泰和宜山会语》。后来又应邀在四川乐山办复性书院，担任主讲，有《复性书院讲录》行世。先生擅长诗文书印，作品甚多，学人辑为《马一浮集》《马一浮全集》《马一浮书法作品集》出版。兹不赘述。

先生以天纵之资，博览群书，终身事学，思维深邃。他纵横中外，出入三教，涵泳诸子，穷极众理，兼通诸艺，被梁漱溟称为"千年国粹，一代儒宗"，为"新儒家三圣"之一。他关于"国学即六艺""六艺统众学"等等命题，都是他泛观博览，心知其意，远观近察，高屋建瓴，切身体贴出来的。他非常重视儒家经典之于中华文化的重大影响，说："今先楷定国学名义，举此一名，该摄诸学，唯'六艺'足以当之。'六艺'者，即是《诗》

《书》《礼》《乐》《易》《春秋》也。此是孔子之教,吾国二千余年来普遍承认一切学术之原皆出于此,其余都是'六艺'之支流。"①从经典文献的产生,系统教育的兴起,核心理念的形成和中华学术的源流而言,马先生此说无疑是正确的。《左传》《国语》虽然说上古有《三坟》《五典》《八索》《九丘》,但这些文献皆渺焉无传,周之国学实主"四经":"乐正崇四术,立四教,顺先王《诗》《书》《礼》《乐》以造士。"(《礼记·王制》)孔子继之,"论次《诗》《书》,修起《礼》《乐》","序《易》传","作《春秋》"(《史记·孔子世家》),于是形成影响中华学术二千余年的经典文献——"六经"(亦即"六艺")。孔子"以《诗》《书》《礼》《乐》教",形成"弟子三千,达徒七十有二"的儒家学派。再经孔门弟子散游诸侯,友教士大夫,于是民智大开,诸子纷起,形成中华文化第一个"百家争鸣"的高峰。再经汉武帝"罢黜百家,表章六经",六经又以政府的力量推广,成为觉世牖民、治国理政的最高经典。自后的一切学术无不受"六艺"影响,大致而言,两汉经学是"我注六经"之学,南北朝注疏是"疏注六经"之学,宋明理学是"六经注我"之学,清代朴学是"考据六经"之学,近代疑古是"我疑六经"之学,现代新儒家是"我阐六经"之学。于是马先生说:"故'六艺'可以该摄诸学,诸学不能该摄'六艺'。今楷定国学者,即是六艺之学,用此代表一切固有学术,广大精微,无所不备。"因为中国的主流学术,无非变换态度和角度对"六艺"进行的研究、阐释与征引、创新的过程而已。

马先生论"六艺该摄一切学术",主要分"六艺统诸子""六艺统四部"甲乙两段来论述。关于"六艺"与诸子,他主要依据汉人"诸子皆六经之支与流裔"和《礼记·经解》"入其国其教可知"章论"六经之教"的得与失等说,认为诸子百家,儒、道、名、墨、法、纵横、杂、阴阳、农等家,皆受

---

① 马一浮:《马一浮集》第1册,虞万里校点,浙江古籍出版社、浙江教育出版社1996年版,第10页。

"六艺"影响,然而各家所受,却有深有浅,有得有失,有精有粗,唯儒家得多失少,其他皆不该不遍、不圆不满:"故《老子》得于《易》为多,而流为阴谋,其失亦多。"①"《庄子·齐物》好为无有端厓之辞,以天下不可与庄语,得于《乐》之意为多,而不免于流荡,亦是得多失多。"②又说:"墨子虽非乐,而兼爱、尚同实出于《乐》,节用、尊天、明鬼出于《礼》,而短丧又与《礼》悖。《墨经》难读,又兼名家,出于《礼》,如墨子之于《礼》《乐》,是得少失多也。"③又说:"法家往往兼道家言,如《管子》,《汉志》本在道家,韩非亦有《解老》《喻老》,自托于道。其于《礼》与《易》,亦是得少失多。"④又说:"余如惠施、公孙龙子之流,虽极其辩,无益于道,可谓得少失少。其得多失少者,独有荀卿。……若'诬'与'乱'之失,纵横家兼而有之,然其谈王伯皆游辞,实无所得,故不足判。杂家亦是得少失少。农家与阴阳家虽出于《礼》与《易》,末流益卑陋,无足判。观于五家之得失,可知其学皆统于六艺,而诸子学之名可不立也。"⑤

马先生论"六艺"与四部关系,大意说:经部文献本来就是对"六艺"的阐释和推演,如经部所立"十三经"(《周易》《尚书》《毛诗》《周礼》《仪礼》《礼记》《左传》《公羊》《谷梁》《尔雅》《孝经》《论语》《孟子》),其实"六经唯《易》《诗》《春秋》是完书;《尚书》今文不完,古文是依托;《周礼》亦缺冬官;《乐》本无其书"⑥。至于《礼记》《左氏》《公羊》《谷梁》皆传;《尔雅》"是释群经名物",《孝经》虽有经名但"实与《礼记》诸篇相

① 马一浮:《马一浮集》第1册,虞万里校点,浙江古籍出版社、浙江教育出版社1996年版,第14页。
② 马一浮:《马一浮集》第1册,虞万里校点,浙江古籍出版社、浙江教育出版社1996年版,第14页。
③ 马一浮:《马一浮集》第1册,虞万里校点,浙江古籍出版社、浙江教育出版社1996年版,第14页。
④ 马一浮:《马一浮集》第1册,虞万里校点,浙江古籍出版社、浙江教育出版社1996年版,第14页。
⑤ 马一浮:《马一浮集》第1册,虞万里校点,浙江古籍出版社、浙江教育出版社1996年版,第14—15页。
⑥ 马一浮:《马一浮集》第1册,虞万里校点,浙江古籍出版社、浙江教育出版社1996年版,第15页。

类";"《论语》出孔门弟子所记";"《孟子》本与《荀子》同列儒家(子部)",皆不中真正的"经"。"十三经"与儒家诸子文献可分为宗经、释经二部,都是围绕"六经"展开的,自然可归于"六艺"之属;《论语》和《孝经》是"六艺"之旨的精华提炼和系统总结。故马一浮将"十三经"及其注疏,皆统在"六经"之下:"如是则经学、小学之名可不立也。"

至于"史部":司马迁《史记》本仿《春秋》而作,故《汉书·艺文志》就将其放在《春秋》类;"纪传虽由史公所创,实兼用编年之法;多录诏令奏议,则亦《尚书》之遗意";"诸志特详典制,则出于《礼》";"记事本末则左氏之遗则也";史学巨制"三通",并《通鉴》为"四通",其"编年记事出于《春秋》,多存论议出于《尚书》,记典制者出于《礼》"。所以,"诸史悉统于《书》《礼》《春秋》,而史学之名可不立也"。①

至于"集部",马一浮先生认为:"文章体制流别虽繁,皆统于《诗》《书》。"《庄子》说:"《诗》以道志,《书》以道事。"马先生据此说:"文章虽极其变,不出此二门。"但是"志有浅深,故言有粗妙;事有得失,故言有纯驳"。所以才有汉魏以下文章的无穷变化,"但直抉根原……其体要咸统于《诗》《书》,如是则知一切文学皆《诗》教、《书》教之遗,而集部之名可不立也"。②

不仅"六艺"可统中国的诸子百家、经史子集,甚至西方学术也可统进来。关于"六艺"与"西学",马先生主要从学理角度出发,以为西学之理也可以统摄在六艺之下。如他举大概言,由于《易》明天道,讲阴阳变化,故凡研究自然界一切现象的自然科学,都可统于《易》;《春秋》明人事,别嫌疑是非,故凡研究人类社会一切组织形态的社会科学或人文科学,都可统于《春秋》。同理,"文学、艺术自然可以统于《诗》《乐》,政治、

---

① 马一浮:《马一浮集》第1册,虞万里校点,浙江古籍出版社、浙江教育出版社1996年版,第16页。
② 马一浮:《马一浮集》第1册,虞万里校点,浙江古籍出版社、浙江教育出版社1996年版,第16—17页。

法律、经济亦皆可以统于《书》《礼》"①,这是不言自明的。天下宗教虽信仰不同,"亦统于《礼》",这个礼不是人间正道的礼,而是《经解》所谓"亡于礼者"之"礼"也,是礼义缺失的精神救赎。

世界上"哲学思想派别虽殊,浅深小大亦皆各有所见"。但从根本上讲,"本体论近于《易》,认识论近于《乐》,经验论近于《礼》"。其中又存在唯物、唯心的区别,在马先生看来,"唯心者,《乐》之遗;唯物者,《礼》之失"。西方近代学术,学科纷繁,文献资料浩如烟海,各家立论五花八门,本来与中国思路不一,了不相涉。马一浮却从学理出发,却将西方学术也纳入"六艺"统摄之下了。因天下之事不外物、我,天下之理不外人道、天道,天下之学也不外自然科学和社会科学。就先秦诸子言,庄子以道言,故偏重自然;孔子以人言,故偏重社会。马先生从此入手,天下之学的归属问题都因之而迎刃而解了。

马先生又从西方哲学的原理上阐释说:"西方哲人说的'真美善',皆包含于"六艺"之中。《诗》《书》是至善,《礼》《乐》是至美,《易》《春秋》是至真。"②因为《诗》教主仁,《书》教主智,合仁与智,岂不是至善么?《礼》是大序,《乐》是大和,合序与和,岂不是至美么?《易》穷神知化,显天道之常;《春秋》正名拨乱,示人道之正,合正与常,岂不是至真么?"③如此一来,岂不有以简驭繁、举一反三、万法归一之效?

以上便是马一浮先生"六艺统诸子""六艺统四部""六艺即国学""六艺统西学"的大致框架,"六艺"俨然成了中国一切学术的源头和纲领,也成了西方各个学科学理的归趋和宗统。

---

① 马一浮:《马一浮集》第1册,虞万里校点,浙江古籍出版社、浙江教育出版社1996年版,第22页。
② 马一浮:《马一浮集》第1册,虞万里校点,浙江古籍出版社、浙江教育出版社1996年版,第23页。
③ 马一浮:《马一浮集》第1册,虞万里校点,浙江古籍出版社、浙江教育出版社1996年版,第23—24页。

二、　孝道冠"六德""六行"

马先生"六艺"统诸学,是就"六艺"之教的分殊而言的;如果就"六艺"之教的聚合而言,他又说:"'六艺'之旨散在《论语》而总在《孝经》。"以上皆马先生讲学浙江大学时的观点。为了说明"六艺"与《论语》《孝经》的"散在""总在"关系,马先生后来主讲乐山复性书院时,又有《论语大义》和《孝经大义》专文申说。此处专就其"《孝经》统六艺"说进行分析。

其《孝经大义》说:"大哉,《孝经》之义,三代之英,大道之行,'六艺'之宗,无有过于此者!"说《孝经》的要义,是夏、商、周三代精英政治的体现,是天地大道的具体实行,是"六艺"精神的集中概括。

为了说明这一重大命题,马先生分别从"学理"和"文献"两个角度入手,论证了孝道包罗"六艺"之教,《孝经》总汇"六艺"之道等原理。

首先是学理,他从孝道的原理、内涵和适应范围,论证了"孝道"乃"六艺"之精髓,具有广泛的适应性。他说:"故曰:'孝,德之本也。'举本而言,则摄一切德;'人之行,莫大于孝',则摄一切行;'教之所由生',则摄一切教;'其教不肃而成,其政不严而治',则摄一切政;五等之孝,无患不及,则摄一切人;'通于神明,光于四海,无所不通',则摄一切处。"①在这里,马先生强调了孝道统摄了天下四方、君臣士民、"德、行、政、教"等根本。马先生此处引文都是《孝经》原话:"孝,德之本也"②,见《开宗明义》),是说孝道是一切品德的根基。《论语·学而》又载"有子曰:'其为人也孝弟,而好犯上者,鲜矣;不好犯上,而好作乱者,未之有也。君子务

---

① 马一浮:《马一浮集》第1册,虞万里校点,浙江古籍出版社、浙江教育出版社1996年版,第312页。

② [清]皮锡瑞撰,吴仰湘点校:《孝经郑注疏》,中华书局2016年版,第12页。

本,本立而道生。孝弟也者,其为仁之本与!"①德本,仁本,孰是孰非？德本是就修德言,仁本是就行仁言,角度不同,其实则一。"本"有始的意思。《说文解字》:"本,木下曰本,一在其下。"徐锴曰:"一记其处也。本末朱,皆同义。"又:"柢,木根也。"②树木在土里的根系叫柢,长出地面后开始的树干叫本。孝悌就是仁德的开端和发轫。德,犹言品质。德治是中华民族的优良传统。西周初年《遂公盨》铭文讲"禹敷土"的故事,其中就有多个"德"的组合,如"监德""贵德""明德""懿德""好德""用德"等,还提到"孝友",将孝与德行关联起来,说明从禹以来"孝德"就成了明君善政的标尺。箕子所陈禹之《洪范》九畴,八政之"次六曰乂用三德",说是从禹夏以来已重德教。《论语》的"孝弟也者,其为仁之本与!"是讲孝悌是推行仁道的发轫。"德之本"和"为仁之本"含义相近,"德之本"是修德的开始,"为仁之本"是行仁的开张,称名不同而指事则一。

孔子说:"志于道,据于德,依于仁,游于艺。"③《老子》:"失道而后德,失德而后仁,失仁而后义,失义而后礼。"④《礼记》曰:"道德仁义,非礼不成。"⑤严遵《老子指归》曰:"道为之元,德为之始。""故有道人,有德人,有仁人,有义人,有礼人。"⑥道、德、仁、义、礼,是中华道德论的主体结构:道是本原,是品德之树的根;德者,得也,是分于道而形成的品性,是品德之树的发始;仁、义、礼是修己待人,实现个性圆满的具体路径。在诸多的德性修养中,仁爱是最善的;而仁爱的发轫,又以躬行孝道为首务。所以说"夫孝,德之本也""孝弟也者,其为仁之本与"!⑦

《周礼》春官乡大夫职,"以乡三物教万民而宾兴之,一曰六德,知仁

---

① [宋]朱熹:《四书章句集注》,中华书局 1983 年版,第 47—48 页。

② [汉]许慎:《说文解字》,中华书局 1963 年影印清陈昌治刻本,第 118 页。

③ [宋]朱熹:《四书章句集注》,中华书局 1983 年版,第 94 页。

④ [三国]王弼注,楼宇烈校释:《老子道德经注校释》,中华书局 2016 年版,第 93 页。

⑤ 《十三经注疏》整理委员会整理:《礼记注疏》,载《十三经注疏》,北京大学出版社 2000 年版,第 16 页。

⑥ [汉]严遵撰,王德有译注:《老子指归译注》,商务印书馆 2004 年版,第 6 页。

⑦ [宋]朱熹:《四书章句集注》,中华书局 1983 年版,第 48 页。

圣义忠和;二曰六行,孝友睦姻任恤;三曰六艺,礼乐射御书数"。德、行、艺三事并行,而互为关联。德为内在修为,行乃为人处事,艺为开物成务。三事之中,孝居"六行"(孝友睦姻任恤)之首,故语云"百善孝为先"。"六德"(知仁圣义忠和)之中为何不见"孝"字?《孟子》曰:"仁之实,事亲是也;义之实,从兄是也;智之实,知斯二者弗去是也;礼之实,节文斯二者是也;乐之实,乐斯二者,乐则生矣。"①可见儒家的"智慧"是知道事亲(仁孝)、从兄(逊悌)而弗失掉;所谓仁、义、智、礼、乐者,其核心精神都以孝悌为本质。《周礼》以"知"(智)居"六德"之首,孝岂非德之根核乎?《孟子》又谓"尧舜之道,孝悌而已矣"②,孔子曰"禹吾无间然……菲饮食而致孝乎鬼神"③,是圣人之政原以孝为本色。《孝经》有谓"事父孝,故忠可移于君",可见孝在"忠"先,忠乃孝德的发挥。又曰"至德要道,以顺天下,民用和睦,上下无怨",可见"和"为孝的效果和极致。看来"六德"也以孝为首务,而"孝"又贯穿于"六德"之中,所谓"孝为德本"不其然乎?

"教之所由生"亦见《孝经·开宗明义》,说孝道是一切教化发生的缘由。"教"之一字的形构即昭示了这一原理。《说文解字》:"教,上所施,下所效也。从攴从孝。"④"教"字既可声训"效",也可形训"施"。中国教育是典范教育,在上者(师长)作出示范和表率,供在下者学习和仿效。天地之间、宇宙万物,最大的表率无非天道,修明天道,就是最大的教化。故《中庸》曰:"率性之谓道,修道之谓教。"中国社会是一个家、国、天下的结构,要求修身者先内后外,由近及远,由家而国,遂及天下。《孟子》曰:"老吾以及人之老,幼吾幼以及人之幼。""推恩足以保四海。"⑤《礼记·祭义》孔子曰:"立爱自亲始。"所以中国教育首重人伦,孝是一切教化的

① [清]焦循撰,沈文倬点校:《孟子正义》上册,中华书局 1987 年版,第 532—533 页。
② [清]焦循撰,沈文倬点校:《孟子正义》下册,中华书局 1987 年版,第 816 页。
③ [宋]朱熹:《四书章句集注》,中华书局 1983 年版,第 108 页。
④ [汉]许慎:《说文解字》,中华书局 1963 年影印清陈昌治刻本,第 69 页。
⑤ [清]焦循撰,沈文倬点校:《孟子正义》上册,中华书局 1987 年版,第 86—87 页。

开端。《尚书·舜典》舜命契:"契,百姓不亲,五品不逊。汝作司徒,敬敷五教,在宽。"孔颖达《正义》:五品,"即父、母、兄、弟、子是也";五教,"教之义,慈、友、恭、孝"。可见,舜时的教化已是以孝慈为首要任务了。《孝经》有"先王见教之可以化民也"一句,司马光说可以将"教"字换成"孝",从上下文意上讲也是可以通的,原因就是中国教育首先就是人伦教化的教育。

　　"人之行莫大于孝",见《孝经·圣治》,此句的前、后句是:"天地之性人为贵,人之行莫大于孝,孝莫大于严父,严父莫大于配天。"前有"天地",后有"配天",孝道与天地法则相关联,这是中国人特有的宇宙观和伦理观。《孝经·三才》说:"夫孝,天之经也,地之义也,民之行也。"《周易·序卦传》具体说:"有天地然后有万物,有万物然后有男女,有男女然后有夫妇,有夫妇然后有父子,有父子然后有君臣,有君臣然后有上下,有上下礼仪有所错(措)。"天地与父母、万物、君臣、上下、礼仪都同处一个生成关联的系统之内,而天地乃是万事万物的源头。这反映出中国人的事物同源、万物一体观念。《周易》又说"天地之大德曰生",天地是生养万物的祖宗。有生便有报,万物理当报效天地,这种报恩情怀就是孝道的原初情愫。父母有养育之恩,儿女对父母也要有报答之情,这就决定了中国人的基本情怀,寻源返本,知恩图报,这一情感奠定了中国人"报恩"的思想基础。《论语·学而》有曰"弟子入则孝,出则悌,谨而信,泛爱众而亲仁,行有余力,则以学文";《孝经》所谓"夫孝,始于事亲,中于事君,终于立身"的修身模式,引导了中华士人的成德之路和修齐之阶。孔子著《孝经》以辅"六经",正是出于此一考虑。《汉书·艺文志》:"《孝经》者,孔子为曾子陈孝道也。夫孝,天之经,地之义,民之行也。举大者言,故曰《孝经》。"就是最简要的说明。

　　"其教不肃而成,其政不严而治",见《三才》及《圣治》(后者原文作"故圣人之教不肃而成,其政不严而治")。《三才》此句前有"则天之明,因地之利,以顺天下"三句,郑玄注:"用四时地利,顺治天下,下民皆乐之,是以其教不肃而成。""政不烦苛,故不严而治也。"《圣治》前有"圣人因严以教敬,因亲以教爱"两句,郑注:"圣人因人情而教民,民皆乐之,故不肃而成也。""其身正,不令而行,故不严而治。"孝心本来是民众之行,合乎人情,顺乎世心,故抓住孝道,于政于教,都极顺利,不必烦苛。《孝经·孝治》认为"明王以孝治天下"云云;东汉鲍勋上书:"臣闻五帝三王,靡不明本立教,以孝治天下。"①皆是"其政不严而治"的成功典范。

"五等之孝",指《孝经》中从第二章至第六章,讨论当时社会自天子、诸侯、卿大夫至士、庶人的行孝原则,五个等级各有行孝的准则和禁忌。"无患不及"乃约取《孝经·庶人》"故自天子至于庶人,孝无终始,而患不及者,未之有也"。郑注:"总说五孝,上从天子,下至庶人,皆当行孝无终始,能行孝道,故患难不及其身也。"唐玄宗《孝经御注》:"始自天子,终于庶人,尊卑虽殊,孝道同致。"《中庸》也说:"故自天子至于庶人,壹是皆以修身为本。"贯穿五等的修身基始,即奉行孝悌是也。

"通于神明,光于四海,无所不通"三句,见《孝经·感应》。"通于神明"是说孝道上参乎造化,合乎天地规律、阴阳法则,《周易·系辞传》说伏羲氏仰观天文、俯察地理,"于是始作八卦,以通神明之德,以类万物之情",与此同理。光于四海,光即广,即推之四海而皆准之意。《礼记·祭义》曾子曰:"夫孝,置之而塞乎天地,溥之而横乎四海,施诸后世而无朝夕。推而放诸东海而准,推而放诸西海而准,推而放诸南海而准,推而放诸北海而准。"天覆地载,人生其间;天作地成,人秉其德。人同此心,心同此理,世人皆为父母所养,故不分东西南北,不分民族阶级,人人皆当行孝,说明孝道具有最广泛的普遍性和必要性。

马先生通过引述《孝经》原话,论证了孝道是一切德、一切行、一切

---

① [元]郝经:《续后汉书》,上海古籍出版社 1987 年影印《文渊阁四库全书》第 386 册,第 87 页。

政、一切人、一切处的基本道德和根本伦理,既有理论依据,也有文献依据,更合乎中国历史之实际。

三、《孝经》总"六经""六艺"

除了学理的论证外,马先生还从《孝经》与"六艺"经典在内涵上的容摄性,论证了《孝经》统"六艺"的可能。他的《孝经大义》又说:"'六艺'为博,《孝经》为约。'至德',《诗》《乐》之实;'要道',《书》《礼》之实;'三才',《大易》之旨也;'五孝',《春秋》之义也。言'其教不肃而成',是《诗》《乐》之会也;言'其政不严而治',是《书》《礼》之会也。"

《史记》《汉书》都说孔子既修"六经",又"作《孝经》"。郑玄《孝经注》亦谓:"弟子曾参有至孝之性,(孔子)故因闲居之中,为说孝之大理,弟子录之,名曰《孝经》。"①马先生认为"六艺"内容博大,《孝经》简约概括,如果说"六艺"该括了众理,《孝经》就是"众理"的提纲,因为《孝经》总摄了《六经》的根本精神,具有"六经"统领和会归的作用。这与东汉大儒郑玄《六艺论》所说"孔子以《六艺》题目不同,指意殊别,恐道离散,后世莫知根源,故作《孝经》以总会之"②,是一致的。

此处所谓"至德""要道"都见《孝经》首章《开宗明义》:"子曰:'先王有至德要道,以顺天下,民用和睦,上下无怨。'"③郑玄注:"至德,孝悌也;要道,礼乐也。"④《孝经》又有《广要道》《广至德》二章。《广要道》引子曰:"教民亲爱,莫善于孝;教民礼顺,莫善于悌;移风易俗,莫善于乐;安上治民,莫善于礼。礼者,敬而已矣。故敬其父则子说(悦),敬其兄则弟说;敬其君则臣说,敬一人而千万人说,所敬者寡而说者众,此之谓要

① 汪受宽译注:《孝经译注・敦煌本孝经序》,上海古籍出版社2016年版,第106页。
② [清]皮锡瑞撰,吴仰湘点校:《孝经郑注疏》,中华书局2016年版,第8页。
③ [清]皮锡瑞撰,吴仰湘点校:《孝经郑注疏》,中华书局2016年版,第9—10页。
④ [清]皮锡瑞撰,吴仰湘点校:《孝经郑注疏》,中华书局2016年版,第10页。

道也。"①本章的重心在"礼敬",故"移风易俗,莫善于乐;安上治民,莫善于礼"才是本章的要点。可见郑注以"礼乐"训"要道",马先生以《书》《礼》对应"要道"都是对的。"'至德',《诗》《乐》之实;'要道',《书》《礼》之实。"此也与《左传》"《诗》《书》义之府也,《礼》《乐》德之则也"(僖公二十七年)相吻合。

"'三才',《大易》之旨也。"《孝经·三才》:"夫孝,天之经也,地之义也,民之行也。天地之性,而民是则之。则天之明,因地之利。"说孝道原理存在于天地之间,合乎天地之道,人秉懿德,法天行事,故奉行孝道。《孝经·感应》中也说:"昔者明王事父孝,故事天明;事母孝,故事地察;长幼顺,故上下治。天地明察,神明彰矣。"天地即人的大父母,孝事父母与敬奉天地是一致的。又《庶人》说"用天之道,分地之利,谨身节用,以养父母",庶人养父母须顺从天地之道;《圣治》说"天地之性,人为贵","严父莫大于配天","周公郊祀后稷以配天,宗祀文王于明堂以配上帝","父子之道,天性也",天子、公卿尽孝也是以天为法。人履孝行,就是顺从天地之道的结果。前文引《汉书·艺文志》"《孝经》者"至"故曰《孝经》",显然也是合乎《周易》精神的。《说卦》曰:"是以立天之道,曰阴与阳;立地之道,曰柔与刚;立人之道,曰仁与义;兼三才而两之,故《易》六画而成卦。"又《系辞传》说:"《易》之为书也,广大悉备。有天道焉,有人道焉,有地道焉。兼三才而两之,故六。六者非它也,三才之道也。"又说"《易》与天地准,故能弥纶天地之道","夫《易》,开物成务,冒天下之道"云云,不一而足。故以《乾卦》当天,以《坤卦》当地,以《屯卦》以下六十二卦当万物。孝道几乎是对于《易》道原理的模拟。《礼记·哀公问》"人道谁为大","孔子曰:'天地不合,万物不生。大昏,万世之嗣也,君何

---

① [清]皮锡瑞撰,吴仰湘点校:《孝经郑注疏》,中华书局2016年版,第100—102页。

谓己重焉?'孔子遂言曰:'内以治宗庙之礼,足以配天地之神明'"①云云,宗庙祭祖宗,其效感天地,孝道、天道,声气互通。

"'五孝',《春秋》之义也。""五孝"即五等之孝,如前引《孝经》的《天子》《诸侯》《卿大夫》《士人》《庶人》,五等之孝各有专主,不相夺伦。邢疏曰:"夫子述天子、诸侯、卿大夫、士、庶人行孝毕,于此总结之,则有五等。"②所谓"五等",即根据各个等级的不同地位和情况,提出了行孝的不同要求:天子要求其躬行爱敬、表率天下;诸侯要求其不骄不溢、保守社稷;卿大夫要求其言行谨慎、固守宗庙;士人要求移孝事君、取禄尽孝;庶人要求其谨身节用、供养父母。是为"五孝"。《孝经·五刑》说:"五刑之属三千,而罪莫大于不孝。"《庶人》说"孝无终始,而患不及者,未之有也",强调行孝须自始至终,谨始慎终,否则就会有祸患相及。这些都与"《春秋》以道义""《春秋》以道名分"的精神一致。司马迁《太史公自序》揭示孔子作《春秋》目的:"孔子知言之不用,道之不行也,是非二百四十二年之中,以为天下仪表,贬天子,退诸侯,讨大夫,以达王事而已矣。"③"达王事"即是"以孝治天下"的王政。又说:"夫《春秋》,上明三王之道,下辨人事之纪,别嫌疑,明是非,定犹豫,善善恶恶,贤贤贱不肖,存亡国,继绝世,补弊起废,王道之大者也。"④"王道之大者"当然是"以孝治天下"之事。不懂得此理,人伦就会颠倒,国政就会紊乱,天下就会失序。因此"拨乱世反之正,莫近于《春秋》。《春秋》文成数万,其指数千。万物之散聚皆在《春秋》。《春秋》之中,弑君三十六,亡国五十二,诸侯奔走不得保其社稷者不可胜数。察其所以,皆失其本已"⑤。"失其

① 《十三经注疏》整理委员会整理:《孝经注疏》,载《十三经注疏》,北京大学出版社2000年版,第1607页。
② 《十三经注疏》整理委员会整理:《孝经注疏》,载《十三经注疏》,北京大学出版社2000年版,第20页。
③ [汉]司马迁:《史记》,中华书局1959年版,第3297页。
④ [汉]司马迁:《史记》,中华书局1959年版,第3297页。
⑤ [汉]司马迁:《史记》,中华书局1959年版,第3297页。

本"就是失去了"孝道"这个德治之本。因此司马迁大声疾呼:"为人君父而不通于《春秋》之义者,必蒙首恶之名。为人臣子而不通于《春秋》之义者,必陷篡弑之诛,死罪之名。……夫不通礼义之旨,至于君不君,臣不臣,父不父,子不子。夫君不君则犯,臣不臣则诛,父不父则无道,子不子则不孝。此四行者,天下之大过也。……故《春秋》者,礼义之大宗也。"①在司马迁看来,引起君不君、臣不臣、父不父、子不子这些乱象的根本原因,就是不知君臣父子本分的"孝道"缺失;《春秋》就是以孝悌为内核的"礼义"之大宗。何休《公羊解诂序》和唐玄宗《御制孝经注·序》都引纬书中孔子曰:"吾志在《春秋》,行在《孝经》。"②认为《春秋》《孝经》皆为孔子所作,代表孔子的理想意志和行动追求。牟融《理惑论》:"孔子不以五经之备,复作《春秋》《孝经》者,欲博道术、恣人意耳。"③也将《孝经》与《春秋》定为孔子删定"五经"后的全新制作,是对"五经"的重要概括和补充。三国蜀秦宓《与李权书》:"故孔子发愤作《春秋》,大乎居正;复制《孝经》,广陈德行。"④又将《孝经》定在孔子既作《春秋》(提倡"正名")后,在晚年的一项重大举措(强调"德行")。沈约记:"鲁哀公十四年……孔子作《春秋》,制《孝经》。既成,使七十二弟子向北辰星罄折而立。"⑤如果说《春秋》是孔子淑世济人理想寄托,那么《孝经》则是孔子修己成德的行动指南,一内一外,一实一虚,相须而行。

"言'其教不肃而成',是《诗》《乐》之会也。""言'其政不严而治',是《书》《礼》之会也。"斯二句上节已疏证。《庄子》"《诗》以道志","《乐》以道和",在和谐快乐中实现个人意志的表达与发抒,岂不是"其教不肃而成"?《礼记》说:"温柔敦厚,《诗》教也。""广博易良,《乐》教

① [汉]司马迁:《史记》,中华书局1959年版,第3298页。
② 《十三经注疏》整理委员会整理:《孝经注疏》,载《十三经注疏》,北京大学出版社2000年版,第14页。
③ 梁庆寅释译:《牟子理惑论》,东方出版社2020年版,第37页。
④ [晋]陈寿撰,裴松之注:《三国志》,中华书局1959年版,第974页。
⑤ [南朝]沈约:《宋书·符瑞上》,中华书局1972年版,第766页。

也。"人们性情温柔,待人敦厚,操行广博,处事易良,一派雍雍和和之气,哪里还需要鞭扑夏楚呢?《庄子》又说"《书》以道事","《礼》以道行",尧舜礼让为国,三代仁政德治榜样在彼,三《礼》制度设施、行为规范、礼意乐意在此,各率其德,各遵其行,其政哪里还需要苛严呢?《礼记》谓"疏通知远,《书》教也","恭敬庄俭,《礼》教也"。历史成败,圣贤典范,了然于胸;居处恭,执事敬,庄以莅之,俭以行之,虽之蛮貊,无所不通矣。

可见,《孝经》统摄了《易经》的三才之道,《春秋》的正名思想,《礼》《乐》的文明秩序,《尚书》的仁政理想,《诗经》的个人意志,是"六经"精神的纲领性概括,宗旨性提挈。读了《孝经》,"六经"的主旨就不难理解了。无怪乎马先生要说《孝经》是"三代之英,大道之行,'六经'之宗"了!

四、余 论

当然,《孝经》之所以能够成为"六经"之宗,还与"六经"内容的彼此匹配有密切关系。关于"六经"之旨,先贤有多种论说,比较权威的是前引《庄子·天下篇》所谓"《诗》以道志,《书》以道事,《礼》以道行,《乐》以道和,《易》以道阴阳,《春秋》以道名分"①。不过,这还是就其名相说的,如果就其实质而言,"六经"无非"德行道艺"。前引《左传》赵衰之言("《诗》《书》,义之府也;《礼》《乐》,德之则也。德、义,利之本也。")可见,《诗》和《书》是仁义的宝库,《礼》《乐》是德教的准则,一个人要想成就自己,就必须"说《礼》《乐》而敦《诗》《书》"。

前引《王制》语"乐正崇四术,立四教,顺先王《诗》《书》《礼》《乐》以

---

① [西晋]郭象注,[唐]成玄英疏,曹础基、黄兰发点校:《庄子注疏》,中华书局2011年版,第556页。

造士";又说"三年则大比,以考其德行道艺"。乐正之所以要用《诗》《书》《礼》《乐》造士,就是因为四经具有造就"德行道义"人才的功能。《史记》说孔子"论次《诗》《书》,修起《礼》《乐》","孔子以《诗》《书》《礼》《乐》教,弟子盖三千焉"。孔子同样是出于同一目的,也是"从周""改制"的表现。

及孔子晚年,"序《易》传""作《春秋》",形成"六经"。"《诗》《书》《礼》《乐》"既是"德义"的宝藏,孔子新修的《易》与《春秋》呢?《说卦传》称"立天之道曰阴与阳,立地之道曰柔与刚,立人之道曰仁与义",《易经》中也蕴含有作为"人道"的"仁与义"。《春秋》原本鲁史,经孔子修订而"加乎王心",王心即王道,亦即"仁义"之道,于是《春秋经》也成了讲仁政德治的政治宝典。然则,"六经"之核心都是"仁义"。无怪乎《庄子》载孔子向老聃言"治'六经'",老子中其说,曰:"愿闻其要。"孔子回答说:"其要在仁义。"后来的班固也说"儒家者流","游文于'六经'之中,留意于仁义之际",点明"六经"的内涵是"仁义"。马先生说"'至德',《诗》《乐》之实"云云者,正是就此而言的。

"六经"的要害在"仁义","仁义"的内核在"事亲、从兄"的孝悌,那么"六经"内容也就是以"孝悌"为主了。孝悌是"行仁之本""立德之本",那么《孝经》就自然而然地就成了"六经"的总归了。宋代邢昺《孝经注疏·序》说:"《孝经》者,百行之宗,五教之要。自昔孔子述作,垂范将来"云云。明曹端《孝经述解序》说:"'孝'云者,至德要道之总名也;'经'云者,持世立教之大典也。然则《孝经》者,其'六经'之精义奥旨欤?"①已先悟《孝经》涵盖"六经"之"精义奥旨"的秘密。

马先生"六艺为博,《孝经》为约"之语,正可与上述各家说法前后呼应。虽然诸儒在马先生之前已先揭斯义,但是马先生立于疑经疑古、非

---

① [明]曹端:《曹月川集》附张信民撰《年谱》"五十七岁条"引,上海古籍出版社1987年影印《文渊阁四库全书》第182册,第51页。

孝非忠的潮流下,出于执本握要的考虑,于群家经典之中,特别拈出《孝经》以发挥其大义微言,突出其"六经"纲领的价值,指引出以简驭繁的读经之道,其勇气和胆识,与乎真知灼见、实利实效,皆具重大的意义。特别是他以"孝道"振起民风士习,以《孝经》提挈"六经"总纲,更无疑在诸儒之上矣!

参考文献

1. 汪受宽译注:《孝经译注·敦煌本孝经序》,上海古籍出版社 2016 年版。

2. 舒大刚:《从唐宋文献看大历出土〈古文孝经〉之价值》,载四川大学古籍整理研究所、四川大学宋代文化研究中心编:《宋代文化研究》第 25 辑,四川大学出版社 2019 年版。

3. 梁庆寅释译:《牟子理惑论》,东方出版社 2020 年版。

(编辑:霞绍晖)

人类命运共同体视域下的"民胞物与"思想

——以《张载集》为中心的考察[*]

——以《张载集》为中心的考察[*]

许　宁　　高贵朋

摘要： 张载的"民胞物与"思想不仅是宋明理学精神的写照，也典型地体现着中华优秀传统文化的特质，包含"天下一家"的仁爱精神、"天人合一"的生态伦理、"仇必和解"的价值理念与"万世太平"的和平理想。"民胞物与"不仅彰显了宋明理学的精神特质，而且体现了超越时代的文化理想，蕴含着人类命运共同体的基本理念。

关键词： 张载关学　民胞物与　人类命运共同体

张载在《西铭》中提出的"民吾同胞，物吾与也"思想，被后人概括为"民胞物与"。"民胞物与"不仅彰显了宋明理学的精神特质，而且体现了超越时代的文化理想，蕴含着人类命运共同体的基本理念。

一、 天下一家："民胞物与"的仁爱精神

孔子认为"仁"就是"爱人"："樊迟问仁，子曰：'爱人。'"（《论语·

＊ 本文系陕西省社会科学基金项目"人类命运共同体视域下的'民胞物与'思想研究"（2021C007）的阶段性成果。许宁，陕西师范大学哲学学院教授、博士生导师，研究方向为宋明理学、现代新儒学；高贵朋，陕西师范大学哲学学院中国哲学专业博士研究生，研究方向为宋明理学。

颜渊》)仁是人之所以为人的普遍本质。"君子无终食之间违仁,造次必于是,颠沛必于是。"(《论语·里仁》)儒家的"仁"体现的是一种基于血缘亲情的差等之爱,始于爱亲,及于爱众。"弟子入则孝,出则弟,谨而信,泛爱众而亲仁。"(《论语·学而》)首先要在家庭中爱自己的父母兄弟,然后在社会上将仁爱层层推扩出去。孟子从心性的层面讲仁爱,认为仁义礼智之德由恻隐之心、羞恶之心、辞让之心、是非之心扩充而来,是"我固有之""非由外铄"的"良知""良能"。孟子还将仁视为人之"安宅",将义视为人之"正路",强调"居仁由义",彰显人的道德善性。荀子则从教化的层面讲仁爱,强调劝学、修身,"化性起伪",发挥礼法的教化功能,使人们遵守道德规范。张载的"民胞物与"思想继承并发展了儒家的仁爱精神。

　　首先,"民胞物与"思想从天道的角度凸显仁爱的重要性。《西铭》首句即称:"乾称父,坤称母;予兹藐焉,乃混然中处。"①"乾"表天,"坤"表地,"天地之大德曰生"(《周易·系辞下》)。"乾坤"既是生化的根源,也是价值的根源,具有"生生"之仁德。人类作为"乾坤"的儿女,同样秉承了"乾坤"之盛德,因而人人具有"天地之性"。张载强调在"存心养性"的道德实践中彰显"天地之性"。他说:"形而后有气质之性,善反之则天地之性存焉。"②"气质之性"是人成形后产生的,表现为人的刚柔、缓急、才不才等,属于"气之偏";"天地之性"则是天道对人的落实,表现为人的仁义礼智之德。因而人在现实生活中的道德实践具有侍奉"乾坤父母"和体贴天道的意义。《西铭》强调:"尊高年,所以长其长;慈孤弱,所以幼其幼……乐且不忧,纯乎孝者也。违曰悖德,害仁曰贼。"③主张从仁爱之心出发尊长爱幼、修身立德、讲信修睦。

　　其次,"民胞物与"将儒家的差等之爱发展为周知万物、爱必兼爱的

---

① 〔宋〕张载:《正蒙·乾称》,载《张载集》,中华书局1978年版,第62页。
② 〔宋〕张载:《正蒙·诚明》,载《张载集》,中华书局1978年版,第23页。
③ 〔宋〕张载:《正蒙·乾称》,载《张载集》,中华书局1978年版,第62页。

平等之爱。一方面,张载认为人与人是普遍平等的关系。他说:"大君者,吾父母宗子;其大臣,宗子之家相也。"①在张载之前,儒家的传统思想虽然也重视民众的地位,但只有君主才是天之子,为民之父母,民众则不能被称为天之子,君主与民众还远远没有达到平等的地位。"民胞物与"思想则认为所有人都是天的子女,君主只是民众的长兄,而不是父母。这是对传统君民观念的重大推进。另一方面,张载认为人与万物是平等的关系。他说:"造化所成,无一物相肖者,是以知万物虽多,其实一物。"②人与万物虽然种类不一、特性不同,但又都是"太虚即气"之大化流行的产物,具有根源上的同一性。因此,张载认为人与万物都应得到关爱。他说:"性者,万物之一源,非有我之得私也。惟大人为能尽道,是故立必俱立,知必周知,爱必兼爱,成不独成。"③主张成为立己立人、周知万物、兼爱天下、成己成物的"大人"。

最后,"民胞物与"所构建和期许的是"天下一家"的理想社会。子夏说:"四海之内皆兄弟也。"(《论语·颜渊》)荀子也说:"四海之内若一家。"(《荀子·议兵》)张载的"民胞物与"思想可以说是"天下一家"观念的系统展开。在张载看来,所有人都是同一个大家庭中的骨肉同胞,乾坤如父母,他人若骨肉,万物似佳侣,是"混然中处",而非离群索居,超然独处。"民胞物与"思想表达了一种超越个体自我的世界情怀,肯定个人与他人、主体与客体的同时共在,以仁爱为纽带,将所有人的命运紧紧联系在一起。美国学者安乐哲(Roger T. Ames)指出:"西方文化中的独立自主的个体人与中国传统里的'仁'概念存在着明显的差别。"④"仁"提供了一种"关系性的视角",儒家仁爱伦理是以家庭为基点的角色伦理,针对西方个人主义意识形态的危机,儒家的仁爱伦理体现了重要的时代

① 〔宋〕张载:《正蒙·乾称》,载《张载集》,中华书局1978年版,第62页。
② 〔宋〕张载:《正蒙·太和》,载《张载集》,中华书局1978年版,第10页。
③ 〔宋〕张载:《正蒙·诚明》,载《张载集》,中华书局1978年版,第21页。
④ 〔美〕安乐哲:《儒家角色伦理学:克服文化比较中的不对称性》,刘荣译,《求是学刊》2014年第4期。

价值。①

当今世界是全球化的世界，国与国之间的联系更加紧密，但由于西方个人主义意识形态的蔓延，全球化并没有给大部分国家带来利益，反而加剧了各方面的冲突，包括政治冲突、经济冲突、文化冲突等。由于这些冲突的存在，国家和人民的安全无法得到保障。在此背景下，中国共产党人继承儒家仁爱精神，倡导人类命运共同体理念。张立文认为中国传统仁爱观是人类命运共同体的精神灵魂，"要建立人类命运共同体，就要破除本国优先、本国利益至上、唯我独尊的思想观念，而要树立普遍的仁爱观"②。一方面，现代世界不是原子化的世界，世界上所有国家和人民都处在一个紧密相连的时空之中，任何人、任何国家都不能在与世隔绝中得到发展和提升，应当尊重各国国情的差异性，促进相互间的包容与理解；另一方面，突破单边主义，不只是维护少数几个国家和人民的利益，而是主张在通力合作中共建共享、互惠互利，这符合世界人民的美好愿景。

二、 天人合一："民胞物与"的生态伦理

先秦时期，儒家就有生态伦理思想的萌芽。孔子提出"钓而不纲，弋不射宿"（《论语·述而》），认为捕猎要取之以时、取之有度。孟子提出"仁民而爱物"（《孟子·尽心上》），主张仁爱百姓，爱惜万物。荀子提出"明于天人之分"（《荀子·天论》），认为自然界有其运行规律，人类要尊重自然规律，实现人与自然和谐共处。张载的"民胞物与"思想对儒家的生态智慧进行了继承与综合。③

① 〔美〕安乐哲：《儒家的角色伦理学与杜威的实用主义——对个人主义意识形态的挑战》，李慧子译，《东岳论丛》2013 年第 11 期。
② 张立文：《中国传统和合文化与人类命运共同体》，《中国人民大学学报》2019 年第 3 期。
③ 许宁、朱晓红：《"物"与"之道：张载关学的生态哲学意蕴》，《陕西师范大学学报》（哲学社会科学版）2010 年第 2 期。

首先,张载提出"天地之礼",强调自然具有内在价值。他说:"礼不必皆出于人,至如无人,天地之礼自然而有,何假于人?"①"礼即天地之德也。"②张载认为礼本于天,是天地之德的展现,不仅仅是人类社会的专属品,由此肯定了自然的内在价值。"张载的德性之学不是建立在宗教神学之上的,也不是建立在纯粹自然主义之上的,而是建立在自然界的内在价值之上的。"③这与美国生态伦理学家霍尔姆斯·罗尔斯顿(Holmes Rolston)的"自然价值论"有异曲同工之处。从"天地之礼"出发,张载重新思考了天人之间的价值关系。张载说:"学者有专以礼出于人,而不知礼本天之自然。"④由于"礼本天之自然",不是出于人的主观臆造,人与万物都在"天地之礼"的规范之内,因此,人要敬畏天地,善待万物。张载将宇宙比作一个大家庭,将天地视为这个大家庭中的父母,人便是天地的子女。既然天地是人的父母,人与天地之间就构成一种伦理关系,人们在面对自然时,要履行道德义务,像敬畏父母那样敬畏自然。

其次,张载将"物吾与也"作为人类行动的规范与准则。他说:"天地之塞,吾其体;天地之帅,吾其性。民吾同胞,物吾与也。"⑤气作为"生物之具",弥漫天地之间,气之凝结,便构成人与万物的形体;"天地之性"是人与万物之统帅,落实为人与万物的本质性规定。人和人是骨肉同胞,人和万物是朋友伴侣,由此我们不但应关爱他人,而且要兼爱万物:"是故立必俱立,知必周知,爱必兼爱,成不独成。"美国学者罗德尼·L.泰勒(Rodney L. Taylor)说:"可以把'物吾与也'这句话提出来,作为儒家伦理行动的规范和儒家生态学的核心定义。"⑥"物吾与也"作为人类行动的规范,明确规定了人对生物物种多样性的尊重。张载承认人与物之

① [宋]张载:《经学理窟·礼乐》,载《张载集》,中华书局1978年版,第264页。
② [宋]张载:《经学理窟·礼乐》,载《张载集》,中华书局1978年版,第264页。
③ 蒙培元:《张载天人合一说的生态意义》,《人文杂志》2002年第5期。
④ [宋]张载:《经学理窟·礼乐》,载《张载集》,中华书局1978年版,第264页。
⑤ [宋]张载:《正蒙·乾称》,载《张载集》,中华书局1978年版,第62页。
⑥ 〔美〕罗德尼·L.泰勒:《民胞物与——儒家生态学的源和流》,雷洪德、张珉译,《岱宗学刊》2001年第4期。

"不齐",他说:"人与动植之类已是大分不齐,于其类中又极有不齐。某尝谓天下之物无两个有相似者。"①对于自然万物而言,"不齐"属于正常现象,是自然界生命形态多样性的反映,这种认识"使张载成为保持生物多样性的生态哲学的理论开创者,对全人类作出了重大贡献"②。"物吾与也"还赋予人类更大的责任与义务,将道德关怀推扩到自然万物。虽然人与万物同为天地所生,是平等的兄弟同胞与朋友关系。但人毕竟是万物之灵,是"参天地,造化育"的主体性存在,由此要尽其本分,以诚待物,以仁爱物。这不是怜悯与施舍,而是基于道德主体的责任感。

最后,张载视"天人合一"为人与自然和谐相处的最高境界。"儒者则因明致诚,因诚致明,故天人合一,致学而可以成圣,得天而未始遗人。"③在张载看来,人是自然界演化的一部分,以自身生命参与自然规律的运行中,因此天人是相互融通的一体关系。但由于人"因身发智,贪天功为己力",破坏了天人的和谐,妨碍了天道与人性的贯通。张载主张通过"大心体物",恢复"天人合一"的状态:"大其心则能体天下之物,物有未体,则心为有外。"④蒙培元认为"体物"之"体"有体验和体恤两重含义,两者密不可分。体验是情感活动和认识活动的统一,亦即情与知的统一。体验显示了人与万物的密切关联,离不开感应活动,张载说:"感者性之神,性者感之体。"⑤一切事物有动必感,感之而应,通过这种感应活动达到对自然万物的体验,既将自己的情感生命彻底融入万物之中,又将万物的生意收摄到自己的本怀,进而体会到"天人合一"的境界。在这一境界中的人将"天地之礼"的自然价值和"物吾与也"的活动准则,融入日用常行:一方面,尊天、事天,视天如乾坤父母;另一方面,又履行对万物的责任和义务,从而以天下万物为一体,成全天地之性。

---

① [宋]张载:《张子语录》,载《张载集》,中华书局1978年版,第322页。
② 蒙培元:《张载天人合一说的生态意义》,《人文杂志》2002年第5期。
③ [宋]张载:《正蒙·乾称》,载《张载集》,中华书局1978年版,第65页。
④ [宋]张载:《正蒙·大心》,载《张载集》,中华书局1978年版,第24页。
⑤ [宋]张载:《正蒙·乾称》,载《张载集》,中华书局1978年版,第63页。

近代以来,工业文明片面地强调征服自然,人与自然产生了"疏离感",失去了曾经的亲切和温情,生态污染和环境恶化逐渐成为威胁人类生存发展的重大问题。此时,"民胞物与"的生态伦理思想更凸显其理论意蕴和时代价值。"民胞物与"的生态伦理思想与人类命运共同体生态文明目标的内在要求基本一致:首先,人类命运共同体不仅是社会共同体,也是自然共同体。自然不是独立于人的客体化、工具化存在,人也是自然的一部分,如果一味地征服自然、利用自然,对自然的破坏会反作用于人类。所以人类命运共同体强调人要保护自然,在遵循自然规律的基础上从事生产活动。其次,与其他生命形态相比,人类具有更高的智慧,对自然万物负有更大的责任,人的道德关怀不仅要体现在人与人之间,也要体现在人与自然万物之间。因此,人类命运共同体主张生态政策的制定要出于人类对自然万物发自内心的尊重。最后,"天人合一"对古人来讲不仅是一种生态理念,还是一种境界化的生活方式。人类命运共同体理念强调改变人们的生活方式,从追求物质财富的单一性中解脱出来,追求精神生活的丰富。

三、 仇必和解:"民胞物与"的价值理念

中华民族是尚和的民族,推崇"以和为贵""和而不同"的处世态度,孜孜以求"致中和,天地位焉,万物育焉"的至善境界。有子说:"礼之用,和为贵。"(《论语·学而》)强调礼的主要功能是促进社会关系的和谐。孟子认为"天时不如地利,地利不如人和"(《孟子·公孙丑下》),在三才之道的视域下强调"人和"的重要性。荀子肯定"万物各得其和以生"(《荀子·天论》),认为"和"是宇宙生成、万物化育的规律。张载则将"和"作为其哲学体系的一个重要范畴,他强调"太和"之道,《正蒙》首篇即为《太和》,"民胞物与"思想体现了张载对"太和"的深入思考。

"太和"一词最早出现在《周易》："乾道变化,各正性命,保合太和,乃利贞。"(《周易·乾卦·象传》)在张载的思想中,"太和"与"太虚"是同等重要的范畴。他认为:"太和所谓道,中涵浮沉、升降、动静、相感之性,是生絪缊、相荡、胜负、屈伸之始。"①王船山在《张子正蒙注》中指出:"太和,和之至也……阴阳异撰,而其絪缊于太虚之中,合同而不相悖害,浑沦无间,和之至矣。"②"太和"是"和之至","气"的阴阳两面既相互对立,又絪缊统一于"太虚",是为"太和"。

首先,"仇必和而解"揭示了"太和"之道的本质特征。"太和"并不是没有矛盾,而是又矛盾又统一,既容纳对立矛盾,又超越对立矛盾。冯友兰对中国古典哲学中的"和"与"同"两个概念进行了区分:"'同'不能容'异';'和'不但能容'异',而且必须有'异',才能称其为'和'……两个对立面矛盾斗争,当然不是'同',而是'异',但却处于一个统一体中,这又是'和'。"③"民胞物与"的理想社会是张载依据"仇必和而解"的思维原则构建的统一体,这个统一体不是绝对的无差别的同一,而是充满了差异和对立。君主、大臣、民众、"天下疲癃残疾、茕独鳏寡"是"异",所有社会成员的共生共处是"和"。所以"和"不是消除矛盾冲突后的绝对同一,而是建立在差异性、对立性基础上的统一。

其次,"仇必和而解"彰显了传统辩证法的鲜明特色。张载说:"有象斯有对,对必反其为;有反斯有仇,仇必和而解。"④其中,"对"是指事物之间的对待关系,"仇"是指对立面的相互斗争,"和"是指对立面的和谐统一。冯友兰对张载"仇必和而解"进行了深入研究与诠释。⑤冯友兰指出,客观的辩证法只有一个,但人们对于它的认识至少有两种,"一种认

① [宋]张载:《正蒙·太和》,载《张载集》,中华书局1978年版,第7页。
② [清]王夫之:《张子正蒙注》,中华书局1975年版,第1页。
③ 冯友兰:《中国哲学史新编》第7册,载《三松堂全集》第10卷,河南人民出版社2001年版,第656—657页。
④ [宋]张载:《正蒙·太和》,载《张载集》,中华书局1978年版,第10页。
⑤ 许宁:《冯友兰对"仇必和而解"的现代诠释》,《河北师范大学学报》(哲学社会科学版)2015年第1期。

识可以以矛盾为主,另一种认识可以以统一为主。后者认为'仇必和而解',前者认为'仇必仇到底'。这是两种辩证法思想的根本差别"①。冯友兰通过比较马克思主义辩证法和中国传统辩证法的不同,揭示了以"仇必和而解"为代表的传统辩证法思想的本质特征和理论价值。

最后,"仇必和而解"既总结了人类社会的历史规律,又昭示着其发展趋势和未来愿景。"仇必和而解"是不因人的主观意志而转移的客观辩证法,国际社会和现代历史的发展虽然充满坎坷与曲折,但必然向着"仇必和而解"这个方向发展。例如每一次世界大战之后,都会出现统一性的国际组织。"一战"后成立了国际联盟,"二战"后立了联合国,而且后者比前者更为成熟。虽然联合国的影响力依然有限,但未来一定会有更加完善的国际组织出现。因为"人是最聪明、最有理性的动物,不会永远走'仇必仇到底'那样的道路"②。"仇必和而解"与"太和"包含的价值理念,与西方文化包含的价值理念有很大不同。成中英指出,人类文化有两种形态:一是西方的"冲突"文化;二是中华民族的"融合"文化。西方的"冲突"文化是"以权利和意志为动力、以宰制驾驭为目标"的对抗性文化;中华民族的"融合"文化是"以德行意志为纪律、以融合为目标"的和谐性文化。③ 与西方"冲突"文化相比,中华民族的"融合"文化可以为人类社会发展提供更有效的对话策略和思想资源。

汤因比(A. J. Toynbee)在与池田大作的对谈中指出:"世界统一是避免人类集体自杀之路。在这点上,现在各民族中具有最充分准备的,是两千年来培育了独特思维方法的中华民族。"④由于地域、历史、宗教信仰、风俗习惯的不同,世界上形成了不同特色的民族文化,它们丰富璀

① 冯友兰:《中国哲学史新编》第5册,载《三松堂全集》第10卷,河南人民出版社2001年版,第130页。
② 冯友兰:《中国哲学史新编》第7册,载《三松堂全集》第10卷,河南人民出版社2001年版,第657页。
③ 成中英:《西方文化对中国文化之需要》,《东方论坛》2004年第5期。
④ 〔英〕汤因比、〔日〕池田大作:《展望21世纪——汤因比与池田大作对话录》,荀春生等译,国际文化出版公司1999年版,第284页。

璨,多姿多彩。同时,它们又具有内在价值的一致性。人类命运共同体理念以尊重世界文化的多样性为基础,以增进各国人民友谊为动力,以促进人类文明的发展进步为导向。一方面,世界多元文化差异的存在是既有事实,要尊重世界文化多样性。世界各民族文化都是人类智慧的结晶,没有高低优劣之分,只有在多样中相互尊重,才能保持世界文化的多元性与丰富性。另一方面,不同的文明之间可能会有矛盾,但它们又都是人类心灵创造和智慧的结晶,应当以文明交流超越文明隔阂、文明互鉴超越文明冲突、文明共存超越文明优越,共同推动人类文明的发展进步。

四、 万世太平:"民胞物与" 的和平理想

儒家历来向往和平,主张"化干戈为玉帛",追求"协和万邦""万国咸宁"。孔子提出"为政以德""富而后教""修己以安百姓"等思想命题,奠定了儒家的民本思想基础。孟子提出"民贵君轻"的仁政学说,认为"得民心者得天下",强调施行德政,以民为本,以德化民。荀子则主张通过"壹人之道"兼有天下,反对桀纣"以力兼人"的暴力模式,提倡汤武"以德兼人"的和平模式。张载在继承先儒思想的基础上,提出了"为万世开太平"的政治理想。张载将自己的学术使命概括为四句话:"为天地立心,为生民立命,为往圣继绝学,为万世开太平。"这四句话被称为"横渠四句"或"四为句",其中"为万世开太平"可谓张载哲学的最高理想。余敦康指出:"从价值取向的角度来看,张载是把'为万世开太平'的外王理想置于首要地位。"①

首先,"太平盛世"是"民胞物与"的秩序体现。张载说:"'望道而未

---

① 余敦康:《内圣外王的贯通——北宋易学的现代阐释》,学林出版社 1997 年版,第 278 页。

之见',望太平也。"①"望道而未之见"语出《孟子》,这里的"道"是指"王道",张载将"望道"诠释为"望太平",从而把"太平"的社会秩序融入儒家王道政治。"王道"内在包含儒家的人文关怀。张载说:"所谓天理也者,能悦诸心,能通天下之志之理也。能使天下悦且通,则天下必归焉。"②"'圣人感人心而天下和平',是风动之也;圣人老吾老以及人之老而人欲老其老,此是以事相感也。"③从政治层面看,"天理"之流行即"王道"之开展,"王道"是以德服人、兼济天下的治理之道,不同于以力服人、穷兵黩武的"霸道"。圣人有行"王道"之志,以仁义道德感化民众,民众亦乐于行仁义而天下和平,民心归附。

其次,"渐复三代"是"民胞物与"的治理路径。张载认为上古"三代"是理想的太平盛世,因而"语治则必期于三代"④。在《横渠先生行状》中,吕大临称:"先生慨然有意三代之治,望道而欲见。"⑤熙宁二年(1069),宋神宗召见张载,"问治道",张载"皆以渐复三代为对"⑥,认为"为政不法三代者,终苟道也"⑦。在张载看来,"三代"礼仪法制是先王之遗法,理应被后世所借鉴。"此三代法制,虽万世可行,不止利今日之民。"⑧张载依据三代之制,提出若干治理设想,包括:重建封建,适当分权,加强地方自治,解决权力过度集中的问题;恢复井田,确立经界,满足民众的物质需求,解决财富不均的问题;以礼化民,移风易俗,提高民众道德水平,改善社会文化环境;治理灾害,赈济难民,关爱同胞,抚恤弱势群体。并试图将这些设想"验之一乡",以证明古法之可行,可

---

① [宋]张载:《张子语录》,载《张载集》,中华书局1978年版,第322页。
② [宋]张载:《正蒙·诚明》,载《张载集》,中华书局1978年版,第23页。
③ [宋]张载:《横渠易说》,载《张载集》,中华书局1978年版,第125页。
④ [明]汪伟:《经学理窟序》,载《张载集》,中华书局1978年版,第247页。
⑤ [宋]吕大临:《横渠先生行状》,载《张载集》,中华书局1978年版,第384页。
⑥ [宋]吕大临:《横渠先生行状》,载《张载集》,中华书局1978年版,第382页。
⑦ [元]脱脱等:《宋史·张载传》,载《张载集》,中华书局1978年版,第386页。
⑧ [宋]张载:《文集佚存·边议》,载《张载集》,中华书局1978年版,第357页。

惜"有志未就"①。其弟子吕大钧等创制《吕氏乡约》,以德业相劝、过失相规、礼俗相交、患难相恤为纲领,引导乡民向善规过,使得关中风俗为之一变。

最后,"万世太平"是"民胞物与"的和平理想。张载所关注的不仅是当下和平,还是持久和平。"张载对'太平'的理论思考和实践努力并不囿于当下的太平秩序,而是以更深邃的视野关注可持续的'万世'太平基业问题。"②持久和平是可持续性的和平,可持续就意味着某种模式和状态可以在时间上延续下去。一方面,"民胞物与"体现了张载以儒家价值体系对宇宙秩序、社会秩序、家庭秩序的重整,形成一种比较稳定的状态和结构;另一方面,"民胞物与"思想重视人类的共同生存发展、人与自然的和谐共处、不同文明的相互尊重,这些是具有普遍性的原则,不因时代的变化而改变,要实现持久和平,就必须遵守这些原则。从这个角度看,"民胞物与"是张载提出的一种可持续发展的模式。

康德在《论永久和平》中指出,不同的民族个性和文化特质构成永久和平的前提。这是"自然"的安排,"它使用两种手段来阻止各民族的混合,并将它们分开,这就是语言和宗教的不同",这种不同虽然会带来分歧,"但毕竟在文化增长和人们逐步接近原则上的更大一致时,导向在一种和平中的谅解,产生和保障这种谅解,并不像那种独裁者那样,靠的是削弱一切力量"③。人类不需要放弃自身的民族个性和文化特质,而只需要发挥其固有的理性,就有希望在对话和相互谅解中实现永久和平。我们看到,康德关于永久和平的论述并非建立在某种文化或宗教的经验基础上,而能够成为一切民族、一切文化都有可能接受的共同目标。在这

---

① 〔宋〕吕大临:《横渠先生行状》,载《张载集》,中华书局1978年版,第384页。
② 林乐昌:《"为天地立心"——张载"四为句"新释》,《哲学研究》2009年第5期。
③ 〔德〕康德:《论永久和平》,载《康德著作全集》第8卷,李秋零译,中国人民大学出版社2010年版,第373页。

一点上,康德的"永久和平"和张载的"万世太平"实现了跨越时空的义理融通。

人类社会发展的历史,是充满血泪的战争史,"和平"可谓永恒的主题。近代以来,由于西方列强的侵略,中国逐步沦为半殖民地半封建社会,国家蒙辱、人民蒙难、文明蒙尘,因而中华民族更加珍惜和平、向往和平,坚持走和平发展的道路。随着现代科技的发展,战争造成的灾害和物质消耗更加严重,更多国家和人民的利益受到牵连。此时,"民胞物与"的和平理想更应受到我们的重视。习近平主席在纪念孔子诞辰 2565 周年国际学术研讨会上强调:"中国人自古就推崇……'国虽大,好战必亡'等和平思想。爱好和平的思想深深嵌入了中华民族的精神世界,今天依然是中国处理国际关系的基本理念。"[1]人类命运共同体所倡导的和平发展与合作共赢理念体现了中华民族爱好和平的传统。

总之,人类命运共同体理念是中华民族的和平基因在新时代的深沉呼唤,构建人类命运共同体既有助于推动中国特色社会主义事业的发展,也有助于谋求世界人民的共同福祉。

参考文献

1. 余敦康:《内圣外王的贯通——北宋易学的现代阐释》,学林出版社 1997 年版。

2. 冯友兰:《三松堂全集》,河南人民出版社 2001 年版。

3. 蒙培元:《张载天人合一说的生态意义》,《人文杂志》2002 年第 5 期。

---

[1] 习近平:《在纪念孔子诞辰 2565 周年国际学术研讨会暨国际儒学联合会第五届会员大会开幕会上的讲话》,《人民日报》2014 年 9 月 25 日第 2 版。

4. 成中英：《西方文化对中国文化之需要》，《东方论坛》2004 年第 5 期。

5. 林乐昌：《"为天地立心"——张载"四为句"新释》，《哲学研究》2009 年第 5 期。

6. 许宁：《张载关学要旨及其现代诠释》，载舒大刚主编：《儒藏论坛》第 10 辑，四川大学出版社 2015 年版。

7. 张立文：《中国传统和合文化与人类命运共同体》，《中国人民大学学报》2019 年第 3 期。

（编辑：杜春雷）

《四书说约》与鹿善继的儒学思想

陈寒鸣*

摘要:《四书说约》是明末鹿善继撰著的一部有关"四书"的著作。鹿善继著述甚丰,而《四书说约》最能体现其儒学思想,并且反映出了他的人格精神。其中包括:心体说;论学——以"时习"为工夫;以奋进为乐;论做人;论礼乐;义利观;等等。其儒学思想有两大特色:一是重视实践,二是学派的超越性。

关键词:四书说约　鹿善继　儒学思想

　　《四书说约》是明末鹿善继撰著的一部有关"四书"(《大学》《中庸》《论语》《孟子》)的著作。鹿善继(1575—1636)字伯顺,号乾岳,晚年自号江村渔隐,谥号"忠节",北直隶定兴(今河北定兴)人。善继"端方谨悫"①,以节气著称。他自小读王阳明《传习录》而契入圣学,既入仕,不以功名为虑,独以天下国家为怀,故而敢于留金花夺帝利,忤首辅而抒胸臆,履边关涉危境而生死不计,历辛劳居首功而去官家居,无守土之责而毅然独身守城御兵以至遭七刃复一矢而惨死于荒园。范景文《鹿忠节公

---

　* 陈寒鸣,天津市工会管理干部学院副教授、南京大学泰州学派研究中心研究员,中国哲学史学会理事。
　① 《明史》卷二六七《鹿善继传》,中华书局1974年版,第6889页。

集序》谓其一生"帑可以无争也,以续三军之命而毅然争;铨可以无辞也,急君父之难而洒然辞;官可以无去也,愤柄人之慊而飘然去。最后殉城全归,计不返顾。使素庇一尘。咄嗟! 遇难或牵于难割之家累,微夫幸全之金汤,又或怵功令束文法,与存与亡计无复之,乃死耳;伯顺有一是于哉? 然则伯顺固可以无死也。夫可以无然者,圣人不以之律人,而贤者以之自见至性所存不可强,抑善学圣人者孰如伯顺乎? 躯命不惜,浩气常存,扶进淳风,廉立顽懦"①。鹿善继著述甚丰,而《四书说约》最能体现其儒学思想,并且反映出了他的人格精神。

一

鹿善继并不是从纯学术角度精心建构这部书的。他是在以"四书"教授诸生的过程中形成其心学化的经学思想,从而撰述而成《四书说约》的。据陈铉《鹿忠节公年谱》(以下简称《年谱》)而考其生平,鹿善继集中收徒讲学活动主要有四次:第一次是万历四十二年(1614),他四十岁中进士后待放回乡时,至次年秋授户部山东司主事止。其时"门人始进",是时,陈铉之父陈范彭"趣受业",而杜越、张果中、贾三槐、王烨诸人接踵来问学,鹿善继"顾而乐之,朝夕提命,亹亹不倦"。第二次是万历四十五年(1617)至四十六年(1618),为其丁母忧期间。"四方来学者益众,先生性严毅,是非好恶未尝少徇于人,而同心者则无不饮以和、迎以善,春风之座,嘘入肺腑,殆不独发彼群蒙也。"次年"先生内弟太冲亦以是时入学,先生拈'做人'二字示之"。第三次是万历四十八年(1620)二月至八月,鹿善继因金花银事件辞官归里期间。"先生去国归里,海内争以孤凤似之,而先生教授如曩时,布衣草履,不敢以诤臣自异也。"第四次是崇祯三年(1630)九月再次辞官归里后,至崇祯九年(1636)七月至守定兴遇

---

① 范景文:《鹿忠节公集序》,载《鹿忠节公集》卷首,清光绪五年刻《畿辅丛书》本。

害止,长达六年。《年谱》记曰:崇祯三年(1630)"先生抵里门后,教授生徒如待放时,而门人益进。"崇祯四年(1631),"先生病渐瘳,教授如再归时,门人大进"。他自号江村渔隐,以寄寓其退修六经之志,而《四书说约》一书就是此时期教学过程中最后定稿并刊刻的。《定兴县志》谓善继"究心理学,教授生徒,以绍往开来为己任,痛除将就冒认影响浮游之病,而一言一动触处逢源,《说约》一编,日与同人谆复口授,四方来学者以数百计,舍不能容,邻居僧院几无闲室,彬彬有邹鲁风"①。

　　万历四十二年(1614),善继"念国家欲士之因本业以绎经旨,就所发挥孔、孟者,验其浅深而甲乙之。盖所重在道德,不得不借富贵之权奔走天下,然则先觉之用,即寄于斯矣",故告假归里后开门授徒,"有执贽及门者辄诲焉,日取四子书相与讨论,举先圣先贤奥义,无不抉出而示之人,复无不证入而归之我,谓圣贤往而圣贤之心至今在,特患不反求尔,姑名其所著曰《说约》,盖欲人之反之也"②。可见究心道学并以绍往开来为己任的鹿善继,开门授徒之始即以"四书"为教学重心,所讲内容即是后来逐渐成书而被孙奇逢称为鹿子语录的《四书说约》。其后三次的集中讲学活动亦复如此。丁母忧期间,四方来学者益众,如坐春风。《年谱》记善继"答王公命新问学云:'老公祖过听何人,而以学下询? 不孝病中偶于问业童子有所讲说,大要帖括之习,何知有所谓学? 仰承明谕,谊切请教。不避了草,以《论语》首章呈,盖系初时答问,其语稍详也。'然则先生之学,尽在《说约》可知已"③。在善继看来,"人秉天命,各有良心"④,而良心即本心非徒托诸虚空之言,而是要见之于生命的、道德的实践,"说个己,原就有人在;说个修,原就有安在,特此叫做己,叫做修耳。

① [清]鹿传霖编:《定兴鹿氏二续谱》卷一〇引《定兴县志·乡贤事实》,清光绪二十三年刊本。
② [清]陈鋐编:《鹿忠节公年谱》卷上,载王云五主编:《丛书集成初编》,商务印书馆1937年版,第8页。
③ [清]陈鋐编:《鹿忠节公年谱》卷上,第10页。
④ [明]鹿善继:《四书说约·上论》卷八,"兴于《诗》"章,道光戊申重刻本。

子路以为止于一己,既闻安人,又以为止于一人,而不知无离人与百姓之己,无离安之修也。观两'以'字可见非二事矣。己不成己者,害着人也;己而害人者,昧其己一体之心也。人己一体,原是本心,而自私自利,遂窜入而争胜,倘不亟为提醒,兢业以操之,鲜不昏昧放逸,而损人以利己矣。故曰修己以敬。敬者,尝惺惺法也。所以常提一己之心为主,而不使自私自利不以乘也。即此以修己,而人与百姓皆安也。故修己最难也,尧舜之所犹病者,病己之未易修,非病人不安也。修己以敬,原不是易看的,天下再无此外事体,圣贤再无此外工夫"①。

　　大约到天启三年(1623),《四书说约》已经成形,并有一定影响,所以,易州守徐恒山拟将善继所著《四书说约》付梓,但挚友孙奇逢认为书中语有似诙者,尚宜订正;特致函善继道:"抵易水,父老歌咏徐使君者,蔼然情见乎辞,因思民之或歌、或舞、或怨、或詈者,皆为民父母自取,彼何尝有成心哉?昨偕同志数人吊荆卿之墟,览宁山之胜,吾两人所期者,弟偏有缘,亲丈得无羡而炉之乎?《四书说约》发前人所未发,此鹿子《语录》也。徐使君急欲付梓,弟因二三谑语去之,减作者之兴,留之恐滋腐儒口实,须亲自为斟酌,岂游、夏能赞一辞?"②善继深然之,遂告恒山,《四书说约》要与奇逢商正后才能付梓。直到崇祯八年(1635),鹿善继才改定《四书说约》并予以刊刻,陈鋐《年谱》谓其"有诗以纪之云:'《说约》何来苦欲镌,约从说觅已纷然。支离更烈秦人火,奇辟尤深杨子玄。饮水凭谁知冷暖?传灯枉自论机缘。澄心默默延平坐,体认原于未发前。'然则先生之行在《认真草》,而先生之学在《说约》。行与学,岂可歧视之耶?"③

① [明]鹿善继:《四书说约·下论》卷一四,"子路问君"章。
② [清]孙奇逢:《夏峰先生集》卷一《与鹿伯顺》,中华书局2004年版,第25页。
③ [清]陈鋐编:《鹿忠节公年谱》卷下,第44页。

二

　　茅元仪说,善继"刻《四书说约》。其学大约本于余姚而折衷伊洛,出入朱陆,不为一家之言。每举象山自立之语为谈柄,以做人为人生根本,以希贤希圣希天为做人规模,以正心诚意为做人把柄,以知耻为做人机窍,以视听言动为做人所借以通天下之关会,以非礼奉承躯壳者自坏其人也"①。孙奇逢《重刻〈四书说约〉序》谓:

　　　　鹿子伯顺为及门说《四书》,矢口了然,言无滞义,汇为《说约》,久已梓行。其旨盖取子舆博学详说将以反约之意。夫博与约非二也,博原自约出,非博不能约;约原自博具,非约不为博。是义也,孔子尝言之,颜子亦身承之,故曾子之修齐治平一本于诚意,子思之中和位育一归于慎独。即上溯尧放勋、舜重华、禹平成,博矣,而一廷授受,不外执中,何其约也。岂独帝王?四时行,百物生,博莫博于天矣,而维天之命,于穆不已,万古此行生也,万古此于穆也,又何其约也。一越其宗,即为畔道。诸儒继起,各以所见为发明,如周之无欲、程之主敬、陆之本心、王之良知,皆从浩博中体认精微,所谓殊途而同归,百虑而一致,无非《说约》之旨耳。今天锡复刻此编于楚,附以《近溪语录》,意谓伯顺之说得之阳明最深,而近溪之说与阳明合符。予谓由阳明而子静,而纯公、元公,岂有不符哉? 由纯公、元公而颜、曾、思、孟以溯之孔子,岂有不符哉? 由孔子而建天地、质鬼神,考三王、俟后圣,亦岂有不符哉? 总之,本诸身者是,则言无不合;言合而本诸身者非,即合亦难也。窃愿学人因伯顺之说,观伯顺之行。予自丁酉交伯顺至丙子,盖四十

---

① ［清］鹿传霖编:《定兴鹿氏二续谱》卷一四《忠节公行状》。

载,深知其为浑成亏、齐得丧、一死生之人,故其所说皆躬之所行,未可以语言文字为融通了晰观也。伯顺生平极服膺朱子晚年定论,谓王子为朱子功臣。又何有朱、陆之异而约之不合一哉?①

可见,虽然鹿善继之学根底于阳明心学以著此书,但他有感于王学末流泛滥于侈谈空论之弊,故而汇辑其平生讲学中的思想而成《四书说约》一书,重申阳明原旨,强调反求于心的躬行实践工夫。在《四书说约》卷首,他开宗明义极有针对性地点明其著此书的指向。

　　孔子曰:"博学于文,约之以礼。"礼者理也。心外无理,是所以约之也。孔子博文约礼,铸颜渊亦就颜渊自有之理铸之。特自有者,不能自现,不无待于循循之诱,因诱而自得其颜渊,原不借理于孔子。故曰博我以文,约我以礼,颜之认我,即孟之所谓反也,吾惧学者不味反之义,而上以论说当之,则不约滋甚。夫读圣贤书而不反求之心,延平所比于玩物丧志者,可汗人背也。即云反求之心,而一切着落,不以身实践之,徒以天倪之顿见虚为承当,阳明所称将本体只作一番光景玩弄者,更可汗人背也。故反约之道无他,于圣贤之言随其所指,居上为下,在邦在家,利害死生,辞受去就,无不提本来之心。按当下之身一一质对,如涉水者之浅深自酌,如饮水者之冷暖之知,决不敢以实未了然之心,含糊归依,尤不敢以实未凑泊之身将就冒认,则圣经贤传总会归于无言之地,不求约而约在焉。颜子复礼,其目在视听言动。约之实际固如此,然哆谈名理,到身便难。八字着脚,真实与日俱增做工夫者,晦翁于己与子静之外,不再许人。颜子之复礼,颜子之克己也,己之不克,礼于何

① [清]孙奇逢:《夏峰先生集》卷四,第131—132页。

约？愿与学者反而求之，勿徒以口说者以身谤也。①

　　兹以《四书说约》为基础，参稽鹿氏其他著作，考察、探析其儒学思想。

（一）心体说

　　鹿善继自"口舌"之"言"上探究其根源，得出了"万法固从心生"的结论。他说："'生心'二字是悟头寻出言的根源，才照出言的下落。天下大害只在言上定夺，谁知口舌中偌大干系。夫子不知言，无以知人，就是杜祸本、塞乱源的本领。不动心，真少此学问不得，奈何说不得。于言勿求于养心，气离不了心，知言离不了心，万法固从心生。"②他由是提出了"真者，心之本体"的"心体说"：

　　　　天下万事，皆从心起。不患事不就，但患不真。真者，心之本体。从来称天下有心人，为其真也。真则热，热则遇而即黏，不能秦越视。真则耐，耐则挫而益坚，不因迟久灰。③

　　他认为，正因为"真"是"心之本体"，故而"有心人"才能具"热""耐"的特性，从而热情任事、愈挫愈坚，挺立起坚卓的人格主体。而这个心体又"如太虚，应万物而无迹，受万事而不盈，即勔勤奠定，冠古烁今，亦加不得一毫意气。从来大圣贤穷居说个不损，大行说个不加，性分原是如此"④。大圣贤之所以"穷居说个不损，大行说个不加"，也就是因为其性分中是"真"之心体——"性"即是"心"，"性体"即是"心体"。他说："人

---

① ［明］鹿善继：《四书说约引》，载《四书说约》卷首。
② ［清］鹿传霖编：《定兴鹿氏二续谱》卷一〇，《四书说约》节录。
③ ［清］鹿传霖编：《定兴鹿氏二续谱》卷一〇，《四书说约》节录。
④ ［明］鹿善继：《四书说约·上论》卷三，"管仲之器"章。

性原是极善的,只禁不起一个不诚。试自体认,仁义礼智谁不具? 只一个念头不真,便都成了虚应故事。"①鹿善继在《中庸》"唯天下至诚"章下论曰:

> 性者,人所得于天而以为心者也。天地万物,通为一体。本来面目原如此,特人被私欲夹杂,不能尽耳。性之体既包天地人物,则性之尽就在天地人物上下手。不能尽人物、参天地,不叫做尽性,故说个能尽其性,便是把人物尽、天地参了。非曰既把性先尽完,而后去尽人物、参天地也。论实地,只在人物上是下手处,非于尽人物之外又有个参天地也。参天地在赞化育上,天地能与人物以性,而不能尽人物之性,便是化育所不及处。向非至诚的出来,则人物有性终难自尽。随时随处都涵淆败坏,不成个世界。便是化育穷了,幸得尽性的圣人一点真精贯彻三界,尽人尽物,使天地成了全功,亏他虽是个七尺之躯,真真与天地门当户对,并列无惭。谁知我这径寸中藏着个通天彻地的神通,自不提起,懂懂伎俩有多大乾坤。②

在这里,鹿善继的王学面目是十分清晰的,因为"性者,人所得于天而以为心者也",所以他以为尽性的是"圣人一点真精"亦即"径寸中藏着个通天彻地的神通"——"心体",这样才"尽人尽物,使天地成了全功"。朱熹《四书章句集注》中注此章云:"天下至诚,谓圣人之德之实。天下莫能加也。尽其性者,德无不实,故无欲之私。而天命之在我者,亦我之性。但以所赋形气不同而有异耳。能尽之者,谓知之无不明,而处之无不当也。"③朱子以为尽性的是"圣人之德之实",而王阳明则倡言"心之

---

① [明]鹿善继:《四书说约·中庸》卷三,"唯天下至诚"章。
② [明]鹿善继:《四书说约·中庸》卷三,"唯天下至诚"章。
③ [宋]朱熹:《四书集注·中庸章句》,岳麓书社 1985 年版,第 52 页。

本体即是天理"，又以"诚"为"心"之本体，如《传习录上》记其语曰："诚是心之本体，求复其本体，便是思诚的工夫。"①显然，鹿善继所论与朱熹有明显的分野，而与阳明心学则颇为契合。

毫无疑问，鹿善继之"心体说"是有着先验的根据的。而这先验的心体——"良心"是不为一毫人为的本体，万万不可"揽上后天意思"，否则便是害道，"此处不着实下手"，后果是极其严重的。他郑重地告诫说：

> 人生来都抱着一点"天地万物一体"的良心，不离方寸，涵盖乾坤，这便是现在生成，不为一毫人为的本体。顺而行之，莫揽上后天意思便是道，揽上意思便把道坏了，故君子为天下教主，只是修道。道原不是须臾可离的东西，而人之离道不是在见显上才离，其失着处全在不睹不闻之中。盖人心与天性争权处全在此，此处不着实下手，容贼在内，我以为隐微而容之，渠得我一容遂逞其志，天下之溃决泛滥不可收拾者，即是此物。君子眼明手快，拚死力与他鏖战，务要斩绝杀绝者，诚知道十分利害而不得如此小心也。人在见显上怕，君子在隐微上怕。亏他具眼有这等会下手的人，才把私心扫净，扶起原有的天命坐了主位……②

那么，如何把握、体认心体呢？鹿善继提出了"反之吾心"的直截办法："人自有父母，生时肫然一念，是人自具之太始，不必从黄虞问古道也。因识天下人同有父母，生时肫然一念，是天下人同具之太始，不必按坟典想古风也。以同此心之人每叹人心之不可知，以为古道之不可见于今

---

① [明]王守仁撰，吴光等编校：《王阳明全集》卷一《语录一·传习录上》，上海古籍出版社2018年版，第31页。
② [明]鹿善继：《四书说约·中庸》卷一，"天命之谓"章。

日,试反之吾心可知否? 吾自具之太始曾见否?"①这一办法之所以是可行的,是因为"天下人同有父母",故"同具太始",只消"反之吾心"寻求"吾自具之太始"便可以了。这样,人心可知,古道亦可见于今日。鹿善继还有所谓"明本心"的办法与此相类,他谈《孟子》中"齐桓晋文"一章时讲:"人都有心而都不觉,有偶然触着,才露一端而随露随迷,全不得济。孟子设此惩心之法,使人各觉有本心,即此为天德,即此为王道。陆象山以杨慈湖断扇讼是非,明人本心,与此同机。"②鹿氏的这种心性修养方法源自王阳明。阳明"龙场之悟"提出格物不应向外求理,而应反求诸心,遂将"格物"变为"求心",《传习录上》记其语云:"意之所在便是物,如意在于事亲,则事亲便是一物;意在于事君,即事君便是一物;意在于视听言动,即视听言动便是一物。"③

因此,鹿善继主张"以心求理",他说:

> 吾辈读有字的书,却要识没字的理,理岂在语言文字哉! 只就此日此时此事求一个此心过的去,便是理也。仁义忠孝,名色万千,皆随所在而强为指称也,奈何执指称者求理乎? 指称种种,原为人觌面相违,不得不随在指点,求以省悟,而人复就指点处成执滞,谈无说妙,较量一字之间,何啻千里之差也。④

而"此理不是落畦径的,只要主以无私之心境,不论常变,见不论偏全,事不论成败,名不论污洁,清可也,任可也,和可也,去可也,死可也,囚可也,故曰君子仁而已矣,何必同"⑤。故鹿善继认为,认识的过程不过是为

---

① [清]鹿传霖编:《定兴鹿氏二续谱》卷一〇《鹿忠节公年谱语录》。
② [明]鹿善继:《四书说约·上孟》卷一〇,"齐桓晋文"章。
③ [明]王守仁撰,吴光等编校:《王阳明全集》卷一《语录一·传习录上》,第5页。
④ [清]鹿传霖编:《定兴鹿氏二续谱》卷一〇,《认理提纲》节要。
⑤ [清]鹿传霖编:《定兴鹿氏二续谱》卷一〇,《认理提纲》节要。

"心"解蔽的过程。他这样解释"知":"知字原有正解,只在不昧其心。"①
由是,他进而指出,圣人的"千经万典"都是"为人心发挥心体"的。在谈
到《论语》"学而不思"一章时,他又发挥道:

> 千经万典都是为人心发挥心体,无穷境界,被他一人道尽。学
> 而思则合古人于我,而以体验自得;思而学则合我于古人,而以印
> 证自安。夫子说罔、殆两样,断尽学者病痛。②

总之,鹿善继的"心体说"乃是其思想学说的哲学内核。显露出鲜明的陆
王之学的印记。其论学、论知、论礼乐、论做人等无不以此为前提和
根底。

(二) 论学——以"时习"为工夫

鹿善继论学大彰陆王之学"尊德性"之旨。指出"大学之道"说是
"以明德为头脑,以天下国家为着落,以诚意为把柄",因而明确标举出
"诚意只是慎独,此外无学也"。③ 他在《四书说约》中有系统论述。鹿善
继反对"动以博文约礼为解,记诵考究便是工夫"来看待"学"的观点,并
且对之深恶痛绝,以"玩物丧志"相责难。他说:"圣贤经传,原是发人心
性之理,以为力行之助,而后世记诵之学把所载的话头、根原、主意全不
理会,与自己身上了无干涉,只在口里讲、面前说,这样学文算不得学文,
先儒谓之玩物丧志。"④这里又表现出其重"心性之理"(陆王)、轻"记诵
之学"(程朱)的陆王学旨。既然"记诵之学"有"玩物丧志"之弊,既然不
能以"记诵考究"为为学工夫。那么,以何为工夫呢? 鹿善继意味深长地

---

① [明]鹿善继:《四书说约·上论》卷二,"由诲女知"章。
② [明]鹿善继:《四书说约·上论》卷二,"学而不思"章。
③ [明]鹿善继:《四书说约·上论》卷一,"学而时习"章。
④ [明]鹿善继:《四书说约·上论》卷一,"弟子入则"章。

点示"时习是什么事?"——"时习"便是工夫。他指出,《论语》"学而时习"章"曰悦、曰乐、曰不愠,此何等滋味! 向非于人不见之地,有内省不疚之功,怎得这样真切,这样超脱! 岂是考究记诵摸得着? ……此章是孔子自写生面,全重时习"①。这里,鹿善继体认入微地层层推展"时习"工夫之切实有效的过程:虽然"本心难昧,未尝不自修持",但是因为"转念易乖"则"学而易厌",须不间断地下"时习"工夫,才能取得"本体流行,深造自得,欲罢不能"的效果。这样才会真正"不亦说乎",也才能够真正做到"乐"和"不愠"。正是由于有这"无间"的"时习"工夫,"学"才会是活泼泼地终身体认之学、实践之学,因之,"这个学,一生只一件生活做不尽。默识,识此也;不厌不倦,皆此也;志学,志此也;共学,共此也;下学上达,即此是下,即此是上也;朝闻夕死,闻此也;吾斯未信,信此也。自其在物上应的曲当,谓之格物。自其径行了所知,谓之致知。自其不欺了初念,谓之诚意。自其还复了本心,谓之正心。自其成了个人品,谓之修身。随其居处有高下,作用有广狭,如在家上学,便谓之齐家;如在国上学,便谓之治国;如在天下上学,便谓之平天下。心正身修,即是中和;国治天下平,即是位育。先看《学》《庸》,再看《论语》便醒"②。可以说,"大学之道"、"四书"的枢机,无不可在"时习"工夫中讨出分晓。故鹿善继拈出"时习"以为工夫,深得为学要害。

"时习"无间,则必致"温故而知新"。鹿善继谓:"温故知新是尊德性的学问。广大高明;精微中庸,良知所包,原无尽藏,向此处用时习之功,无处非故物所摄入,无时非新机所迸出,愈漫愈知,愈故愈新,故故无穷,新新不已。可以为师者,有本之学,才能提醒群蒙也。糟粕俗学,穷年故我,全无一些灵气来动得人,为不得师。"③既然"温故知新是尊德性的学问",那么,以"问学"为"尊德性"的途程和手段则必是理所当然的,

① [明]鹿善继:《四书说约·上论》卷一,"学而时习"章。
② [明]鹿善继:《四书说约·上论》卷一,"学而时习"章。
③ [明]鹿善继:《四书说约·上论》卷二,"温故而知"章。

故鹿善继进而提出"君子以问学而尊德性"的观点。他深入论析道：

> 德者，一点天理良心，所谓性也。圣人这道是从这性上制出，你看三千三百都是良心之自然而然，不得不然的。则德性是道的根本。君子要凝道，便望着道之根本上着工夫，故尊起德性来，不会尊，须要学；不知尊，须要问。这学问工夫，着实干去。把心要广大着。宽广廓大，原是本性。狭小是人自着私欲束缚了，故要致广大。然广大原不是离了日用仪节的，如嫌伦常为小节而任意疏略，则一事打点不到，便是德性的一块破绽，求广大越不广大了，故致广大要尽精微于伦常中，事事物物都要尽心，不使一处疏略，便是致广大的法儿。把心要高明着。超脱透朗，原是本心。卑暗是人自着私欲锢蔽了，故要极高明。然高明原不是离了平常坦易的，如嫌常道为无奇，而专言放旷，则一事不踏实地，便是德性的一块亏欠，求高明越不高明了。故极高明要道中庸于伦常中，桩桩件件都要平实，不使一处放旷，此便是极高明的法儿。温故便指致尽极道的工夫，说这工夫终身以之，终日去干，那有遍数？体验既熟，识见日进，把道之根原渐渐看的亲切了，这便是知新。既看破道之根原，礼仪威仪上一些粉饰也用不着，只是尽这一点极诚实的心，这便是敦厚以崇礼。崇者，有这实心才成了礼，把礼才掀起来，使立于天地之间，不如一向之凌夷衰微也。这便是德至了，便就做道凝了。是故"为上不骄，为下不倍；有道足兴，无道足容"。何也？人不能行圣人之道，都是好逞意见。不知尊德性的人，凡事只要上达，却不下学，以伦常日用为粗浅，故离却精微以求广大，离却中庸以求高明，终日求新奇，而终身不能见道。处处无有真实，而事事败坏名教。他为上便意傲不能下，为下便技痒不能忍，有道时不能欺世，无道时偏足招灾。君子以问学尊德性，凡事都不是凭意见的

广大，以精微而致高明，以中庸而极识见，生于温故之余，经曲振于真实之内，怎的得骄？怎的得倍？怎不足兴？怎不足容？《诗》上说明理省事的人能保其身。上而骄也，下而倍也，见弃于有道也，不免于无道也，都是不能保身。君子以问学尊德性，便是明哲；上下治乱，无处不可，便是保身。①

在这里，鹿善继又进一步重申强调了"时习"（温故）工夫，指出："温故便指致尽极道的工夫，说这工夫终身以之，终日去干，那有遍数？体验既熟，识见日进，把道之根原渐渐看的亲切了，这便是知新。"而只有循此工夫"终身以之""终日去干"才是真正的"尊德性"。由是，他批评那些"不知尊德性的人"："凡事只要上达，却不下学，以伦常日用为精浅，故离却精微以求广大，离却中庸以求高明，终日求新奇，而终身不能见道。"因此，"君子以问学尊德性"，而这样也便是"明哲保身"了。不必说，亦由此可得"心体"之正了。鹿氏此一观点，既是程敏政《道一编》所谓"尊德性、道问学只是一事"说的历史回响，更是对王阳明相关思想的发挥。此外，鹿善继在一篇名为《陈范彭入学序》的文章中借表彰弟子陈范彭，指出："德性中原有无穷智慧"，"特人自不著手耳"。他说："（陈）范彭闻余谈学，而深信真举业不在学外也。探经考传，务求实底，举危微消息，欹慊关键，悉就吾身日用间认之，不敢据低上为活计。故人所穷年占毕，苦于望洋者，范彭以数月得其要领。问切思近，领略甚速，始信德性中原有无穷智慧，特人自不著手耳。薛文清云：'读书吾得其要，天命之性是也。'范彭，范彭，可与言《读书录》矣。"②——说到底，还是个"时习"工夫。只不过，这个"时习"的"学"，却不只是读有字的书，而更要深入人伦日用中去才得其真。用鹿善继的话来说，就是"学不在人伦上讨实际，要

---

① ［明］鹿善继：《四书说约·中庸》卷四，"大哉圣人"章。
② ［明］鹿善继：《归里草·贺陈范彭入学序》，载沈乃文主编：《明别集丛刊》第5辑第20册，黄山书社2013年版，第151页。

学作甚么用?"他说:"除了接人处事,何处讨本性着落? 除了戒惧慎独,何处讨复性工夫,四子书中总发此理。学不在人伦上讨实际,要学作甚么用? 学者须要输心拼死向这上面求足色,才不枉称学者。"①因为"人伦日用","皆性中物":

> 人伦日用,满天地间,皆性中物,皆分内事。而欲实一桩于度外不可,然万事的当然却是一个总规矩所出,如月满千江,只是一月。《中庸》论道,归之率性。性无二性,道安有二道乎? 如脱落伦常以求道,则涉于虚寂,即循执迹象以求道,又涉于支离。博文约礼是修道真诀,博约非二事,乃两句话说一个工夫也。②

因此,他不主张分"学术""功业"为二事:"故天地造化,天地之寻常;帝王经纶,帝王之日用,那有学术功业之分,穷养达施之异乎! 是亦为政'吾与点也',其理自明。"③

　　按:"尊德性"与"道问学"之争以及作为此争的另一种表现形式"博文"与"约礼"之辨,是宋明儒学常常谈论到的话头。南宋时代,朱熹与陆九渊展开学术论争时,朱子就批评"子静所说专是尊德性事,而熹平日所论却是道问学上多了";而陆子则明言:"既不知尊德性,焉有所谓道问学?"王阳明认为:

> 道问学即所以尊德性也。晦翁言"子静以尊德性教人,某教人岂不是道问学多了些子",是分尊德性与道问学为两件。且如今讲习讨论下许多功夫,无非只是存此心,不失其德性而已。岂有尊德性只空空去尊,更不去问学? 问学只是空空去问学,更与德性

① [清]鹿传霖编:《定兴鹿氏二续谱》卷一〇《忠节公年谱语录》。
② [明]鹿善继:《四书说约·上论》卷九,"颜渊喟然"章。
③ [清]鹿传霖编:《定兴鹿氏二续谱》卷一〇,《认理提纲》节要。

无关涉？①

与此种观点相应，阳明又阐述其对"博文"与"约礼"关系的看法道："诗书六艺皆是天理之发见，文字都包在其中。考之诗书六艺，皆所以存此天理也，不特发见于事为者方为文耳。'余力学文'亦只是'博学于文'中事。"②他又释"学而不思"云："此亦有为而言，其实思即学也，学有所疑便须思之。思而不学盖有此等人，只悬空去想，要想出一个道理，却不在身心上实用其力以学存此天理。"③还对"学而时习之"作出与朱子不同的训解："学是学去人欲，存天理。从事上去人欲存天理，则自正诸先觉、考诸古训，自下许多问辨思索存省克治工夫，然不过欲去此心之人欲，存吾心之天理耳。若曰效先觉之所为，则只说得学中一件事，亦似乎专求诸外也。"④而鹿善继以"时习"为工夫，并不断强调重申之，终以此为机窍将陆王之学"尊德性"学旨贯彻发挥得十分赅洽圆通。这不但可见其深于陆王之学的学养积淀，而且于绍述陆王尤其是阳明学的过程中彰显了自身的特色。

（三）以奋进为乐

"孔颜乐处"是宋明理学一大节目。自周敦颐以此指示二程，后世儒者无不悉心体认、探求。二程不违习俗、人情地指出颜子所乐肯定不是以苦为乐，而只是因为乐其所乐，故能忘记其苦，"颜子箪瓢，非乐也，忘也"⑤；朱熹提出"深思自得"说："伊川说颜子乐道为不识颜子者，盖因问者元不曾亲切寻究，故就其人而答，欲其深思而自得之尔。后人多因程

---

① ［明］王守仁：《王文成公全书》卷三《传习录下》，中华书局 2015 年版，第 151 页。
② ［明］王守仁：《王文成公全书》卷三《传习录下》，第 147 页。
③ ［明］王守仁：《王文成公全书》卷三《传习录下》，第 147 页。
④ ［明］王守仁：《王文成公全书》卷一《传习录上》，第 40 页。
⑤ ［宋］朱熹编：《程氏遗书》卷六，载朱杰人、严佐之、刘永翔主编：《朱子全书外编》，华东师范大学出版社 2010 年版，第 118 页。

子之言,愈见说得高远,如是,则又不若乐道之为有据。伊尹'乐尧舜之道',亦果非道乎?"①王苹有"至乐无乐"说,谓:"伊川言颜子非乐道,则何所乐? 曰:心上一毫不留,若有所乐,则有所倚功名富贵,固无足乐,道德性命亦无可乐,庄子所谓'至乐无乐'。"②此外,明儒曹端提出"仁者安仁"的"乐仁"说,王艮提出"人心自乐"说,罗汝芳提出人心本乐、"无愁"即乐说,等等。而鹿善继对此亦有自己的看法。他以为"孔颜乐处"便是"乐学",他讲:

> 周茂叔语两程寻孔子、颜子乐处,乐者,生人之趣,如其不乐,为圣贤何益? 孔子、颜子当日原乐,而其乐处何在? 岂没主意的放旷? 原有入手著脚的生活。孔子自谓时习、谓颜子不惰,学时便是乐时,而这个生活有端倪无文字。③

此处显然受到了泰州学派的影响。王艮最为学者所传诵的《乐学歌》云:"人心本自乐,自次私欲缚。私欲一萌时,良知还自觉。一觉便消除,人心依旧乐。乐学乐此学,学是学此乐。不乐不是学,不学不是乐。乐便然后学,学便然后乐。乐是学,学是乐。呜呼,天下之乐,何如此学,天下之学,何如此乐。"④鹿善继所说的"学时便是乐时,而这个生活有端倪无文字"⑤,自情感与心理活动角度对之予以体认的方面看,在精神实质上与王艮并无本质差别。但鹿善继却并不仅仅从"乐学"角度来认识"孔颜乐处"。"乐学"只是手段,只是修为过程,而其指向应该是确立起一个"我",从而体认"天命之性"、追求"为圣为贤"。因而他又借谈《论语·

---

① [宋]黎靖德编:《朱子语类》卷一〇一,中华书局1986年版,第2589页。
② [清]黄宗羲撰、[清]全祖望补修:《宋元学案》卷二九,陈金生、梁运华点校,中华书局1986年版,第1049页。
③ [清]鹿传霖编:《定兴鹿氏二续谱》卷一〇,《寻乐大旨》节录。
④ [明]王艮撰,陈寒鸣校:《王艮全集》卷二,上海古籍出版社2022年版,第42页。
⑤ [清]鹿传霖编:《定兴鹿氏二续谱》卷一〇,《寻乐大旨》节录。

里仁》中"不仁者不可以久处约,不可以长处乐。仁者安仁,知者利仁"章指出:

> 以身入世,约在约上弄倒,乐在乐上弄倒。这境界专能撮弄人,个个都走样了。人自有一个入水不溺、入火不焚的故物,天命之性是也。此物不失,一心常惺,万境超然,便是孔颜乐处。①

体认"天命之性"的"故物","此物不失,一心常惺,万境超然,便是孔颜乐处"。但这还不够,还必须切实在挺立起确然不拔的主体——"我",才是指向。"把柄在己,著落在物,离却一体万物,再没有自成的法儿。"②所以,鹿善继十分重视主观能动性:"丈夫举头天外,此心此理既同,为圣为贤在我,爱的是狂狷,恶的是乡愿。"③故学孔寻乐绝不可以在形迹上求、表象上追,应立足于"我"上的实践和体认。他于是进而强调"认得我时不必寻孔颜问乐":"世上只有两个题,曰义曰利,人各自做。世界只有两般味,曰乐曰苦,人各自受。苦海无边,回头是岸,从命上醒一醒,从吾上认一认,人自有乐,举世皆迷,认得我时不必寻孔颜问乐,愿学孔子的,已先寻着乐处。"④如此之注重"我"及主观能动性,又与泰州后学颜钧(山农)的"大中"之学颇相契合。山农有言曰:"大自我大,中自我中,学自我学,庸自我庸。"且其相互间加以错综,如其所谓"大中学庸,学大庸中,中学大庸,庸中学大,互发交乘乎心性,吻合造化乎时育",乃至以之与《周易》六龙相配,"所谓时乘六龙以御天,独造化也"。⑤又据程学颜所《衍述大学中庸》所记,山农是有番创造性诠释的,即"大":"自我广远无外者,名为大。""学":"自我凝聚员神者,名为学。""中":"自我主宰无倚

---

① [明]鹿善继:《四书说约·上论》卷四,"不仁者不"章。
② [明]鹿善继:《四书说约·中庸》卷三,"诚者自成"章。
③ [清]鹿传霖编:《定兴鹿氏二续谱》卷一〇,《寻乐大旨》节录。
④ [清]鹿传霖编:《定兴鹿氏二续谱》卷一〇,《寻乐大旨》节录。
⑤ [明]颜钧:《颜钧集》,黄宣民点校,中国社会科学出版社1996年版,第76页。

者,名为中。""庸":"自我妙应无迹者,名为庸。"①颜钧的这种诠解,突出强调的是"自我",亦即强调了认识的主体,进而更强调"心之神工莫测",亦即强调了人的主体精神及其能动作用。鹿善继所论与之暗合,而这从又一个侧面表明其学与泰州王学在精神上确有相通之处。

这样,落实在人生体验与社会实践中,鹿善继便理所当然地提倡"以奋进为乐"。他申论道:

> 人在世间,谁不求乐而常得忧?周茂叔寻孔颜乐地,此善度身世的法门,故乐自有真,不是逍遥闲旷的生活。吾人心中有趣才得乐,而趣从何生?从不愧不怍而生。愧怍何由去?从自尽本分而去。如不奋发做起,只一味随俗浮沉,则本来之面目不开,世俗之缠缚渐固,因无用力处,遂无得意处,毕世戚戚,那有出头的日子?故须把自己万物一体的本性提起,用十分力量保护之,于随时随处,实实求尽。一棒一痕,一捆一血,这样吃紧工夫,才得本性常伸,与天地万物共呼吸于一气。孔子自谓发愤忘食,乐以忘忧,盖愤处就是乐处,常愤便常乐。愤乐无穷,并行不悖,故仁为己任,即工夫已到,难忘犹病之怀,而内省不疚,即恂栗无息,自有心逸之妙。君子以众寡小大无敢慢为泰,名教中乐地固若此也,人不于此处求乐而求于境,岂知待境而乐已在,难必之天,且人心无足,孰是开眉之日?孔、颜蔬水曲肱,箪瓢陋巷,一曰乐在其中,一曰不改其乐,彼原自有把柄。"万物皆备"一章,乐之本体工夫皆尽矣。②

不"自尽本分","不奋发做起",就不会有"出头的日子"。他举孔子为例,说"孔子自谓发愤忘食,乐以忘忧,盖愤处就是乐处,常愤便常乐"。

---

① [明]颜钧:《颜钧集》,第76页。
② [清]鹿传霖编:《定兴鹿氏二续谱》卷一〇,《认理提纲》节要。

"名教中乐地固若此也",这个"乐"是不出名教之外的。在人生体验与社会实践中以奋进为乐,那么这个"乐"便不能不充溢着勇猛精进的入世豪情。他说:"当下便是乐地,愿外便惹愁肠。不处富贵、不去贫贱,岂无人情? 只要为做君子,遂不得咬定精铁。士在当日,原非爱名,并不怕死,只是个方寸属我,一夫雄于九军。"①在这里,鹿氏将佛家勇猛精进、道家无为而无不为的精神融入儒家思想之中,对人生采取一种达观进取的态度,认为乐处乃生人之趣,如其不乐,则为圣贤也无益。但乐不是"逍遥闲旷""随俗浮沉",而是当下"奋发做起",痛下"一棒一痕,一掴一血,这样吃紧功夫"。这样,鹿善继以奋发精进为乐,创造性地对"孔颜乐处"问题作出了积极解释。联系到晚明危亡、焦烂的世局,以考量鹿善继"以奋进为乐"解读"孔颜乐处",显然具有无法抹杀的时代所赋予真儒者的强烈色彩。其实,又何独晚明一时、伯顺一人为然? 纵观历史,每当危亡深重之时,真正的儒者又有谁不以《易传》所谓"天行健,君子以自强不息"的精神刚奋有为于世呢? 此亦可视为中国儒学的精神特质之一。

(四) 论做人

鹿善继践履沉实,躬行不辍,忠正节义,于做人上并无半点亏缺,故做人之论尤为令人心折。《定兴县志》以"岿然如断山"来形容其坚卓的人格,并以"做人"二字来概括其做人之学云:

> 善继端方谨恧,岿然如断山。小章句,薄温饱,慨然有必为圣贤之志,故能崛起北方,倡明绝学,以做人为人生根本,以希贤希圣为做人规模,以正心诚意为做人把柄,以知耻为做人几窍,以视听言动为做人所借以通天下之关令,以非礼奉承躯壳者为自坏其人

---

① [清]鹿传霖编:《定兴鹿氏二续谱》卷一〇,《寻乐大旨》节录。

生平。①

核之鹿氏生平事实，这委实是赅洽确然之论。孙奇逢在评鹿善继《四书说约》时结合鹿氏生平中体现其人格的重大事件，亦对其坚卓人格高度称誉，以为相对于陆九渊的"喊天喊地"、孟子的"塞天塞地"之论，鹿善善继躬行实践而"身有之"，似更可宝贵。孙奇逢谓：

> 迩有读鹿伯顺《说约》者，极服其快论。然谓其论猛，其气胜。予曰："诚然，鹿子服膺不降其志，不辱其身，且与人相砥砺，居然凤翔千仞，俯视流俗。其发金花也，触神宗皇帝之怒，而神宗皇帝不能夺其志。其上书叶首揆座师也，触首揆之怒，而首揆不能夺其志，其疏辨马御史也，触举朝台省之怒，而举朝台省不能夺其志，尝题联官署云：官要钱瞒不过吏，不怕对天对地对神明只怕对吏；士无耻成不得人，漫言做圣做贤做豪杰且言做人。陆子之喊天喊地、孟子塞天塞地，鹿子身有之，故其言如此。"②

其中所录鹿善继所题官署对联"官要钱瞒不过吏，不怕对天对地对神明只怕对吏；士无耻成不得人，漫言做圣做贤做豪杰且言做人"，尤为精警。由此可见，鹿善继的做人论当是体现其儒学思想及把握儒者真精神的重要内容。

首先，鹿善继本儒学一贯之旨，指出做人的"孝弟"是体认"万物一体之本心"的"仁"的着落，他说："仁者，万物一体之本心也，人而置一物于度外，便非为仁。然这个一体之心，其通其塞，全从事亲从兄上起。盖一本之亲，尤是生意结聚处，此处能忍，再不消讲别人了。故亲亲者自然仁

---

① ［清］鹿传霖编：《定兴鹿氏二续谱》卷一三引《定兴县志·乡贤事实》。
② ［清］孙奇逢：《夏峰先生集》卷一四，第573页。

民爱物，而所厚者薄，无有不薄。尧舜之道只算做孝弟，《论语》发为仁条件种种，胪列而说，为仁的根本，提出孝弟当头，煞有深意。"①而所谓"大人本领"也不过只是个"尽性""不失赤子之心"。他指出："赤子是孩提心，就无伪说，盖情识未开，不知有机械也。非指天命之性。赤子无伪时，其性虽蒙而不伤，到成立后，情伪出而性体伤矣。大人本领，尽民物、参天地，只是个尽其性，而性禁不得一毫诈伪。赤子非知存诚，只凭他不知有伪，故其性在大人，至诚只是不失赤子之心，此语要善看。"②这本是儒学的根本看法，鹿善继不过是予以点示解说罢了。他在此基础上标举出人的主体性，指出"人自有一天"，从而强调人的能动性，倒颇有其自身特色。他说："人自有一天，人各有一天。孔子只知了己，便为天之知己。吾辈只知了我，便为孔之知己。天不在天，孔不在孔，万古此下学，万古此上达，只要寂寂寞寞，苦自进修，毋以天不看顾，人不做美，稍灰此心耳。"③并且"治天下的算计都从本来面目上生出，离却治身径去治人，便是以昏镜照物，安得不以修身为本？"④

其次，鹿善继认为做人须有"真榜样触他"，而"榜样若真，一触便动"。他说：

> 大凡习俗沉溺既深，自己天光不得透露，固做不起人来。即天光偶露，而习俗遮拦以为怪异，又主张不起来。然只要认得真、把得定，不止认吾性之善，又要认人性之皆善；其习为不善是没有真榜样触他，榜样若真，一触便动，上下感应，原是不爽。所可虑者，只怕当众论纷纭之时，自己软了，便大家做成糊涂帐，举世界无一处得现人生本相。⑤

① ［明］鹿善继：《四书说约·上论》卷一，"其为人也"章。
② ［明］鹿善继：《四书说约·下孟》卷四，"大人者不"章。
③ ［明］鹿善继：《四书说约·下论》卷一四，"莫我知也"章。
④ ［明］鹿善继：《四书说约·大学》卷一，"大学之道"章。
⑤ ［明］鹿善继：《四书说约·上孟》卷三，"滕文公薨"章。

此间的关键问题是,有了真榜样触动,还须坚定信念,特立独行,执意去做,不能为"众论"和"俗眼"所左右:"观此便见,要做人,明知俗眼不喜,切莫和他商量,越商量越误事。只硬做将来,他们自然归依。"①"真榜样"是谁人?自然是圣人——那种"无处不在的圣人"。如何认出圣人呢?鹿善继点示说:"天地间一处没有圣人,便臭街烂巷。你只静中观万物,看他位置,其妥当处亏了谁,不止一时尽性,万万世人物都赖当初圣人过活,即圣人既往,圣人制度浸微,而到底有坏不尽的大纲。"②此处所谓"天地间无一处没有圣人"与阳明"满街都是圣人"的说法实有异曲同工之妙,于此亦可见鹿氏的王学面目。

再次,鹿善继认为做人须经过富贵贫贱的"大关头",若"过不得此关,休讲人品"。他说:

> 富贵贫贱是身世大关头,超凡入圣,全在此处。所欲所恶,人情不远;不处不去,只为天理良心上过不去耳。全靠此一点良心,抵住两般俗念,死挣个君子出来。然说个不去,仁是无时可去的生活。盖富贵贫贱之交,我虽打发过去,然非一往而不再来之物,则我之欲恶非一灭而不再生之情。终身搅扎,无时无处非其所乘,我一有松懈,抵隙而入,从前功行尽成灰矣。故君子于仁是终身无违的,即造次颠沛,一针不错。
>
> 看这般用功,才跳出樊笼之外,静若山、动若水,造化为徒好个君子。孔之浮云富贵,颜之箪瓢陋巷,孟子大骂受非义万钟为失其本心,是一脉学问。过不得此关,休讲人品。③

故而,鹿善继提出"君子一生,只是卑迩"的观点,做人自当从眼前身下做

---

① [明]鹿善继:《四书说约·上孟》卷三,"滕文公薨"章。
② [明]鹿善继:《四书说约·中庸》卷三,"唯天下至诚"章。
③ [明]鹿善继:《四书说约·上论》卷四,"富与贵人"章。

起,须辩证地看等"高远"与"卑迩"之间的关系。他指出:"天地间甚么高? 惟卑是高。甚么远? 惟迩是远。真真要有高远之志的,只得把全力交付在庸行上。君子一生,只是卑迩,便是会登高行远的作家,所谓下学而上达也。以刑于友爱而顺父母,目前便是高远之实底,莫另补高远。"①由此,他严厉地斥责虽"志于道"但却"耻恶衣恶食"的人:"人疑既是志道,何为又耻恶衣恶食? 然天下却真有这等事,且都是这等事。一把凡火,从里面隐隐烧起,把天与灵根已自烧断,而却犹貌上妆、口里讲,俨然自以为有道,不悟其质之已非也! 学者影神,被孔子总描在此。"②

最后,鹿善继认为做人须深辨"君子""小人"与"狂狷""乡愿"。对《论语》"君子成人之美,不成人之恶,小人反是"章,鹿善继极有感触地说:"此是孔子道眼看破,故如此说。人知谁是君子、谁是小人而避就之哉? 人岂有知小人是成我恶、败我美而甘随之者? 君子所成所不成,反觉难亲;小人所成所不成,反觉易入,故自远于君子而近小人耳。小人作用,他把美恶来颠倒一番,使人既便于私情,而复得托于名理,怎不去从? 到此令人深恨那小人。"③这种"小人"由于具有极大的迷惑性,故"到此令人深恨"。"乡愿"本是小人,但总是披上君子的外衣,其害更甚。"狂"者与"狷"者一为"中行之神",一为"中行之骨","去俗俱远,于性俱近"④,故鹿善继誉"狂狷"而恶"乡愿":"丈夫举头天外,此心此理既同,为圣为贤在我。爱的是狂狷,恶的是乡愿。"⑤

(五) 论礼乐

鹿善继的心体论亦贯穿于他的礼乐论之中,发挥王学处尤为显明。

首先,他以"心""良心"来解释礼乐。他说:"人秉天命,各有良心。

---

① [明]鹿善继:《四书说约·中庸》卷三,"君子之道"章。
② [明]鹿善继:《四书说约·上论》卷四,"士志于道"章。
③ [明]鹿善继:《四书说约·下论》卷一二,"君子成人"章。
④ [明]鹿善继:《四书说约·下论》卷一三,"不得中行"章。
⑤ [清]鹿传霖编:《定兴鹿氏二续谱》卷一〇,《寻乐大旨》节录。

但要得出头，非有所触发不可；要得站定，非有所凭据不可；要得圆熟，非有所销镕不可。圣人做下诗、礼、乐，就是触发、凭据、销镕的家活。夫子指破消息，教人下手，观此才见穷经的主意，如烂熟三经而真心犹然，不得分毫之力，可怜死！可怜死！"①又曰："诗是心之机括，礼是心之条目，乐是心之意味。"②这里遵循着这样的逻辑：人各自的"良心"要"得出头"，非有所触发、凭据、销镕不可，圣人做诗、礼、乐就是"触发、凭据、销镕的家活"，故"诗是心之机括，礼是心之条目，乐是心之意味"，而借习经以做触发、凭据、销镕的工夫，从而返归"自有"的"良心"，这才是"穷经"的本来意义。鹿善继举出王阳明申论"六经者非他，吾心之常道也""六经者，吾心之记籍也"的《尊经阁记》③，指示学者"宜味之"。鹿氏在阳明基础上的发挥显然更具体、更形象。他认为礼乐其实"都是模写他心之不能自已处"。鹿善继说：

> 人只为这点恻然生意难以欺灭，遂做出礼乐来，其有声有色、可观可听的仪节，都是模写他心之不能自已处。④

又说："礼乐虽自有个规矩，然却不可以方体定在求也，只是以良心为主，而因时因势，随处求个妥贴便是。这个礼乐，看起来原是范围天地，曲成万物的大道理，然明明白白在世上，现现成成在心中，而无人能与之合者，盖此非冥行者之所能偶合，亦非袭取者之所能附会。"⑤这里所强调的"礼乐""以良心为主"的观点，更彻头彻尾的是王学内容。

其次，"礼乐是性之中和"，是成圣之具。鹿善继说："礼乐是性之中和，乃天则也。才具铸以中和，则全是天性作用，非智廉勇艺之可名矣，

① ［明］鹿善继：《四书说约·上论》卷八，"兴于诗立"章。
② ［明］鹿善继：《四书说约·上论》卷八，"兴于诗立"章。
③ ［明］王守仁：《王文成公全书》卷七《文录》，第 309 页。
④ ［明］鹿善继：《四书说约·上论》卷三，"人而不仁"章。
⑤ ［明］鹿善继：《四书说约·下论》卷一六，"益者三乐"章。

此见成人全在涵养。恃其才质,物而不化,只是凡胎。"①"有了礼乐二字,便成圣人矣。中和之极,一团涵养得来。夫子说到此语,岂不是人的足色而忽上心来,深有概于今之士习全无行谊,却只一味圆熟,把人的本色全然丧尽,因只举行己的根基,且不消细论涵养而日云云。"②鹿氏此论,多少有些以"礼乐"代"天理"的意味。这开启了后来清代儒者凌廷堪以"礼"代"理"论的先河。

最后,鹿善继认为,"礼乐不是钟鼓玉帛""礼乐不是度数",而应是圣人的教化。其隐意是则是将"礼乐"与"文化"等同。如他说:

> 礼乐不是钟鼓玉帛,节不是声容制度,全在日用间应事接物上讨求,应接中其当然而然极其中的去处,叫做礼;其自然而然极其和的去处,叫做乐。故曰礼乐不可斯须去身者,此之谓也。两个字又却是一个理,未有不合礼而得成乐,不合乐而得成礼者,吾人细体之,自见。③

> 礼乐不是度数。夫子以仁教群贤,即此便是礼乐。观"爱人""易使"字,则"道"字可知弦歌,岂是以度数论哉? 所以有此弦歌之声者,其雍然之意可知太和在宇宙间矣。④

> 孔门只凭尊所闻,今之从政者何如?⑤

证之以《论语》所记孔子之语:"人而不仁,如礼何? 人而不仁,如乐

---

① [明]鹿善继:《四书说约·下论》卷一四,"子路问成"章。
② [明]鹿善继:《四书说约·下论》卷一四,"子路问成"章。
③ [明]鹿善继:《四书说约·下论》卷一六,"益者三乐"章。
④ [明]鹿善继:《四书说约·下论》卷一七,"子之武城"章。
⑤ [明]鹿善继:《四书说约·下论》卷一七,"子之武城"章。

何?"①"礼云礼云,玉帛云乎哉? 乐云乐云,钟鼓云乎哉?"②可见鹿氏的这种理解无疑是符合儒学真精神的。

(六) 义利观

"义利之辨"素来为儒学的基本命题之一。晚明时代的早期启蒙思想家,尤其是泰州学派及其后学(如李贽)早已揭橥"利"的旗帜来肯定人类的合理欲望与个人利益,从而提出了具有思想启蒙意义的新义利观。生当其时的鹿善继不能不受到影响,但鹿氏又十分不同于那些狂飙突进的"异端"思想家,他的义利观是和为仁联系在一起的。在义利观上,他有自己的特色。

首先,鹿善继认为"义利之辨是学术,即是治术"。他说:"战国策士专讲利害,仁义原也迂阔,然求利者得害仁义,固所以利之也。此天地间易不得的事理,还是仲尼之徒醒的利害……义利之辨是学术,即是治术。"③"义利之辨"不仅是学术问题,而且是事关国家政治生活的"治术",其重可知。

其次,他深入指出要害问题——"如今的义都是利"。所以舍"利"言"义"是不可想象的事情。他说:"君子一生何尝自全形迹,小人一生何尝自外名教? 而君子成就了君子,小人成就了小人,都从义利之间分楚汉,于不言之处定纵横。南轩以无为而为、有为而为分义利,象山溯喻于志怪不得,冬月汗出,才知道如今的义都是利,乃一样生活,两样主意。"④他所点出的"一样的生活,两样主意"是注重了动机的考察:若为"利"而"义",那么这个"义"不是"利"是什么? 陆象山"冬月汗出",良有以也。

最后,鹿善继从民生角度强调"礼义生于富足"。他说:"论为国便从

---

① 《论语·八佾》,载[宋]朱熹:《四书集注·论语》卷二,岳麓书社 1985 年版,第 85—86 页。
② 《论语·阳货》,载[宋]朱熹:《四书集注·论语》卷九,第 215 页。
③ [明]鹿善继:《四书说约·上孟》卷一,"孟子见梁"章。
④ [明]鹿善继:《四书说约·上论》卷四,"君子喻于"章。

民事着手,此国之本也。而民之为道一段痛切淋漓,得力在此。盖治民不知民之为道,便做出罔民的事。民无恒产,自无恒心;而所以无恒产,只是君横取,以不俭夺人耳……盖有恒产者有恒心,礼义生于富足,从善也,轻易为教耳……"①这既是对孟子"民本"思想的发展,亦有取于荀子"礼"论及后世事功之儒(如南宋陈亮、叶适)的思想。

鹿善继进而又从实际事务及社会民生角度指出"利者,义之和也""利原是天下公物"。他说:"利者,义之和也。今而欲有为于地方,迫现之机宜,不能以空拳应我避赎锾、火耗之名,不几以黜利者废义乎!"②从为官职掌的实际事务角度看,作为工作成绩的"利"是符合于"义"的,毋宁说,在这里"利"就是"义"。基于社会民生的宏观角度,他又提出"利原是天下公物"的观点:"利原是天下公物,放的人便只见是一己的物。夫利既是众人的生活,放利只得碍着人,我从人的性命处碍着,怎不伤心?"③如此讲论义利,显非腐儒空谈。

鹿善继的义利观与"仁"者追求紧密联系在一起。如他提出仁者"以财发身"必"公财于天下","天下无义外之利"的观点,说:

> 若曰财为民命,原不浚民以生。君子絜矩,政以此为大段。即军国之需,原不可少,而生以大道,自不必聚。仁者公财于天下,而抚我唯后,是谓以财发身。不仁者私财于一己,而虐我唯仇,是谓以身发财,财即可重,孰与吾身国? 而求利莫如以义,你看终事守财、义民之所自效者,散财之仁主占尽福分,天灾人害,国之事莫可谁何者,务财之君长析尽便宜,则可聚乎? 不可聚乎? 我也不是说国不当利,只为天下无义外之利,而以利为利,大不利耳! 要图利的,还

---

① [明]鹿善继:《四书说约·上孟》卷三,"滕文公问"章。
② [明]鹿善继:《再归草·送王中翀父母之南仪部序》,载沈乃文主编:《明别集丛刊》第5辑第20册,第269页。
③ [明]鹿善继:《四书说约·上论》卷四,"放于利而"章。

跟我来。①

这里有个"公""私"之辨的问题。"只见是一己之物"或"私财于一己"都是不仁的"私欲",是恶的,应该予以消除。鹿善继就此点示说:"恶之一字,其根深,其绪多,其势悍……盖私欲炽时,万难禁御,只提出本来天性照一照,便冷然自醒,狂兴索然了。故恶非自起,乃从本性不现而有之一性当权,万妄而瓦解……千万之恶,只是个自私自利。志于仁,一点生意,胞民与物,便把恶的根由绝了。"②因为这恶的"私欲"戕害了我的"万物一体之心",是"害我性命的对头",所以只有"费尽十分力气"彻底地剿灭之,才能得仁。善继说:

> 万物一体之心,原是我的性命。自私自利之意,就是害我性命的对头。性命出亡,只因对头得胜。如今为仁时要恢复性命,只得和对头尽力鏖战,求个你死我活,即礼是仁,非二物也;即克是复,非两功也。一日克复,即一日天下归仁,非两候也。为什么把个八荒我闼的家当自家隔开,这勾当我不自家拼死力去做,待谁提调,故要复我的性命,须索寻住对头,费尽十分力,斩尽杀绝我那闼八荒的家当,才即时出现,而着手处就在视听言动上看,非礼勿字,捧住天根,力剿私欲,是何等力气! 不如此,做不得仁者。请事斯语,投袂而起,千载读之,便见作圣的在行先儒乾道之说亦妙。
>
> 害仁的是己,克己的还是己。猛虎项下金铃,谁能解得? 系者解得。③

---

① [明]鹿善继:《四书说约·大学》卷二,"所谓平天"章。
② [明]鹿善继:《四书说约·上论》卷四,"苟志于仁"章。
③ [明]鹿善继:《四书说约·下论》卷一二,"颜渊问仁"章。

这场拼斗别人却帮不上忙，"解铃还须系铃人"，只能"自家拼死力去做"。但这并不妨碍鹿善继指出战斗的窍门儿——用"良心"来退"私欲"："私欲横来，怎能克得？日还禀起良心来，扶他作主，而后私欲可退。颜渊四勿，禀礼为君，孔论无恶在于志仁，不如此怎得他去。"①

<h1 style="text-align:center">三</h1>

综观鹿善继的儒学思想，有两大特别值得注意的特色。

一是重实践。鹿善继重实践躬行无疑是其儒学思想最主要的特色。诚如其挚友孙奇逢晚年所说："老夫九十矣。往时见鹿伯顺谈见利思义，渠管新饷便不私一文，谈见危授命，渠发金花，便慷慨认罪，略无引避。谈久要不忘，渠一言许从孙阁部入关，便辞吏部习官而赴危疆，此之学在躬行而不在口语者也。迩来谈学者口里极精密而身上愈疏漏，即自命为知学，于宋儒荆棘林中掉臂横行者，吾未敢轻信也。"②俨然视鹿善继的躬行实践与躬行实践之学为某种模范或标杆。

《定兴鹿氏二续谱》卷十三引《定兴县志·乡贤事实》中有一段话，颇堪玩味："善继端方谨悫，岿然如断山。小章句，薄温饱，慨然有必为圣贤之志，故能崛起北方，倡明绝学，以做人为人生根本，以希贤希圣为做人规模，以正心诚意为做人把柄，以知耻为做人几窍，在视听言动为做人所借以通天下之关令，以非礼奉承躯壳者为自坏其人生平。一意实践，神常内守，不屑与古今人角同异，滋议论，为一家言。"因他"一意实践"将儒学精义均落实于其人生实践过程中，故"神常内守"，并不以构建自己的学问体系为意，即所谓"不屑与古今人角同异，滋议论，为一家言"。因而，他在阐论儒学之时不断倡言实践躬行。如他对《论语》"入则孝，出则

①［明］鹿善继：《四书说约·下论》卷一四，"克伐怨欲"章。
②［清］孙奇逢：《夏峰先生集》卷一四，第593—594页。

弟"章发论曰:"此是孔子教条。良心人所自具,而得力全在实践上。孝弟敬信,爱众亲仁,总是力行,而学文者亦非枝叶闻见也。盖此心此理,今古所同,合千古圣贤之议论注措,始发挥详尽,学文所以为吾行也,印其行之所已合,开其行之所未到,孟子尚论古人,孔子好古敏求,同此路数。"①又如他在《四书说约引》中讲:"一切着落,不以身实践之,徒以天倪之顿见虚为承当,阳明所称将本体只作一番光景玩弄者,更可汗人背也。"②

突出表现其儒学思想的躬行特色的,是他的"不动心"说、"破惧之学"及报国思想。

(一)"不动心"说

鹿善继在《四书说约》中提出了他的"不动心"说,以为乃是"千古圣贤衣钵":

> 做天下事要个不动心,此真实落脚,千古圣贤衣钵。而不动心,要从功夫中得之。说个四十便见由工夫也。告子先我,先字原不消工夫,若消工夫则先不得。曾子闻大勇于孔子,只论自反,就是不动心的主柄。人好勇只是凭气,圣贤却凭理。后边集义不使行有慊于心,即此意也。③

> "生心"二字是悟头寻出言的根源,才照出言的下落。天下大害只在言上定夺,谁口舌中偌大干系。夫子不知言无以知人,就是杜祸端、塞乱源的本领。不动心,真少此学问不得,奈何说不得。于言勿求于养心,气离不了心,知言离不了心,万法固从心生。④

---

① [明]鹿善继:《四书说约·上论》卷一,"弟子入则"章。
② [明]鹿善继:《四书说约》卷首。
③ [明]鹿善继:《四书说约·上孟》卷二,"夫子加齐"章。
④ [清]鹿传霖编:《定兴鹿氏二续谱》卷一〇,《四书说约》节录。

"不动心"不但如其所说是"做天下事"的"真实落脚",并且是其"心体说"之"真实落脚"。"万法固从心生",所以要"不动心",要做到"不动心"须下"自反"工夫,体认那一点灵明的"良心",体认那"万物一体之本心"。故"不动心"说实是"心体说"与实践躬行的重要中间环节。与其说鹿善继的"不动心"说做到了亲身实践,毋宁说"不动心"说是他从亲身实践中总结提炼出来的。

(二)"破惧之学"

鹿善继"破惧之学"实与"不动心"说相表里。王五修请教鹿善继的挚友孙奇逢道:"伯顺先生一段破惧之学是如何?"孙奇逢举鹿氏被谪时不失常度事告诉他:"伯顺曾以发金花银触神宗怒,遣中使召入,天威不测。时伯顺在贾孔澜寓,饮食起居不失常度,总像平时见得分明,故临时不致错乱。惧是非,惧风波,惧利害,以至患难死生之际,有一毫疚心愧色,便不得无忧无惧,真正豪杰从战兢惕励中来,能戒慎恐惧,才能破惧;到得能破惧时,则喜怒哀乐亦无不甚不中节处。"①孙奇逢指出:"真正豪杰从战兢惕励中来,能戒慎恐惧,才能破惧;到得能破惧时,则喜怒哀乐亦无不甚不中节处。"这乃是鹿善继长期修养历练躬行实践的结果。

鹿善继"破惧之学"首要破的便是封建时代最具威权的专制君主。他在《四书说约》中,借谈《孟子》"离娄之明"章,影射、批评皇帝"上梁不正底梁歪"是"亡国之象"云:"孟子对时君开口便讲先王之道,人必谓强君以难能,是迂阔不切于事情处。不知治天下离不得先王之道,先王原费尽心思制此不可更易之道。因之何等省力;不因便要播恶。上无道揆,下便照样,俗所谓上梁不正底梁歪也,此是丧国之象。谁为臣子,尚得泄泄视之。"②另一处规劝皇帝"莫贼民",并指出其严重后果说:"臣不

①　[清]孙奇逢:《夏峰先生集》卷一三,第546页。
②　[明]鹿善继:《四书说约·下孟》卷四,"离娄之明"章。

敬君,君便贼民。民受贼不过,何事不有? 当身遭横事,身后还留骂名,说到此处,不可不鉴。"①由是便不难理解何以在"金花银"事件中敢于与万历皇帝"以死争"了。

(三) 报国思想

鹿善继生逢明廷时局江河日下,内焦外困,世局糜烂之时。他禀儒者强烈的担当意识、用世精神,而投入政治生活当中。天启三年(1623)善继毅然辞吏部而入孙承宗幕,随其督师辽东。他在《答满愫丹》的书信中表达其"报国思想"说:

> 吾人生天地之间第一等愿,要报国家,而报国家又全在安危存亡之际。台兄前守宁远,凭城以战,挫敌人累胜之威;后救锦州,身先士卒,矢石相薄,折敌人长驱之势,台兄之功在社稷,其自高皇帝而下实式临之,固不枉孙帅相推毂一场,不佞亦得从交游之末,借光不浅,即赏未酬功,而此段功劳自在,天地遇之而愈扬善,妒者喙长三尺,只为大英雄洗发精神耳。②

以在安危存亡之际报效国家而相互勉励,满怀豪情地说:"妒者喙长三尺,只为大英雄洗发精神耳。"这正体现了鹿氏"以明德为头脑,以天下国家为着落,以诚意为把柄,诚意只是慎独,此外无学也"③的学旨。突出体现了其儒学思想的实践性特色。

前文已论及鹿氏曾将其"一意实践"的实践之学归结为"慎独"学旨,他说:"诚意只是慎独,此外无学也。"④其弟子陈鋐说得明白:"先生在朝

---

① [明]鹿善继:《四书说约·下孟》卷四,"规矩方圆"章。
② [明]鹿善继:《鹿忠节公集》卷二一,载沈乃文主编:《明别集丛刊》第5辑第20册,第539页下栏、第540页上栏。又见《年谱》卷上"天启三年癸亥(1623)",另见《再归草》卷下。
③ [明]鹿善继:《四书说约·上论》卷一,"学而时习"章。
④ [明]鹿善继:《四书说约·上论》卷一,"学而时习"章。

言朝,在乡言乡,各有以自见,身之所值而位育随之,然先生之位育从中和来,先生之中和从慎独来,慎独之功,鋐于《说约》见之矣。"①这与刘宗周的"慎独"学旨甚相契合。刘宗周认为:"《大学》之道,诚意而已矣;诚意之功,慎独而已矣。意也者,至善归宿之地,其为物不二,故曰独……惟于意字不明,故并于独字不明,遂使格、致、诚、正俱无着落,修、齐、治、平递失原委……夫道一而已矣,学亦一而已矣。《大学》之道,慎独而已矣;《中庸》之道,慎独而已矣;《语》《孟》'六经'之道,慎独而已矣。慎独,而天下能事毕矣。"②刘宗周此说是受到泰州学派影响的,鹿善继当亦如是。

鹿善继儒学思想实践性特色的形成,约略说来有这样四个原因。一是鹿氏家学家风皆笃实而敢于任事,这便使得鹿善继自幼便以节义自期,以躬行自励。二是王学末流空谈心性而疏于任事之弊积甚深,鹿善继深以为耻。三是明代兴起的重视伦理生活实践,高扬道德主体性的思潮,到了晚明发生了重大变化:一方面由伦理生活的实践转型为个体日用生活的实践,另一方面由德性实践转型为社会政治生活的实践。③鹿善继受启于泰州学派"百姓日用之学"的重实践传统,复如黄宗羲在《明儒学案》中说鹿善继之学颇近于以注重社会政治生活实践即所谓"经世"之学的东林诸子,可见他是深受这种实践转型影响的。四是明廷政局、世局的危亡与糜烂也大大地激发出作为儒者的鹿善继挽狂澜于既倒的责任感与使命感,从而使其全身心投入政治与道德的实践中,并将之与自己的思想学说高度融为一体。志节、事功两不分离,学术、功业两不分离,在实践中出色地继承和发扬了阳明的"知行合一"学旨。

鹿氏儒学思想的重要特色,二是学派的超越性。鹿善继所受之家学

<hr />

① [清]陈鋐编:《鹿忠节公年谱》卷上。
② [明]刘宗周:《读大学》,载戴琏璋、吴光主编:《刘宗周全集》(三)下,"中央研究院"中国文哲研究所筹备处1996年版,第1182—1183页。
③ 朱汉民:《宋明理学通论——一种文化学的诠释》,湖南教育出版社2000年版,第481页。

为陆王之学,他亦自谓与王学最合符契,"甚有得于王守仁之学"。另据《清史列传》载:"孙奇逢初守程朱甚笃,自鹿善继诱以文成讲习,遂复异趣。尝邀讲学诸人结会,每一会静坐七昼夜,以验心学。"①其醉心王学如此。如前文所揭,其王学面目昭昭然。然而,鹿善继并未因此陷入狭隘的学派攻讦中去,而是表现出相当的学派超越性。

鹿善继对朱学既有批评又有肯定。在具体的学术观点上,《四书说约》中对朱熹的《四书章句集注》颇有批评、驳正。如《论语》"棘子成曰"章:"棘子成曰:'君子质而已矣,何以文为?'子贡曰:'惜乎,夫子之说君子也,驷不及舌。文犹质也,质犹文也,虎豹之鞟,犹犬羊之鞟。'"朱注云:"鞟,皮去毛者也。言文质等耳。不可相无,若必尽去其文,而独存其质,则君子小人无以辨矣。夫棘子成矫当时之弊,固失之过,而子贡矫子成之弊,又无本末轻重之差,胥失之矣。"②鹿善继深入论析"文、质"关系,指出文、质"不离者文质之本体,强离者世人之意见",对朱注驳正道:"文质原是离不得的,离质而文不成个文,不止害质;离文而质不成个质,不止害文。不离者,文质之本体;强离者,世人之意见。所谓合则双美,离则两伤者也。当时文胜,故子成之说君子存质去文,其意亦好,特未识文质之本体。依他说时,亦自有病。文犹质也,文是质之文,非质无由生文;质犹文也,质是文之质,非文无由见质。子贡之说是彬彬之旨,何云'胥失'?"③又如《论语》"司马牛忧"章:"司马牛忧曰:'人皆有兄弟,我独亡。'子夏曰:'商闻之矣:死生有命,富贵在天。君子敬而无失,与人恭而有礼,四海之内皆兄弟也。君子何患乎无兄弟也?'"朱注云:"即安于命,又当修其在亡者,故又言苟能持亡己以敬而不意断,接人以恭而有节文,则天下之人皆受敬之如兄弟矣。盖子夏欲以宽牛之忧,故为是不得

---

① 《清史列传》卷六六,中华书局 1987 年版,第 5275 页。
② [宋]朱熹:《四书集注·论语》卷六,第 167 页。
③ [明]鹿善继:《四书说约·下论》卷一二,"棘子成曰"章。

已之辞。读者不以辞害意可也。"①鹿善继对朱子的这种解说十分不满，他批评朱注"非矣"，并热情地赞扬了子夏的"四海兄弟之言"，他说："无意思的人，同堂即胡越；有意思的人，四海皆同胞。四海兄弟之言，真是宇宙间一段消息，豁开心胸，展放眼界。注乃深为驳正，非矣。"②而在具体学术路向上，鹿善继重"心性之学"（陆王）轻"记诵之学"（程朱），显然是高度认同王学的，因而对朱学亦有所批评。如他说："寻常论学，动以博文为解，记诵考究便是工夫，却不知博文离不得约礼，离礼言文便不是学……说德说性说天命，不似说心更易醒人，而又恐人据当下之人心以为心，故又曰良心，又曰本心。本心乃性也，乃德也，故虞廷不能不以人心为心，而必曰道心，政见人之所自以为心，多非本心，须用精一，乃执厥中。"③

但在儒学作为"为道"之学的更宏观层面，鹿善继对朱子却是肯定的。他认为"朱、陆未尝不同"，并且朱、陆相辅相成，对孔子之道有互相发明的同赞之功，二者都值得崇信。他说：

> 孟子之后有周程朱陆，人知周程之同以传道也，而不知周程亦自不同，明道、伊川亦自不同，特以师生兄弟未分门户耳。人知朱陆之不同也，而不知朱陆未尝不同也。八字著脚，真实理会做工夫者，南渡以后推此二人，其不同者各有所著力，同一为道也。妙在有陆而朱乃不偏，孔子之道大明于天下，见知越信得该两个。④

尤其是"妙在有陆而朱乃不偏，孔子之道大明于天下"之论，揭示出正是对立学派的存在才促进了学术的发展，允称卓见。

孙奇逢在《重刻四书说约序》中对鹿善继在宏观层面上会通程、朱、

---

① ［宋］朱熹:《四书集注·论语》卷六，第165页。
② ［明］鹿善继:《四书说约·下论》卷一二，"司马牛忧"章。
③ ［明］鹿善继:《四书说约·上论》卷一，"学而时习"章。
④ ［明］鹿善继:《四书说约·下孟》卷七，"由尧舜至"章。

陆、王,论之甚详,认为这正是其代表性著作《四书说约》的主旨。他说:
"……诸儒继起,各以所见为发明,如周之无欲,程之主敬,朱之穷理,陆
之本心,王之良知,皆从浩博中体认精微,所谓殊途而同归,百虑而一致,
正此《说约》之旨耳。今王子天锡复刻此篇于楚,意谓伯顺之说得之阳明
最深,而说最相合符,予谓由阳明而子静,而周程张朱,岂有不符者哉!
由孔子而建天地,质鬼神,考三王俟后圣,亦岂有不符者哉! 总之,本诸
身者是则言无不合,言合而本诸身非即合亦离也。切愿学者因伯顺之说
而观伯顺之行。予自丁酉(1597)从伯顺至丙子(1636)殉义之年,盖四十
载,将知其为浑成天齐,得丧一死生之人,故其所说皆躬之所行,未可以
语言文字观也。伯顺生平极服膺《朱子晚年定论》,谓王子为朱子功臣,
又何有朱陆之异而约之不合一哉?"①孙奇逢的这段话中,"本诸身者是则
言无不合,言合而本诸身非即合亦离也。切愿学者因伯顺之说而观伯顺
之行""其所说皆躬之所行,未可以语言文字观也""伯顺生平极服膺《朱
子晚年定论》,谓王子为朱子功臣,又何有朱陆之异而约之不合一哉?"这
几句话尤值得重视。从中我们很容易明白:鹿善继宗王学亦认同朱学的
学派超越性,正是基于其儒学思想的实践性特色,基于其对儒学真精神
的把握,基于其对儒学作为"为道之学"的宏观认识。这样,我们便不难
理解他何以在实践过程中会与主程朱之学的学者(如东林诸儒)过从甚
密了,以至黄宗羲在《明儒学案》中谓其"先生之学,颇近东林诸子了"②。

　　同样,从鹿善继之学无比重视实践的角度着眼,则可以认识其对禅
学的批评、认同,从中又可见鹿氏之学的另一种学派超越性。当然,宋明
理学本是儒、释、道三教合流的产物,带有大量释、老二氏之学的色彩。
作为宋明理学中人,鹿善继自然无所逃于二氏的影响,然而他对禅学的
批评与认同完全基于儒者毅然挺立起的主体道德实践与政治生实践方

---

① [清]孙奇逢:《夏峰先生集》卷四,第132页。
② [清]黄宗羲:《明儒学案》卷五四《诸儒学案下二》,中华书局2008年版,第1304页。

面的考量,其对儒学与二氏之学的学派超越性也正基于此。这里亦突显出鹿善继儒学思想的自身特色。

首先,鹿善继从"名教"中修炼、寻乐之难的角度,指出了"儒门淡泊,皆归禅氏"的原因,含蓄地批评了禅的"逃世"乃是受不过世上"炼性"之难的一种软弱和逃避。这显然是针对着晚明王学之流弊有感而发的。鹿氏说:

> 人自生后,日被感、忧、惧三盘捆倒,落得个穷也戚戚,达也戚戚,苦海无边,回头宜早,就世出世,名教中自有乐地。周茂叔教两程寻孔颜乐处,所乐何事? 政是洙泗嫡传,"无欲故静"是拨开群阴,扶起孤阳的本领在世界上着落,而非逃之虚也。"时习"二字因在世界上习动中炼性原难,所以人多熬不过,每每半途,不如逃在世外较易脱洒,所谓儒门淡泊,收拾不住,皆归禅氏也。圣人强处,政在难熬处,超然才得真性命,完全为天地立心,为生民立命,"素隐行怪"与"道不远人"两章政好参看,乐从苦中生,莫落尘俗,尤忌立径。①

他认为,人们恒常理解的儒家在世上寻"孔颜乐处"以及"无欲故静"的工夫并不是禅氏的"逃之虚也",而是"就世出世",是"名教"中的"乐地"。但做到这些需要"在世界上习动中炼性",换言之,需要更坚强的意志和更勤奋的努力,如他所谓"圣人强处,正在难熬处"。无疑,在他眼中儒学这种"乐从苦中生"的入世态度与境界是远高于禅氏的。

其次,鹿善继认为"我儒家也有遁法"——儒家在世间、在"名教"中也能实现超越。他认为,相对于释、老二氏的"逃世""避世"的所谓"遁法",护持、体认"天与的这一点本心",不避艰难险阻,循道直行,"一片精

---

① [明]鹿善继:《四书说约·上论》卷一,"学而时习"章。

神竟跳出声尘之外",是儒家实现精神超越的"遁法"。他说:

> 吾辈为人,一生著底,寻个落脚,只有天与的这一点本心是我家当。自己牢牢跟住,如行船掌舵,直直到底,如箭离弦,我自顾自家性命,除了这个,纵奇奇怪怪,博好异者之绍述,而于我性命毫不相干,这一路是情不肯为的,即遵道而中废者,亦不知其何解。我的性命,我自奉持一点真精,翩翩独往,即艰难险阻,怎容半点退怯? 单看君子上场,"依"字极妙,如人着衣,同起同止。"遁"字极妙,名姓分贯,曾在世间,而一片精神竟跳出声尘之外。我儒家也有遁法。"不悔",悔字极妙,血肉之身,名以难鉴,初问虽不出口,然实大声宏人就知他落得做个人情……①

"翩翩独往"恰好说明实践主体在积极入世中循道直行的以苦为乐的精神状态。这种超越性的精神状态与释、老二氏形成鲜明对照:儒家的"遁法"是入世的超越之法,而释、老二氏的"遁法"则是"逃世""避世"的超越之法。

最后,鹿善继在理解释氏之学时,从儒家立场出发,对之又甚有称许。他与僧人颇有交游,在与之对谈的过程中,他对释氏的理论并不感兴趣,一再说自己"不谙无生法""不解玄妙法""不喜玄妙语",于是"不敢问其悟,只叩其修",但在交流碰撞中他时有所得,所以每相称许,乐此不疲。他尝自谓:"余性僻,无他嗜,时过梵宇,与缁流语,颇乐之。谓胜直倚筵万倍。即其法,余不能解,其徒亦自未必解,而吾辈以意取之,自有得处。"②如其自述与嵩庵上人的交游道:"嵩庵住永传时,余与杜季子频过之,谈竟日不厌,余两人不谙无生法,居恒,谈柄在'有心人'三字,盖

---

① [明]鹿善继:《四书说约·中庸》卷一,"素隐行怪章"章。
② [明]鹿善继:《待放草·大慈庵碑记》,载沈乃文主编:《明别集丛刊》第5辑第20册,第167页。

举世滔滔,大抵失其本心,本有者无之,本无者因有之耳。嵩庵不以为非,无生法出语佐之,且谓无生法亦不称谬也。……余因与季子叹天下事,还须有心人为之,何道不可作人?何事不可自见?如离心而论道,千载上下,治日少,乱日多,独非尧言禹步崇之耶!与嵩庵盟卿用卿法,我用我法,道不期同,期于各不为罪人也矣。斯言也,无心人之所不喜,余原不为无心人说也。"他们的谈话中心是"有心人"三字,在不可"离心论道"上达成共识,并相约"卿用卿法,我用我法,道不期同,其于各不为罪人也矣"①,这是在从道态度上殊途同归了。鹿善继在《待放草·赠养玄上人序》中又自述其与印上人、养玄上人的交往。② 在这里,鹿善继认为"三教圣人各有师,各有徒,各有分",从"各尽本分"上沟通释、儒,达成了共识。如不能各尽自己的本分,则"士不士所坏在衙门,僧不僧所坏在山门"。从寻常日用方面的修为来讲,二者是毫无二致的。因此他得出"儒佛不同,为人则一"③的结论。

四

　　《四书说约》外,鹿善继又有《认理提纲》,也是在其讲学过程中形成起来的反映他儒学思想的著作。《认理提纲》与《四书说约》其实是不可分的,前者似可视为后者的纲要。所以,在中国社会科学院历史研究所图书馆藏清道光戊申年重刻本(六世孙丕宗校)的《四书说约》中,《认理提纲》是置于卷端的。

　　陈鋐编《年谱》认为善继著《认理提纲》,用以开发学子,"大抵引人入孔颜乐处,从乍见孺子一端,体认良心云"。鹿氏之论对孙奇逢影响很

---

① [明]鹿善继:《鹿忠节公集》卷六《赠嵩菴上人序》,载沈乃文主编:《明别集丛刊》第5辑第20册,第383—384页。
② [明]鹿善继:《待放草·赠养玄上人序》,第164页。
③ [明]鹿善继:《待放草·大慈庵碑记》,第167页。

大,奇逢后来憾《认理提纲》"篇章太简",故邀杜君异等择采伯顺精论,"大家拈出,面目一新,是亦我辈传习之功,省身之一也"。① 他更发挥《认理提纲》中有关寻乐思想道:"鹿伯顺云:'当下便是乐地,愿望便惹愁肠。'然无时非当下,穷通得丧无一可以错过,便是无人不自得家法。如必身名俱泰、子孙荣昌,不风波而登卿相,无疾厄而享期颐,方以为君子之自全,恐万万不能得者。恺阳、伯顺两先生殉城之惨,人莫不见苦。设两先生当城破之日偷生苟全,尚堪施面目于今日乎? 总之,此心无愧怍,则得固得,失亦得;此心有愧怍,则败固败,成亦败。学人第一吃紧,先破生死之关。此关一破,游刃有余,即如潘子美以求生而得死,亦是据理以任数,夫岂有遗恨哉? 况此时既不欲做官,便是乐事;既居都下,便是乐地。时势至此,虑鲜万全,较量于多寡之间,而为趋避之计,仍不出'据理任数'一言以蔽之耳。仆入仕之念久绝,而青山白石无时不可结束。从来谋生智短,况值岁饥,未免有沟壑之虑,正恐我辈非志士耳。然则沟壑何尝非乐地乎? 周茂叔语二程'寻孔、颜乐处'。乐者,生人之趣;如其不乐,为圣贤何益? 孔子一生,老于道涂,而颜子未免以贫夭,而曰'乐以忘忧''不改其乐',正见无人不乐,无地不乐,此区区所以望于知己者。"②

作为中国思想文化之核心的儒学,自有其真精神在。这种真精神非徒托诸空言,而是见诸实际,体现于具体的人格。自孔、孟以来的历代真正儒者,无不以其生命实践透显出儒学的真精神,故其人格惊天地泣鬼神,炳千秋而烛万世。诚如挚友张新民教授在《儒学的返本与开新·代序》中所云:"中国文化一以贯之的道统是由人来担负的,儒家的真精神也是透过人格力量才有所体现的。离开了屹立在历史文化之上的具体人格,我们将无从感到儒家活泼、生动、感人的真精神。人格化的儒家精

① [清]孙奇逢:《夏峰先生集》卷二《寄杜君异》,第64页。
② [清]孙奇逢:《夏峰先生集》卷一《复王天锡》,第35页。

神不仅具有感召力量,而且也能厘定文化的价值秩序。人格化的儒学和儒学的人格化容易直入人的心灵,在理知和情感两个层面引起人的共识性认同,从而在更广大的生活世界中发挥作用。"据此而看鹿善继,不正是以一生的生命实践透显出卓越人格,并显此而彰扬儒学的真精神吗?惜乎鹿善继著作久未出版问世,致使其人其学几近湮没。有鉴于此,特据清道光戊申年重刻本将《四书说约》加以点校,唯将《认理提纲》由卷端移置卷末。我希望通过这项工作,能使人们了解、认识鹿氏其人其学。

参考文献

1. 朱汉民:《宋明理学通论——一种文化学的诠释》,湖南教育出版社 2000 年版。

2. 周光庆:《朱熹〈四书集注〉语言诠释方法论的建构与运用》,《武汉大学学报》(人文科学版)2015 年第 6 期。

3. 孙培吉、曲博:《〈论语〉注疏与朱注异义记》,《儒藏论坛》2019 年总第 12 辑。

4. 朱汉民:《〈四书〉学整合中的道统与政统》,《社会科学》2019 年第 9 期。

5. 洪明超:《朱子"人自有生"四书年代考——兼论中和旧说的思想演变》,《宋代文化研究》2020 年总第 27 辑。

(编辑:李冬梅)

中华经典海外传播

丁若镛《论语古今注》的诠释特色[*]

唐明贵

摘要: 丁若镛的《论语古今注》,在编排体例上,设定了补曰、驳曰、质疑、引证、考异、事实、案等要目形式,对经注文进行论评和辨说,确立了其经学诠释体系。在释读过程中,他虽大量引用了前人的注释,但却采用审慎的态度,做到了是者是之、非者非之。与此同时,他还对注释多有增益,多出新见,给《论语》学赋予了更多的内涵。其书成为朝鲜后期实学派经典的代表作。

关键词: 丁若镛 《论语古今注》 诠释特色

丁若镛(1762—1836),字美庸、颂甫、归农,号茶山、三眉、俟庵,堂号与犹堂,谥号文度。幼读儒经,师从星湖学派李瀷左派弟子权哲身。历任禧陵直长、成均馆直讲、弘文馆教理及修撰、司谏院司谏、经学左副承旨、兵曹参议、京畿道暗行御史、金井察访、谷山府使等。著名著作有《经世遗表》《牧民心书》《毛诗讲义》《孟子要义》《周易四笺》《易学绪言》《饥民诗》《夏日对酒》《论语古今注》等。其中《论语古今注》"是茶山经

---

* 本文系国家社会科学基金重大项目"域外《论语》学研究"(16ZDA108)和国家社会科学基金重大项目(21VGQ018)的阶段性成果之一。唐明贵,聊城大学政治与公共管理学院教授、院长,主要从事《论语》等儒家经典研究。

学著述中最用心力之作。他尽力集录有关《论语》的古今注释,分析考索先儒的解释,继而提出自己富于创见的经学之见"①。

一、 体例独特

在《论语古今注》的编排体例上,丁若镛设定了补曰、驳曰、质疑、引证、考异、事实、案等要目形式,对经注文进行论评和辨说,确立了其经学诠释体系。

如《里仁篇》"事父母几谏,见志不从,又敬不违,劳而不怨"章下,朱熹《四书章句集注》(以下简称《集注》)曰:"此章与《内则》之言相表里。几,微也。微谏,所谓'父母有过,下气怡色,柔声以谏'也。见志不从,又敬不违,所谓'谏若不入,起敬起孝,悦则复谏'也。劳而不怨,所谓'与其得罪于乡、党、州、闾,宁熟谏。父母怒不悦,而挞之流血,不敢疾怨,起敬起孝'也。"②茶山先是以"补曰"的形式指出:"几谏者,不敢直谏,但以微意讽之,使喻也。见,读作现,露也,示也,微示己志之不从亲命。且须恭敬,不违亲命,以俟其自悟也。如是则劳矣,虽劳不怨。"对朱注中未有明言的字词予以了注解。接着以"驳曰"的形式批评了包咸"见父母微有不从己谏之色,则又当恭敬,不敢违父母意而遂己之谏"的说法,认为包氏之说"非也",如果按照包咸的说法,"见父母之志不从我谏,遂即奉承,任其作过",那么就"是探亲之志而逢亲之恶也",天下没有这样的对父母进谏的方法。倘若是"一谏不从,遂顺亲命,陷亲于恶",那么对父母的婉言相劝又表现在哪里呢? 在他看来,孔子的意思是按照《祭义》所言"父母有过,谏而不逆"的做法来操作,作为晚辈,要"一边微示己志之不从,一边姑且顺命而不违",虽然这样做"极劳苦",但"极宛转"。如此一来,或

---

① 白源铁:《论语古今注·题解》,载《国际儒藏·韩国编·四书部·论语卷四》,华夏出版社、中国人民大学出版社 2010 年版,第 57 页。
② [宋]朱熹:《四书章句集注》,中华书局 1983 年版,第 73 页。

许父母能"察己之志，犁然觉悟，自止其事"。因此，这两句话就是"几谏之法"，其中饱含"宛转委曲之诚"和"恭顺恻怛之情"。晚辈按此操作，父母应该幡然醒悟，"如是而有不悟之父母乎"？由此出发，他对朱注所说的"此章与《内则》之言相表里"提出了"质疑"，认为《内则》所说"谏法"不如《祭义》中的"谏法，两者的意思虽然相去不远，但"其婉顺委曲，有逊于此经；其字句曲折，亦未尝一一符合"。最后，他又以"引证"的形式对此作了进一步的阐发，《内则》曰："父母有过，下气怡色，柔声以谏。谏若不入，起敬起孝，说则复谏。不说，与其得罪于乡党州闾，宁孰谏。父母怒，不说，而挞之流血，不敢疾怨，起敬起孝。"并以"案"的方式指出："包说之谬，于此可验。"引《坊记》孔子之说曰："从命不忿，微谏不倦，劳而不怨，可谓孝矣。"并以"案"的方式指出："从命即又敬不违也，微谏即示志不从也。《荀子》引《书》曰'从命而不拂，微谏而不倦'，亦此义也。万章之言曰'父母爱之，喜而不忘；父母恶之，劳而不怨'，亦古经文。《曲礼》云：'子之事亲也，三谏而不听，则号泣而随之。'"引《大戴礼》之曾子曰："父母之行，若中道则从；若不中道，则谏；谏而不用，行之如由己。从而不谏，非孝也；谏而不从，亦非孝也。"①通过层层剖析，申明了经义。

《学而篇》"未若贫而乐，富而好礼者也"下，丁若镛在经文下指出《石经》作"贫而乐道"，多一"道"字，然后以"考异"的方式指出，《坊记》中引孔子曰："贫而好乐，富而好礼，众而以宁者，天下其几矣。""乐"后无道字。《史记·弟子传》云："贫而乐道，富而好礼。""乐"后有"道"字。《后汉书·东平宪王传》云："贫而乐，富而好礼。""乐"后无"道"字。太宰纯云："石经'乐'下有道字，见明仲和卿《四书备考》，皇侃《义疏》及我国博士家古本《集解》皆同。"在胪列上述资料后，他又以"案"的形式发表了己见："《集解》再引孔注，皆云'贫而乐道'，古本疑有此字。然只一

① ［清］丁若镛：《论语古今注》，载《国际儒藏·韩国编·四书部·论语卷四》，华夏出版社、中国人民大学出版社 2010 年版，第 127 页。

'乐'字有深味。"①认为古本可能有"道"字,但是没有此字,经文也让人
回味无穷。

又,《微子篇》"微子去之"章下,丁若镛两次以"事实+案"的形式予
以了评述。先引《宋世家》微子曰:"父子有骨肉,而臣主以义属。故父有
过,三谏不听,则随而号之。人臣三谏不听,则其义可以去矣。"于是遂
行。继引刘敞曰:"古者同姓,虽危不去国。微子,纣庶兄也,何人周之
有? 去之者,去纣都也。虽去,不逾国,仁矣。"然后加按语曰:"微子,王
室至亲,岂可引人臣之恒例,三谏而遂行乎?《史记》非矣。微子之去,绝
无可名,非为宗祀而何? 武王之封于宋,微子心中必无希冀。然三宗血
脉,有此一身。此身存,别殷祀有不绝之道;此身亡,则殷祚无更续之理。
三仁相议,使微子图生。微子亦建诸天地,质诸鬼神,断之以远害全身。
想其逊荒之时,其心之恻怛凄怆,反不如比干之为快活。孔子原其心,许
之为仁。《史记》不足信也。"认为不能以普通臣下的惯例来衡量身为王
室至亲的微子,所以司马迁所载是有问题的。紧接着,他又引《宋世家》
云:"武王伐纣克殷,微子乃持其祭器造于军门,肉袒面缚,左牵羊,右把
茅,膝行而前以告。武王乃释微子,复其位如故。"再引《左传·僖公六
年》,"许男面缚,衔璧,大夫衰绖,士舆榇。楚子问诸逢伯,对曰:'昔武王
克殷,微子启如是。武王亲释其缚,受其璧而祓之。焚其榇,礼而命之,
使复其所。'楚子从之"。后引杨用修《丹铅总录》,"亡弟恒读史至此,谓
予曰:'微子有四手,兄知之乎?'予曰:'书传未闻。'乃笑曰:'使无四手,
何以既面缚,而又有左手牵羊、右手把茅乎?'肉袒面缚,出于左氏,乃楚
人以诳庄王受郑伯之降,借名于武王,而诬微子也"。在他看来,"杨说是
也"②,此之为"案"。由上可见,借助这种独特的体例,丁若镛边注边评,

① [清]丁若镛:《论语古今注》,载《国际儒藏·韩国编·四书部·论语卷四》,华夏出版社、
中国人民大学出版社 2010 年版,第 77 页。
② [清]丁若镛:《论语古今注》,载《国际儒藏·韩国编·四书部·论语卷四》,华夏出版社、
中国人民大学出版社 2010 年版,第 412—413 页。

在引证前人注释的同时,也阐明了自己的见解。

二、 多所扬弃

在《论语古今注》中,茶山大量引用了前人的注释,对于这些注释,有些是他不太满意的:"汉儒注经,以考古为法而明辨不足,故谶纬邪说未免俱收,此学而不思之弊也;后儒说经,以穷理为主而考据或疏,故制度名物有时违舛,此思而不学之咎也。"①汉宋诸儒所注都或多或少地存在问题。因此,他坚持自己的原则,是者是之,非者非之。

一是对朱子的扬弃。丁若镛对于朱熹《论语集注》的分章,大部分是认可的,但对其中的个别部分也予以了修改,如表1所示:

表1　丁若镛对于朱熹《论语集注》的修改

	学而篇	为政篇	八佾篇	里仁篇	公冶长篇	雍也篇	述而篇	泰伯篇	子罕篇	乡党篇
朱注	16	24	26	26	27	28	37	21	30	一章十七节
茶山注	16	24	26	26	27	29	39	21	31	一章三十四节
	先进篇	颜渊篇	子路篇	宪问篇	卫灵公篇	季氏篇	阳货篇	微子篇	子张篇	尧曰篇
朱注	25	24	30	47	41	14	26	11	25	3
茶山注	25	24	30	47	42	13	25	11	25	6

可见,《学而篇》《为政篇》《八佾篇》《里仁篇》《公冶长篇》《泰伯篇》《先进篇》《颜渊篇》《子路篇》《宪问篇》《阳货篇》《微子篇》《子张篇》的章数是一样的,其他篇或增或减,将以前朱子分成的四百九十二章重新

---

① 转引自白源铁:《论语古今注·题解》,载《国际儒藏·韩国编·四书部·论语卷四》,华夏出版社、中国人民大学出版社2010年版,第57页。

分为四百九十八章,在《乡党篇》中也将朱子"旧说凡一章,今分为十七节"①改为"凡三十四节"②。较为典型的例子如《卫灵公篇》"卫灵公问陈于孔子。孔子对曰:'俎豆之事,则尝闻之矣;军旅之事,未之学也。'明日遂行"下,丁若镛补曰:"明日遂行,恐卫侯强之,将有祸。案:《集解》'明日遂行'属之下章,《集注》上下章合之为一。今按《史记》,在陈绝粮在去卫七年之后,宜别为一章。"③对分章的原因予以了说明。

丁若镛不仅在章节方面对朱子的《集注》有扬弃,而且对其中的注释也有扬弃。如《颜渊篇》"子张问明"章,朱注曰:"浸润,如水之浸灌滋润,渐渍而不骤也。谮,毁人之行也。肤受,谓肌肤所受,利害切身。如《易》所谓'剥床以肤,切近灾'者也。诉,诉己之冤也。毁人者渐渍而不骤,则听者不觉其入,而信之深矣。诉冤者急迫而切身,则听者不及致详,而发之暴矣。二者难察而能察之,则可见其心之明,而不蔽于近矣。此亦必因子张之失而告之,故其辞繁而不杀,以致丁宁之意云。杨氏曰:'骤而语之,与利害不切于身者,不行焉,有不待明者能之也。故浸润之谮、肤受之诉不行,然后谓之明,而又谓之远。远则明之至也。《书》曰:"视远惟明。"'"④丁若镛指出:"剥肤割肌,其灾切近,则其冤真可诉也。冤痛迫切之诉不行,则抱冤者多矣。且与上'浸润之谮',其情不类,恐非本旨。"⑤针对马融对"浸润之谮,肤受之诉,不行焉,可谓远也已矣"注中所言"无此二者,非但为明,其德行高远,人莫能及",丁若镛驳曰:"非也。朱子之义不可易。"⑥既有对朱注的质疑,也有对朱子的

① [宋]朱熹:《四书章句集注》,中华书局1983年版,第117页。
② [清]丁若镛:《论语古今注》,载《国际儒藏·韩国编·四书部·论语卷四》,华夏出版社、中国人民大学出版社2010年版,第213页。
③ [清]丁若镛:《论语古今注》,载《国际儒藏·韩国编·四书部·论语卷四》,华夏出版社、中国人民大学出版社2010年版,第337—338页。
④ [宋]朱熹:《四书章句集注》,中华书局1983年版,第134页。
⑤ [清]丁若镛:《论语古今注》,载《国际儒藏·韩国编·四书部·论语卷四》,华夏出版社、中国人民大学出版社2010年版,第267页。
⑥ [清]丁若镛:《论语古今注》,载《国际儒藏·韩国编·四书部·论语卷四》,华夏出版社、中国人民大学出版社2010年版,第268页。

肯定。

二是对阳明学的扬弃。如《里仁篇》"士志于道"章，茶山引王阳明曰："此是于人心危处要绝之蚤，于道心微处要廓之纯。"并下"案"曰："人心从小体发，道心从大体发。"①认可并阐发了阳明思想。而《子罕篇》"四十、五十而无闻"章下，茶山引王阳明云："无闻，是不闻道，非无声闻也。"然后驳曰："非也。"并引证了《大戴礼·曾子立事》中的曾子之言予以证明："年三十、四十之间而无艺，则无艺矣。五十而不以善闻，则不闻矣。七十而未坏，虽有后过，亦可以免矣。"②《乡党篇》"'伤人乎?'不问马"章下，茶山引王阳明云："'不'字当连上句读，谓伤人乎否，然后问及于马，以圣人仁民而爱物也。"茶山驳曰："非也。"③

三是对中国古代其他学者的扬弃。《论语古今注》收录了大量的注释，其中就包括中国古代学者们的许多论说，对这些论说，丁若镛也是持扬弃的态度。如《雍也篇》"雍也可使南面"章下，茶山列举了三个学者的注释，包曰："可使南面者，言任诸侯治。"刘向曰："当孔子之时，上无明天子也。故言'雍也可使南面'。南面者，天子也。"袁了凡云："古者临民之位皆南面，今各衙门皆然，岂有夫子而许其弟子可以为君之理?"然后驳曰："三说皆非也。"并论证说："《易》曰：'圣人南面而听天下，盖取诸《离》。'《礼·郊特牲》曰：'君之南面，答阳之义也；臣之北面，答君也。'故君之于臣，当其为尸也，北面；当其为师也，北面。臣之于君，为尸、为师之外，又抱龟则南面。南面、北面者，君臣之定名。袁说大谬，包氏家属诸侯，刘氏专属天子，亦非也。"④《雍也篇》"贤哉，回也"章下，茶山引

① ［清］丁若镛：《论语古今注》，载《国际儒藏·韩国编·四书部·论语卷四》，华夏出版社、中国人民大学出版社 2010 年版，第 123 页。
② ［清］丁若镛：《论语古今注》，载《国际儒藏·韩国编·四书部·论语卷四》，华夏出版社、中国人民大学出版社 2010 年版，第 209 页。
③ ［清］丁若镛：《论语古今注》，载《国际儒藏·韩国编·四书部·论语卷四》，华夏出版社、中国人民大学出版社 2010 年版，第 231 页。
④ ［清］丁若镛：《论语古今注》，载《国际儒藏·韩国编·四书部·论语卷四》，华夏出版社、中国人民大学出版社 2010 年版，第 148 页。

证《庄子·让王篇》云:"颜回曰:'回有郭外之田五十亩,足以给飦粥;郭内之田十亩,足以为丝麻。鼓琴足以自娱,所学夫子之道者足以自乐也。'"在其后的"案"中指出:"敦匦不具,故曰一箪;尊罍不备,故曰一瓢。安有田六十亩乎?恐非也。"①而在《宪问篇》"以德报怨,何如"章下,茶山引《老子》曰:"大小多少,报怨以德。图难于其易,为大于其细。"丁若镛对此较为认可,并作了解释:"老子之道以慈为主,故以德报怨。"②《述而篇》"互乡难与言"章,茶山引顾欢注云:"往,谓前日之行。夫人之为行,未必可一。或有始无终,先迷后得。教诲之道,洁则与之。往日之行,非我所保也。"然后指出:"此说极是,但'有始无终'四字宜删。"③既有认可,也有批评。

四是对日本学者的扬弃。茶山《论语古今注》的特色之一就是引用了日本古学派伊藤维桢的《论语古义》两处、荻生双松的《论语征》四十九处,以及太宰纯的《论语古训外传》一百四十二处,并进行了论评。如《雍也篇》"仲由可使从政也与"章,茶山先引用了荻生双松、太宰纯之说曰:"为政者大夫,从政者士。纯云:'春秋之世,诸侯之国,为政者必其正卿一人。'"后驳曰:"非也。楚狂接舆曰'今之从政者殆而',《春秋传》曰'晋之促政者新,未能行令',《晋语》赵宣子曰'事君而党,吾何以从政',此皆指大夫之操政柄者,况郑子产从政一年,舆人诵之,正是纯所谓正卿一人为政者。今必欲一反朱子之说,压之曰'为政者大夫,从政者士',亦岂非心术之病乎?《杂记》曰'期之丧,卒哭而从政;九月之丧,既葬而从政',《王制》曰'将徙于诸侯,三月不从政;自诸侯来徙家,期不从政',此皆士大夫之通礼。则经云'从政者',亦不宜偏主一论。然三子之才,方

① [清]丁若镛:《论语古今注》,载《国际儒藏·韩国编·四书部·论语卷四》,华夏出版社、中国人民大学出版社 2010 年版,第 156 页。
② [清]丁若镛:《论语古今注》,载《国际儒藏·韩国编·四书部·论语卷四》,华夏出版社、中国人民大学出版社 2010 年版,第 330 页。
③ [清]丁若镛:《论语古今注》,载《国际儒藏·韩国编·四书部·论语卷四》,华夏出版社、中国人民大学出版社 2010 年版,第 184 页。

蔚有声誉,卑位小官,不必拟议。当以朱子说为正。"①对两家之说进行了批评。又,《子罕篇》"出则事公卿,入则事父兄"章,茶山引太宰纯曰:"《左传》云'公卿宣淫'。公谓陈灵公,卿谓二大夫,则诸侯之国,未必不言公卿也。又《少仪》云:'适公卿之丧,则曰听役于司徒。'亦侯国之礼也。"后加"按语"曰:"纯说是也。"②称赞了太宰纯之说。

在论评中,茶山少有称赞,多有批评,反映了其追求实事求是的态度。

三、 多有补充

在《论语古今注》中,茶山应注尽注,增加了许多注释。

一是添补字词注释。如《学而篇》子曰:"道千乘之国:敬事而信,节用而爱人,使民以时。"朱注曰:"道,治也。马氏云:'八百家出车一乘。'千乘,诸侯之国,其地可出兵车千乘者也。敬者,主一无适之谓。敬事而信者,敬其事而信于民也。时,谓农隙之时。言治国之要,在此五者,亦务本之意也。"③茶山补曰:"道,导也。古之圣王,导民为善,以率天下,故谓治为道。""敬事,谓虑其始终,度其流弊也,然后行之,无所沮挠,则民信之矣。"纯曰:"节者,限也。如竹之有节,不可逾也。"杨曰:"《易》曰:'节以制度,不伤财,不害民。'盖侈用则伤财,伤财必至于害民。故爱民必先于节用。"④对其中的"道""敬事""节"予以了补充解释。《卫灵公篇》"卫灵公问陈于孔子。孔子对曰:'俎豆之事,则尝闻之矣;军旅之事,

① [清]丁若镛:《论语古今注》,载《国际儒藏·韩国编·四书部·论语卷四》,华夏出版社、中国人民大学出版社 2010 年版,第 153—154 页。
② [清]丁若镛:《论语古今注》,载《国际儒藏·韩国编·四书部·论语卷四》,华夏出版社、中国人民大学出版社 2010 年版,第 207 页。
③ [宋]朱熹:《四书章句集注》,中华书局 1983 年版,第 49 页。
④ [清]丁若镛:《论语古今注》,载《国际儒藏·韩国编·四书部·论语卷四》,华夏出版社、中国人民大学出版社 2010 年版,第 71 页。

未之学也。'明日遂行"章下,朱注曰:"陈,谓军师行伍之列。俎豆,礼器。
尹氏曰:'卫灵公,无道之君也,复有志于战伐之事,故答以未学而去
之。'"①茶山补曰:"阵者,行军列伍之法。陈列也。俎豆,亦陈列之物,
其形如布阵。""俎豆陈列之法曾所闻之,军旅陈列之法旧未学焉。郑云:
万二千五百人为军,五百人为旅。""俎,升牲之器。自鼎而升俎。豆,菹
醢之器。边以盛乾物,豆以盛濡物。""时卫侯无道,与晋交恶,连岁构兵,
问阵将以修怨,孔子不欲为谋主,故权辞以免。"②对其中的"阵""俎豆"
等进行了解释。

二是增加事实和旁证。如《子罕篇》"子畏于匡"章下,茶山以"事
实"的形式指出:

　　《春秋》定六年春,公侵郑。《左传》云:"公侵郑,取匡,为晋讨
[郑之伐胥靡]也。杜云:匡,郑地。取匡不书者,归之晋。往不假
道于卫。及还,阳虎使季孟自南门入,出自东门。"《孔子世家》云:
"孔子去卫,将适陈,过匡,颜刻为仆,以策指之曰:'昔日吾入此,
由彼缺也。'匡人闻之,以为鲁之阳虎。阳虎尝暴匡人,匡人于是
遂止孔子。孔子状类阳虎,拘焉五日。匡人拘孔子益急,弟子惧,
孔子曰:'文王既没,文不在兹乎?'"包曰:"阳虎曾暴于匡,颜刻与
虎俱行。"毛曰:"定公侵郑之时,季氏虽在军,不得专制。凡过卫,
不假道,穿城而躏其地,其令皆出自阳虎。匡本郑邑,必欲为晋伐
取以释憾,而匡城适缺,虎与颜刻穿垣而入,虎之暴匡以是也。至
十五年,夫子过匡,适颜刻为仆,匡以为虎而围之。"案:匡之为郑
邑,审矣。阳虎之暴于匡,如在目中。

　　司马贞曰:"匡,宋邑。"毛曰:"鲁原有匡邑,但此时夫子去司

① [宋]朱熹:《四书章句集注》,中华书局1983年版,第161页。
② [清]丁若镛:《论语古今注》,载《国际儒藏·韩国编·四书部·论语卷四》,华夏出版社、
　中国人民大学出版社2010年版,第337—338页。

寇,出走,至哀八年始反鲁,其非鲁邑可知。若《庄子》谓是宋地,
则宋无匡邑,或据《史记》谓是卫邑,然阳虎不得暴卫邑,此真风马
不及之事。乃有谓在陈地者,见《集注》卷首。则夫子初适陈,当
桓司后之厄,是时主司城贞子,未曾畏匡。其次适陈,为蒲人所沮,
蒲与陈近,然又与匡人无涉。最后则厄于陈、蔡之间,其非匡难,又
明白可据者。"①

增加了历史资料,在论评中,指明了与匡地相关的事实。

《宪问篇》"羿善射,奡荡舟,俱不得其死然"章下,茶山先是引证了
《竹书纪年》:"帝相二十七年,浇伐斟鄩,大战于潍,覆其舟,灭之。"接
着引证了《楚辞·天问》:"覆舟斟寻,何道取之? 王逸注云:'少康灭斟
寻氏,奄若覆舟。'"最后两次引证了顾炎武之说:"汉时《竹书》未出,
故孔安国注为'陆地行舟',而后人因之。王逸亦以不见《竹书》,而强
为之说。"又曰:"古人以左右卫杀为荡阵,《宋书·颜师伯传》:'单骑出
荡。'《孔觊传》:'每战,以刀楯直荡。'其锐卒谓之跳荡,则帅谓之荡主。
《陈书·高祖纪》:'荡主戴晃、徐宣等。'《后周书·侯莫陈崇传、王勇传》
有'直荡都督',《杨绍传》有'直荡别将'。《晋书·载纪》,陇上健儿歌
曰:'丈人蛇矛左右盘,十荡十决无当前。'《唐书·百官志》:'矢石未交,
陷坚突众,敌因而败者。曰"跳荡"。'荡舟盖兼此义,与蔡姬之乘舟荡公
者不同。"其案语对以上说法予以了评析:"覆舟、荡舟可相为证,但浇、奡
之必相通,其在《说文》诸家终无确据,恐不如奡傲之无碍也。至于荡阵、
跳荡之义,此是后世之言,不可曰夏后之世其言亦同也。"他还进而引《关
尹子》云:"善弓者师弓不师羿,善舟者师舟不师奡。"认为"古文皆作奡,

---

① 〔清〕丁若镛:《论语古今注》,载《国际儒藏·韩国编·四书部·论语卷四》,华夏出版社、
中国人民大学出版社 2010 年版,第 201 页。

不作浇"。① 如此一来,通过广征博引,丁若镛就对"羿荡舟"的情况进行了申说。

又,《宪问篇》"桓公杀公子纠"章下,茶山一方面指出:"《春秋传》:'齐小白入于齐。'杜氏注:'小白,僖公庶子。公子纠,小白庶兄也。'《公羊传》曰:'齐小白入于齐,篡也。'又曰:'子纠贵,宜为君者也。'《穀梁传》曰:小白不让,故恶之也。《管子·大匡篇》曰:'齐僖公生[公]子诸儿、公子纠、公子小白。'又曰:'[使]鲍叔傅小白,辞,[称]疾不出,以为弃我,因小白幼而贱故也。'《荀子·仲尼篇》曰:'桓公杀兄而返国。'又曰:'前事则杀兄而争国。'"引证了《左传》《公羊传》《穀梁传》《管子》《荀子》中的史料。另一方面又指出:"《庄子·盗跖篇》曰:'昔者桓公小白杀兄入嫂而管仲为臣,田成子常杀君窃国而孔子受币。'《韩非子》云:'桓公,五伯之上也,争国而杀其兄,其利大也。'《越绝书》云:'管仲臣于桓公兄公子纠,纠与桓争国,管仲张弓射桓公,中其带钩。'《说苑·尊贤篇》云:'将谓桓公仁义乎? 杀兄而立,非仁义也。'又鲍叔曰:'昔者公子纠在上而不让,非仁也。'《尹文子》云:'齐人杀襄公,立公孙无知,而无知被杀,二公子争国。纠宜立者也,小白先入,故齐人立之。'邓骥《左氏指纵》云:'桓公,襄公之季弟也。'"②引证了《庄子》《韩非子》《越绝书》《说苑》《尹文子》《左氏指纵》。通过上述史料的印证,对公子纠和小白之间的关系予以了辨析。

四、 新见迭发

在"质疑"和"案语"中,丁若镛时常新见迭出,发前人所未发。

---

① [清]丁若镛:《论语古今注》,载《国际儒藏·韩国编·四书部·论语卷四》,华夏出版社、中国人民大学出版社 2010 年版,第 307 页。

② [清]丁若镛:《论语古今注》,载《国际儒藏·韩国编·四书部·论语卷四》,华夏出版社、中国人民大学出版社 2010 年版,第 318—319 页。

《公冶长篇》"左丘明耻之"章,茶山在这里涉及了左丘明是否为《春秋》传人的问题。他首先根据"或问:'左丘明非传《春秋》者耶?'朱子曰:'未可知也。先友邓著作名世考之氏姓书曰:"此人盖左丘姓,而名明,传《春秋》者乃左氏耳"'"之言,指出:"朱子所以疑左丘明非传《春秋》之人者,诚以陈敬仲之兆辞、五世其昌,并为正卿;八世之后,莫之与京。毕万之筮辞,公侯之子孙,必复其始。明是齐、魏篡国之后所作。又记韩、魏、智伯之事,豫举赵襄子之谥,皆非孔子同时之人所能前知者。自获麟至襄子卒,已八十年矣。若丘明与孔子同时,不应孔子既没后七十有八年,丘明犹能著书若此也。此固明核真确,所谓'难罔以非其道'者,如镛之愚,不惟此事为然。"对朱子之说,既有肯定,亦有质疑。在他看来:"凡所谓左氏之传,其释《春秋》经文之义,乖忤纰缪,首尾矛盾,违于正理,倍于古礼者,指不胜偻。其属丧祭之礼者,略见余《春秋说》。其余驳骏,不暇悉辩,其非先秦所作,可胜言哉?"其中有非先秦作品的浓浓意味。但是其中也有秦汉之际所能伪造的成分,"然传经之外,所记辞命事实,率皆古奥雅驯,深中典礼,又非秦末汉初所能伪为之者"。经过慎重考虑,丁若镛认为"左氏所作本系《春秋策书》,未有传文"。他指出:"秦汉之际,密付单传,其书未显,遂使《公羊》《穀梁》先立学官,于是藏是书者就左氏《策书》之中伪补传文,欲以压《公》《穀》而专其利。如斯之际,啄毁修润,不免滥觞于是,齐、魏、韩、赵之事或为蛇足。盖以《策书》虽古,若无《春秋》传文,不过与《国语》《战国策》同归一类,无以立官学而废《公》《穀》,故戴彼真策,挽此伪传,庶几狐假虎威,蝇以骥行,此必然之理、灼然之验也。纷纷聚讼,将何为哉?"《左传》是在左氏《策书》的基础上加工伪造而成的。

紧接着,茶山也论及了《左传》的传授问题,指出:"太史公《十二诸侯年表序》云:自孔子论史记,次《春秋》,七十子之徒口受其传,鲁君子左丘明惧弟子各有妄其意,失其真,故具论其语,成《左氏春秋》。沈氏云,《严

氏春秋》引《观周篇》云："孔子将修《春秋》，与左丘明乘，如周，观书于
《周史》，归而修《春秋》之经。丘明为之传，共为表里。"《艺文志》云："左
丘明，鲁[太]史也。"《汉书·儒林传》云：汉兴，北平侯张苍及梁太傅贾
谊、京兆尹陈敞、大中大夫刘公子，皆修《左氏传》。谊为《左氏传训诂》，
授赵人贯公，公传子长卿，长卿传清河张禹，禹授尹更始，更始传子咸及
丞相翟方进，方进授清河胡常，常授黎阳贾护，护授苍梧陈钦，而刘歆从
尹咸及翟方进受。由是言《左氏》者，本之贾护、刘歆。"对于这一说法，茶
山是不认同的，他指出："汉武帝置五经博士，《左氏》不得立于学官。至
平帝时，王莽辅政，方立官学。光武兴，旋废之。若其传授来历十分明
白，岂至数百年沈屈？总由真赝相杂，长短相掩，以至是耳。左丘明者，
孔子同时之人，年齿或长于孔子。其云'孔子弟子'者，未可信。作《春秋
策书》，作《国语》。其传《春秋》经文之义而插之《策书》之中者，明在汉
初，不可讳也。"①认为《左传》成于汉初，是在左氏《春秋策书》基础上改
编而成的，其内容真伪相杂。这一说法刷新了人们对《左传》成书及其传
承的看法。

　　《泰伯篇》"民可使由之，不可使知之"章，有人认为这是孔子提出的
愚民政策，对此，茶山深不以为然，在他看来，"孔子亲口自言曰'有教无
类'，而又反之曰'不可使知之'，有是理乎？"圣人不可能将人人为地分
类，把"操贱业者"排除在成贤成圣之外："《书·大传》曰：'公卿大夫元
士之适子，十五入小学。'故说者遂谓孟子所云'谨庠序之教，申之以孝弟
之义'者，亦不过贵族。然《王制》曰：'卿大夫元士之适子，国之俊选，皆
造焉。'所谓国俊者，即朱子所谓'凡民之俊秀'者。《周礼》：大司徒'以
乡三物教万民而宾兴之'，'以乡八刑纠万民'，'以五礼防万民之伪'，
'以六乐防万民之情'，'凡万民之不服教者'归于士。名曰万民，岂复有

---

① ［清］丁若镛：《论语古今注》，载《国际儒藏·韩国编·四书部·论语卷四》，华夏出版社、
中国人民大学出版社 2010 年版，第 146—147 页。

尊卑贵贱于其间乎？圣人之心至公无私，故《孟子》曰'人皆可以为尧舜'，岂忍以一己之私欲，愚黔首以自固，阻人尧舜之路哉？"如果真的这样来做，其结果只能是身败国亡："设欲自固，亦当教民以礼义，使知亲上而死长，然后其国可守。真若愚黔以自固，则不逾期月，其国必亡，秦其验也。"因此，这只是孔子所说的现实态势，而不是谋略："特道体至大，造端乎夫妇，而及其至也，虽圣人亦有所不知焉。彼锄耰锻断之贱，贩枲渔猎之徒，将何以尽知其精微乎？况资禀不齐，愚鲁不慧者，贵族亦时有之，况贱族乎？若是者，但可使由之而已，非欲隐之，力不给也。孔子所言者，势也，非谋也。"①

又，《颜渊篇》"克己复礼为仁"章，对于其中的"克己"，前人多有训释，马融曰："克己，约身。"范宁云："克，责也。"邢曰："刘炫云'克训胜也'。今刊定云：'克训胜也，己谓身也。谓能胜去嗜欲，反复于礼也。'"朱子曰："己，谓身之私欲也。"毛奇龄曰："刘炫之说，本扬子云'胜己之私之谓克'语。然亦谓胜己之私，必于己字下添'之私'二字，未尝谓己即私也。"对此，丁若镛指出："孟子之没，道脉遂绝，籍灭于战国，经焚于秦、项，而高祖起于酒徒，文帝溺于黄老，于是宇宙折为两段，若虹桥一段，千岩锁烟。武帝购书之后，残编断简虽稍出人间，而千圣相传之法已遥遥远矣。"由于文脉传续的原因，致使汉儒注释出了问题："汉儒说经，皆就文字上曰诂曰训，其于人心道心之分，小体大体之别，如何而为人性，如何而为天道，皆漠然听莹。马融以'克己'为'约身'，即其验也。"唐宋学者明道欲之分，并非无道理可言，他说："丹书曰：'敬胜怠者吉，怠胜敬者凶。'明明敬怠二者皆在我身，而一胜一败，视为仇敌。子夏见曾子，一癯一肥。曾子问其故，曰：'出见富贵之乐而欲之，入见先王之道又说之。两者心战，故癯；先王之道胜，故肥。'明明欲道二物心战角胜，刘炫、朱子

非无据而言之也。孟子以本心譬之于山木，以私欲譬之于斧斤。夫斧斤之于山木，其为敌仇也大矣。以己克己，是千圣百王单传密付之妙旨要言。明乎此，则可圣可贤；昧乎此，则乃兽乃禽。朱子之为吾道中兴之祖者，亦非他故。其作《中庸》之序，能发明此理故也。"朱子就是其中的佼佼者。后世学者欲以汉晋之说矫正宋元儒之说，也是有问题的："近世学者欲矫宋元诸儒评气说理、内禅外儒之弊，其所以谈经解经者，欲一遵汉、晋之说。凡义理之出于宋儒者，无问曲直，欲一反之为务，其为一二人心术之病。姑舍是，将使举天下之人失其所仅获，昧其所仅明，滔滔乎为禽为兽，为木为石，非细故也。"实际上，"马所谓'约身'者，谓克削奢靡，自奉俭约也。非礼勿视、听、言、动，与自奉俭约，何所当乎？非礼欲视，故曰'非礼勿视'；非礼欲听，故曰'非礼勿听'；非礼欲言，故曰'非礼勿言'；非礼欲动，故曰'非礼勿动'。初若不欲，何谓之勿？欲也者，人心欲之也；勿也者，道心勿之也。彼欲此勿，两相交战，勿者克之，则谓之克己。自奉俭约，何与于是？富有四海，锦衣玉食者，将不得自与于四勿乎？说者谓克己、由己，同一'己'字，讥朱子训'己''私'，不得云'为仁由私'。然大体，己也，小体亦己也。以己克己，何者非己？'克己'之'己'，'由己'之'己'，无相妨也"①。

　　综上所述，丁若镛的《论语古今注》不仅体例新颖，而且对前儒多有否定，"其于《论语》，异义益多"，倡言实证实用的学术思想；不仅对注释多有增益，而且新见迭出，给《论语》学赋予了更多的内涵。"此书系统之庞大完备，内容之创新宏富，不但在韩国前所未见，东亚地区亦少可比肩者，作为朝鲜后期实学派经典，具有重要的价值。"②

---

① ［清］丁若镛：《论语古今注》，载《国际儒藏·韩国编·四书部·论语卷四》，华夏出版社、中国人民大学出版社 2010 年版，第 261—262 页。
② 白源铁：《论语古今注·题解》，载《国际儒藏·韩国编·四书部·论语卷四》，华夏出版社、中国人民大学出版社 2010 年版，第 57 页。

参考文献

1.《国际儒藏·韩国编》,华夏出版社、中国人民大学出版社 2010年版。

2.廖名春:《〈论语·乡党〉篇"色斯举矣"章新证——兼释〈学而〉〈为政〉、帛书〈五行〉篇的"易色""色难""色然"》,载舒大刚主编:《儒藏论坛》第 9 辑,四川大学出版社 2015 年版。

（编辑:陈长文）

谢无量"中国哲学史系列著作"与日本

——以《阳明学派》为中心

邓　红[*]

摘要：谢无量"中国哲学史系列著作"为日本同类著作的"编译"而非原创，一百多年来在中文世界流传甚广，比起原著在各方面具有更大的影响力，特别是对中国哲学学科有开创之功，在新文化运动中起到了重要的文化传播与思想启蒙作用，在"编译"方面也有一定的创造性和学术意义。

关键词：谢无量　高濑武次郎　《阳明学派》　中国哲学史　编译　新文化运动

　　谢无量（1884—1964）是在四川出生的著名学者。1915年开始，他积极参与新文化运动，除在《新青年》发表诗作外，开始用白话文为中华书局编写国学小册子数种，以启迪民智，宣传知识。尤其在中国哲学史方面，他编撰了《中国哲学史》《孔子》《韩非》《诗经研究》《王充哲学》《朱子学派》《阳明学派》和《佛学大纲》等著作（以下通称"中国哲学史系列著作"）。其中1916年出版的《中国哲学史》比1919年胡适那本《中国哲学史大纲》（上）出版时间还早三年，一时洛阳纸贵，学界翕然称之。

＊　邓红，日本北九州市立大学文学部教授、博士生导师。

21 世纪的今天,在承认谢无量著作的历史贡献时,也有人指责谢氏的一些著作或为某种日本著作的模仿或转译,缺乏原创性,但又没有举出实际证据,乃至以讹传讹。本文想通过对《阳明学派》的实证检验,考察"中国哲学史系列著作"的历史渊源和意义。

一、《阳明学派》和高濑武次郎的《阳明学新论》

谢无量的《阳明学派》由中华书局(上海)1915 年 11 月初版,全书分四编二十章。

《阳明学新论》为日本阳明学创始人之一高濑武次郎(1869—1950)1906 年的作品,由榊原文盛堂出版,凡 424 页。①

为了让事实说话,现将两书的几个章节不厌其烦地排列如下,请读者们亲自鉴定。高濑的著作系笔者翻译,为了便于查阅,在翻译高濑的原文时,尽量直译,以接近于谢氏的文体。

(一) 关于两书的目录和体裁

下面我们将两本著作的目录列为一览表加以比较,见表 1。

表 1　谢无量《阳明学派》与高濑武次郎《阳明学新论》目录之比较

谢无量《阳明学派》	高濑武次郎《阳明学新论》	备注
第一编　序论 　第一章　阳明略传 　第二章　阳明与陆象山之关系	第一章　发端 　第一节　略传 　第二节　学统	
第二编　阳明之哲学 　第一章　宇宙观 　第二章　人生观 　第三章　天地万物一体观	第二章　哲学 　第一节　宇宙观 　第二节　人生观 　第三节　天地万物一体观	

① 关于高濑武次郎的生平,可参见高濑武次郎:《日本之阳明学》,张亮译,邓红校注,山东人民出版社 2021 年版,《译者的话》,第 237—240 页。

（续表）

谢无量《阳明学派》	高瀬武次郎《阳明学新论》	备注
第三编　阳明之伦理说 　第一章　性说 　第二章　心即理说 　第三章　知行合一说 　第四章　良知 　　第一节　阳明以良知立教之渊源 　　第二节　良知固有论 　　第三节　良知标准论 　　第四节　致良知程度论 　　第五节　致良知功夫论 　　第六节　良知与行为之关系 　第五章　阳明学说相互之关系 　第六章　天理人欲论 　第七章　四句教 　第八章　立志说 　第九章　非功利论	第三章　阳明之伦理说 　第一节　性说 　第二节　心即理说 　第三节　知行合一说 　第四节　良知 　　第一项　阳明以良知立教之渊源 　　第二项　良知固有论 　　第三项　良知标准论 　　第四项　致良知程度论 　　第五项　致良知功夫论 　　第六项　良知与行为之关系 　第五节　三纲领相互之关系 　第六节　天理人欲论 　第七节　四句教　附四句教评论 　第八节　立志说 　第九节　非功利论	
第四编　阳明关于古今学术之评论 　第一章　三教评论 　第二章　朱子晚年定论 　第三章　五经臆说 　第四章　格物致知与随处体认天理 　第五章　程朱与陆王 　　第一节　格物致知说之异 　　第二节　讲学法之异 　第六章　关于学术杂论及王学末流	第四章　评论 　第一节　三教比较论评论 　第二节　朱子晚年定论 　第三节　五经臆说 　第四节　格物致知与随处体认天理 　第五节　程朱与陆王 　　第一项　格物致知说之异 　　第二项　讲学法之异 　第六节　关于学术杂论及王学末流	
	第五章　事功及词章	
	第六章　事功派与学问派	
	第七章　遗著及参考书类	
附录一　陆象山学略 附录二　王门诸子略述	附录　中国的阳明学派诸子传略	

　　从目录上看，首先，谢无量《阳明学派》的第一编到第四编和高瀬武次郎《阳明学新论》的第一章到第四章，也就是两著的主干部分基本一致，只是谢无量把"章节"改成了"编章"。其次，高瀬武次郎《阳明学新论》还有第五、六、七等三章，谢无量大概认为这三章只是对阳明学的文章和后学的论述，属于阳明学派不那么重要的部分，因而加以省略。最后，附录部分谢无量《阳明学派》有《附录一　陆象山学略》和《附录二　王门诸子略述》。高瀬武次郎《阳明学新论》只有《附录　中国的阳明学

派诸子传略》,这一部分和谢著《附录二　王门诸子略述》内容大致相同,略有删减。但是高濑武次郎《阳明学新论》没有谢著的《附录一　陆象山学略》。经过仔细查找,我们发现《附录一　陆象山学略》和日本第一部陆象山专著建部遯吾著《陆象山》一书《序论》的《第四　生涯》一节非常相似。关于这个问题,我们将在本文第六节详细论述。

综上所述,我们得出的结论是:谢无量的《阳明学派》从体系上看基本照抄高濑武次郎的《阳明学新论》。

那么可不可以进一步说,既然体例系统一致,内容上也一定是完全照抄的呢? 结论是不尽如此。此话怎讲? 下面将内容加以比较。

(二)"略传"部分的比较

关于从阳明出生到流放龙场之前的"略传"部分的比较,见表2。

表2　两书"略传"部分的比较

谢无量《阳明学派》原文	高濑武次郎《阳明学新论》节译
第一编　序论 第一章　阳明略传 王守仁,字伯安,学者称为"阳明先生",余姚人也。父华,字德辉,成化辛丑进士,仕至南京吏部尚书。母郑氏,孕十四月而生先生,时成化八年壬辰九月三十日也。<u>先是,祖母岑夫人梦神人自云中至,因命名为云。五岁不能言,有异僧过之曰:"可惜道破。"始改今名焉。</u>	第一章　发端 第一节　略传 阳明名守仁,字伯安,姓王氏。阳明为其号。父名华,字德辉,仕至南京吏部尚书,封新建伯,越之余姚人。母郑氏。阳明生于明宪宗成化八年壬辰九月三十日。
自少寓京师,性豪迈不羁。十五岁纵观塞外,经月,慨然有经略四方之志。十七岁亲迎夫人诸氏于洪都,明年将还余姚,过广信,谒娄一斋,讲宋儒格物之学,以为"圣人可学而至"。后以沉思得疾,乃绝意圣贤,随世为词章之学。	资性豪迈不羁。十一岁寓京师,翌年就塾师。十五岁游居庸三关,慨然有经略四方之志。十七时亲迎夫人于洪都,翌年归余姚,途至广信府,谒娄一斋,语宋儒格物之学,谓圣人必学可至,遂深契之。然其后沉思而得疾,自委圣贤有分,乃随世就辞章之学。
二十六岁复至京师,又博观兵家秘书,卒自念辞章艺能,不足以通至道。欲求师友于天下,又不可数遇。心持惶惑,郁郁久之,旧疾更作。偶从道士谈养生,思遗世入山。	二十六岁寓京师,志兵法,凡兵家秘书,无不精究。后又自念辞章艺能不足以通至道,求师友于天下又不数遇。心持惶惑,郁郁久之,旧疾复作。益以为圣人自有其分。偶闻道士谈养生,遂有入山之意。
	二十八岁春,会试,举为南宫第二人,二甲进士出身第七人,赐观政工部。当时鞑靼

谢无量《阳明学派》原文	高濑武次郎《阳明学新论》节译
二十八岁，举进士，赐观政工部。当时边虏猖獗，上《边务八事》，言极剀切。授刑部云南清吏司主事，录囚江北。事竣复命，与京中旧游，以才名相驰骋。治诗古文，既而叹曰："吾安能以有限之精神，骛于无用之虚文乎?"遂告病归越，筑室阳明洞中，行导引之术。未几，忽悔悟曰："此簸弄精神，非道也。"亟屏去，欲离世远去。惟祖母与父在念，因循未决。又忽悟曰："此念自孩提生。若去此念，是断灭种性也。"明年遂移疾西湖，不复思用世。深觉释、老二氏之非。	猖獗，上《边务八事》，言极剀切。授刑部云南清吏司主事，审录江北之囚。事峻复命。与京中旧游，以才名相驰骋。学古诗文。阳明叹曰："吾焉能以有限之精神，为无用之虚文乎?"遂告病归越，筑室阳明洞中，行导引之术。久之，悔悟曰："此簸弄精神，非道也。"又屏去之。已静久之，欲离世远去。惟祖母与父在念，因循未决。又忽悟曰："此念生于孩提。若去此念，是断灭种性也。"明年遂移疾钱塘西湖，不复思用世。遂悟仙佛之非。
三十三岁，主考山东乡试，试录皆出阳明之手，世人始知阳明经世之学。明年至京师，得人益进。于是与湛甘泉定交，共以昌明圣学为任。及阳明殁，甘泉志其墓曰："先生初溺于任侠之习，再溺于骑射之习，三溺于辞章之习，四溺于神仙之习，五溺于佛氏之习。正德丙寅，始归正于圣贤之学。"	三十三岁主考山东乡试，试录皆出阳明手笔，世人知阳明经世之学。翌年在京师，门人始进。与翰林庶吉士湛甘泉定交，共以昌明圣学为事。阳明殁后，甘泉志其墓曰："先生初溺于任侠之习，再溺于骑射之习，三溺于辞章之习，四溺于神仙之习，五溺于佛氏之习。正德丙寅，始归正于圣贤之学。"（《阳明全书》卷十七三十丁左）从上可知阳明十四五岁到三十四五岁的略历。
先是阳明三十五岁，刘瑾矫旨逮南京科道官，阳明上疏救之。诏下狱，廷杖四十，绝而复苏，谪为贵州龙场驿驿丞，时武宗正德元年丙寅也。	三十五岁上封事，下诏狱，廷杖四十，绝而复苏，谪贵州龙场驿驿丞，时武宗正德元年丙寅。

从上可见，谢无量的《阳明略传》和高濑的《略传》部分，除了前面的"先是，祖母岑夫人梦神人自云中至，因命名为云。五岁不能言，有异僧过之曰：'可惜道破。'始改今名焉"一段之外，二者大同小异。查这一段话，乃为钱德洪撰《阳明先生年谱》（以下简称《年谱》）下面这一段话的缩写：

九月三十日。太夫人郑娠十四月。祖母岑梦神人衣绯玉云中鼓吹，送儿授岑，岑警寤，已闻啼声。祖竹轩公异之，即以云名。乡人传其梦，指所生楼曰"瑞云楼"。十有二年丙申，先生五岁。先生五岁不言。一日与群儿嬉，有神僧过之曰："好个孩儿，可惜道破。"竹轩公悟，更今名，即能言。

我们仔细对照《年谱》和高濑的《略传》,发现高濑的原文,除了最后一段引用湛甘泉为阳明写的墓志上的"五溺"一段之外,全部都是选译《年谱》的话而成。而谢无量的《阳明略传》的语言极为接近于《年谱》。所以可以推测,《阳明略传》是谢无量从高濑的《略传》那里转译过来的,在转译过程中又参考《年谱》,将高濑的日语大多还原成了《年谱》的原文。翻译好了以后,发现阳明的名字(守仁)的来源需要交代一下,于是将《年谱》中阳明的名字最先名"王云",后来如何改成现名的事实添加了进去。

总之,《略传》讲的是历史事实,不可能从头撰写或自己原创,所以高濑编译《年谱》而成《略传》,谢无量又转译《略传》而还原成《阳明略传》,二者的源头都为钱德洪所撰《阳明先生年谱》。

(三)"宇宙观"部分的比较

下面将两书"宇宙观"部分列出,加以全面比较(表3)。

表3　两书"宇宙观"部分的比较

谢无量《阳明学派》	高濑武次郎《阳明学新论》节译
第二编　阳明之哲学 第一章　宇宙观 　　陆王皆重实践伦理,而于宇宙问题,罕加考索。然就学说而推之,则似主张一元论。陆子虽不信周子之《太极图说》,其与朱子辨无极,亦以太极为万化根本。至平日讲论,则以万事统于一心,一心统于一理。故谓:"充塞宇宙皆理也。"盖以理之一元,为宇宙生成变化之本。其言曰:"万物森然于方寸之间,满心而发,充塞宇宙,无非此理。"(《象山全集》卷三十四)又曰:"此理在宇宙间,未尝有所隐遁。天地之所以为天地者,顺此理而无私焉耳!人与天地并立而为三极,安得自私而不顺此理哉?"(《象山全集》卷十一)盖以宇宙间只有一理,为天、地、人乃至万事万物所共由而不能逃。然于理与宇宙之缘起,未能明言。且既以心同理同,又同时而有蒙蔽移夺之患,则理	第二章　哲学 第一节　宇宙观 　　王阳明主说实践伦理,极少考究宇宙问题。或当评古人宇宙说,以及主张自家良知说时,乃发表一些哲学上的意见,其意或许有些漠然。乃至有世之学者断言阳明只说伦理,不太论及宇宙。然如精密地讨究阳明遗著之时,不难发现其自成一家之说。现在首先考察其评周子的"太极图说"之语。阳明提出了"太极之生生即阴阳之生生""阴阳一气""动静一理也"之见解。其曰:"理者气之条理。气者理之运用。无条理,则不能运用。无运用,则亦无以见其所谓条理者矣。"(《全书》卷二,《传习录》中),从此可知阳明就理气关系提出了一定的见解。仅以上语录可认为是理气二元论,作为理气一元论还不太分明,但从阳明主张知行合一,可知此语具有

谢无量《阳明学派》	高瀬武次郎《阳明学新论》节译
外仍不能无欲。必如伊川、晦庵分别天地之性与气质之性，而后欲有所附，蒙蔽移夺之事乃得而生也。故象山之"理一元论"，仍不得不离为"理气二元论"。要所以解释宇宙者，其根据固未确立矣。阳明乃由象山之说，进而为"理气合一论"。曰："理者气之条理，气者理之运用。无条理则不能运用，无运用即亦无见其所谓条理者矣。"（《传习录》）此盖合理气为一，以免陆子所蹈之弊。 又于评周子之《太极图说》发之曰："周子'静极而动'之说，苟不善观，亦未免有病。盖其说从'太极动而生阳，静而生阴'说来，太极生生之理，妙用无息而常体不易。太极之生生，即阴阳之生生。就其生生之中，指其妙用无息者而谓之动，谓之阳，之生，非谓动而后生阳也；就其生生之中，指其常体不易者而谓之静，谓之阴，谓之生，非谓静而后生阴也。若果静而后生阴，动而后生阳，则是阴阳动静，截然各自为一物矣。阴阳一气也，一气屈伸而为阴阳；动静一理也，一理隐显而为动静。"（《传习录》）据此则阳明以一气为宇宙之本源，而理必然具于其中。虽言理气二者，然相待为用而不可离。以视朱子之"理气二元论"，固不得不谓之"理气合一论"也。 阳明本于理气合一之旨，以立其宇宙观。盖尝推之于万物曰："风雨露雷，日月星辰，禽兽草木，山川土石，与人原只一体。故五谷禽兽之类，皆可以养人；药石之类，皆可以疗疾。只为同此一气，故能相通耳。"（《全书》卷三）据此则阳明所谓一气者，通物质而言，即天地万物一体之意也。然此外言理者多，言气者少。所谓理者，大之为充塞宇宙之自然律，小之即为一身之道德律，故往往因心之良知而说及宇宙。其曰："良知是造化的精灵。这些精灵，生天生地，成鬼成帝，皆从此出，真是与物无对。"（《全书》卷三）又朱本思问："人有虚灵，方有良知。若草木瓦石之类，亦有良知否？"先生曰："人的良知，就是草木瓦石的良知。若草木瓦石无人的良知，不可以为草木瓦石矣！岂惟草木瓦石为然？天地无人的良知，亦不可为天地矣！"（《全书》卷三）此则又推本于象山之说者矣。	理气非二的意义。从阳明如下评论周子之语，可见其始终是综合性的而不是分别性的："周子'静极而动'之说，苟不善观，亦未免有病。盖其说从'太极动而生阳，静而生阴'说来。太极生生之理，妙用无息，而常体不易。太极之生生，即阴阳之生生。就其生生之中，指其妙用无息者而谓之动，谓之阳之生，非谓动而徒生阳也，就其生生之中，指其常体不易者而谓之静，谓之阴之生，非谓静而后生阴也。若果静而后生阴，动而后生阳，则是阴阳、动静，截然各自为一物矣。阴阳一气也，一气屈伸而为阴阳；动静一理也，一理隐显而为动、静。"（《全书》卷二，《传习录》中） 仔细考究上述评语，可知阳明以一气为宇宙的本源，而理必然具于其中。虽言理气二者，然相待为用而不可离。然以此和朱子之"理气二元论"相比，固不得不谓之为"理气合一论"也。明代的杨晋庵为阳明学者，晋庵之宇宙观虽不能说完全出自阳明，但在说明理气关系时却和阳明完全相同而更为详细。盖理气合一论在宇宙观上自成一家之说。阳明又说："风雨露雷，日月星辰，禽兽草木，山川土石，与人原只一体。故五谷、禽兽之类皆可以养人，药石之类皆可以疗疾，只为同此一气，故能相通耳。"此语原来显示了天地万物一体观，可知阳明以一体之共通而证一体时，主要以气为物质性的，这里的物质也即元素，在中国被分为水和木金土五种元素，也即近代化学家所谓六十多种元素。 阳明既以理气为相待关系，然在对此加以说明时，讲理时多，很少讲气。仅限于上述评论周子的太极图说以及讲万物一体观之类。而其所谓理，大至充塞弥满宇宙，可谓自然法，小到吾人心里所谓理，也即所谓道德律。故阳明往往从心的良知说起，再涉及宇宙，曰："良知是造化的精灵。这些精灵生天生地、成鬼成帝，皆从此出，真是与物无对。"（《全书》卷二，《传习录》下）又说："朱本思问：人有虚灵，方有良知。若草、木、瓦、石之类，亦有良知否？先生曰：人的良知，就是草木瓦石的良知。若草木瓦石无人的良知，不可以为草木瓦石矣。岂惟草木瓦石为然？天地无人的良知，亦不可为天地矣。"（《全书》卷二，《传习录》下）从上可知阳明的宇宙观

（续表）

谢无量《阳明学派》	高濑武次郎《阳明学新论》节译
象山幼时以解释"宇宙"二字，大有所悟，遂渐立"心即理"说之基。盖以理为宇宙之原则，前既已论之矣。理非假他求，即在吾人之本心。故谓："宇宙即吾心，吾心即宇宙。"而此本心，阳明便谓之良知。故曰："良知即天理也。"象山以理充塞宇宙，为天地鬼神万物所必由，阳明以良知为草木瓦石所同具，其揆一也。子思立一"诚"字为宇宙之本，又为伦理之本。然理也，良知也，诚也。但随所指而立名，其实义非大异也。阳明亦曰："天地之道，诚焉而已耳。"（《全书》卷二十四）又曰："天惟诚也故常清，地惟诚也故常宁，日月惟诚也故常明。"（《全书》卷二十四）"诚"即天理，即良知，即充塞宇宙之理。皆秩然有常，统贯万汇，而不可乱者也。陆王论宇宙必达之于伦理，论伦理必溯源于宇宙，盖本于儒家自来"天人合一"之说。而阳明又兼综程、朱之论"理气二元"，与陆子所论"理之一元"，更明其条理运用，以自立其宇宙观焉。	和陆象山的非常相似。陆象山以理为宇宙之原则，又以人心受得其理，于是命名为本心，认为吾心即是宇宙，宇宙即是吾心。所谓本心，也即阳明所说良知。宇宙之理即人心共具之理。 　　象山幼时从解释宇宙二字得以大悟，故多从宇宙讲人心，以达到建立"心即理"的基础。而阳明从良知涉及宇宙的原则，其目的也在于讲良知为之寻求理论根据。阳明所谓良知即天理，和象山所谓"理"是一致的。而象山所说理充塞弥满宇宙，天地鬼神万物也由之此，这和阳明认为人之良知即天理，所以草木瓦石等天地万物也具理之说无异。这和子思以"诚"为宇宙的原则，也以为伦理的原则之说无异。良知和理、诚三者名称相异而而已。阳明说："天地之道，诚焉而已耳。"（《全书》卷二十四，《南冈说》）又曰："天惟诚也，故常清；地惟诚也，故常宁；日月惟诚也，故常明。"（同上）以诚为宇宙之本体。王子的宇宙说多由理立言，宇宙不断森罗万象消长变化，而又条理井然一毫不乱，所才说诚即天理即人的良知即理的遍满充塞。阳明常说天则自然之语，此所谓人的良知。从受得良知一方而言，百行之标准也即良知，可知阳明的学说融合天人，贯通内外。总之，阳明的宇宙观以理为主而立说。有时也以气为主立说而呈理气二元论，但也没有程伊川朱晦庵那样的二元论。很难断定阳明是二元论者，也很难说是理或气一元论。阳明学说的重心主要在伦理说方面而不在于纯正的哲学。王学研究者在伦理学方面能得到满意的结果，在哲学方面则稍呈疑义。我认为，阳明知晓程朱的理气二元论和陆子的理宇宙观，但没有发表自己的宇宙观，随机而言及一些片段。在综合性地推断阳明的特征时，可认为是理气合二非一说。然如前所述，既然明言"理者气之条理。气者理之运用"（《全书》卷二，《传习录》中），则可见理气是不可分离的，所以得出如下结论： 　　1. 阳明的宇宙观为理气合一论。 　　2. 所谓理气合一论，意味二者绝不分离。理是气的条理，气为理的运用，没条理则不能运用，不能运用则无所谓条理。就生成宇宙万物而言，有理而不能无气，有气也不能无理。两者俱存于无始无终。一气屈伸而为

（续表）

谢无量《阳明学派》	高濑武次郎《阳明学新论》节译
	阴阳,一理隐显为动静。阴阳有动静即起着宇宙生成作用。通观阳明的学说,在论宇宙时必然涉及伦理,论及伦理时必谈及宇宙。换言之,论天必及人,论人必溯天,涉及宇宙。在论说中经常谈到大宇宙小宇宙的融合,且在实践中也不断地到达天人合一的境界。这虽然也是东洋哲学史贯通古今的特征,王学的这一特征最为明显,为之而倾注全力。所以从阳明的宇宙观研讨人生观的话,会愈加醒悟天人二道。

从上可以得知,谢著和高濑著作有如下同异。

相似点:

1. 谢无量认为阳明持理气合一论,这一观点基本沿袭了高濑的说法。

2. 谢无量检讨周子的"静极而动"之说时引用的《传习录》的话和高濑的引用别无二致。

3. 谢无量关于"阳明以一气为宇宙之本源,而理必然具于其中。虽言理气二者,然相待为用而不可离。以视朱子之'理气二元论',固不得不谓之'理气合一论'也"的论证过程,也是从高濑那里抄过来的。

4. 谢无量的"陆王论宇宙必达之于伦理,论伦理必溯源于宇宙,盖本于儒家自来'天人合一'之说"这个结论,也来自高濑,然而谢无量在"王"之前加了一个"陆"字。

相异点:

1. 谢著更多地注重陆象山的宇宙观为阳明学的渊源,引用了四段象山语录对陆象山的宇宙观进行了详细的说明。在高濑的著作中则看不到这一点。

2. 谢著从对象山宇宙观的说明,得出象山是典型的"理一元论"的结论。"理一元论"一语在高濑那里见不到踪迹,虽然高濑也提到陆子持"理宇宙观",但对象山的宇宙观的论述不太详尽。

3. 谢著认为象山的"理气一元论"最终"不得不离为理气二元论。要所以解释宇宙者,其根据固未确立矣。阳明乃由象山之说,进而为理气合一论",这样就合理气为一,避免了陆子所蹈之弊。他认为阳明的"理气合一论"为发展象山的"理气一元论"而来。

结论:

谢著关于王阳明的论述部分沿袭高濑,认为阳明的宇宙观为"理气合一论"的观点也来自高濑。但是在讨论阳明宇宙观的渊源时,谢著着重论述了陆象山的宇宙观,并提出象山的宇宙观为"理一元论",对此点高濑虽然有所涉及,但不详尽,高濑只是认为象山为"理宇宙观"。大概是谢著认为在谈论阳明的宇宙观时,离开了象山的"吾心即宇宙"之说,所谓"理气合一论"便是无源之水,于是自己添补了一些关于象山学说的材料和论述,从而一开始就将"陆王"并称。

(四)"心即理"部分的比较

下面再来看一下阳明学说最重要的部分"心即理"的比较(表4)。

表4 两书"心即理"部分的比较

第三编 阳明之伦理说 第二章 心即理说	第三章 阳明之伦理说 第二节 心即理说
一、"心即理"说之渊源	一、"心即理"说之渊源
阳明以陆象山之学,得孔孟之真传。故承象山简易直截之讲学法,而益发挥其"心即理"说,是以陆、王共为心学之宗也。	王阳明以陆象山之学,得孔孟之真传。承象山简易直截之讲学法,成陆学之大成。阳明尝作象山文集序,详细地阐述了心即理即知行合一说,说明了陆、王共的来源。
心学之源,盖称发自尧、舜、禹精一之训。至孔子集其大成,而以"仁"之一字,一贯人道。其教弟子,唯求其心之仁。孟子继孔子之道,攻击墨子之"兼爱"说、告子之"义外"说。遂曰:"仁,人心也。"又谓:"学问之道无他,在求其放心。"又谓仁义礼智,心所固有,非由外铄,何莫非以讲明心学为要乎? 汉魏六朝以来,佛老之徒盛,以遗弃人伦事物常道为务,则儒者之心学中息焉。	心学之源,盖称发自尧、舜、禹精一之训。至孔子集其大成,而以"仁"之一字,一贯人道。其教弟子,唯求其心之仁。孟子继孔子之道,驳斥攻击墨子之"兼爱"说、告子之"义外"说。遂曰:"仁,人心也。"又谓:"学问之道无他,在求其放心。"又谓仁义礼智,心所固有,发挥心学。孟子以后,心学不明久矣。汉魏六朝以来,佛老之徒盛,乃至遗弃人伦事物常道。

（续表）

第三编　阳明之伦理说 第二章　心即理说	第三章　阳明之伦理说 第二节　心即理说
至于有宋，周濂溪、程明道，复寻孔、颜之绪，精一之旨，心学复兴，及陆象山出，益以简易直截为归。自是言心学者皆称象山，惟同时朱晦庵以穷理为宗，不专尚心学，故后人有朱、陆异同之辨。而陆学流传，不如朱学之广。明世阳明复起，始又远承象山之统。今欲究阳明之"心即理"说，不可不先究象山之"心即理"说矣。（"精一"之训，出自伪《古文》。然在理学上沿为术语已久，故今仍以为心学之源。） 　　象山之"心即理"说，含义颇深。当象山十三岁时，读古书至"宇宙"二字，解者曰："四方上下曰'宇'，往古来今曰'宙'。"忽大省曰："元来无穷，人与天地万物，皆在无穷之中者也。"乃援笔书曰："宇宙内事，乃己分内事；己分内事，乃宇宙内事。"又曰："宇宙便是吾心，吾心即是宇宙。东海有圣人出焉，此心同也，此理同也；西海有圣人出焉，此心同也，此理同也；南海、北海有圣人出焉，此心同也，此理同也；千百世之上，至千百世之下，有圣人出焉，此心、此理亦莫不同也。"（《象山全集》卅六卷《年谱》） 　　他日象山启悟学者，多及"宇宙"二字，窃尝论之。象山因究天地之所穷际，而悟人间与宇宙之关系曰："夫人与天地万物，皆在此无穷之中。其起于吾心内之诸现象，即宇宙内之诸现象也。"由是以推，则吾心所思惟之理，即宇宙之理。而凡宇宙之理，吾心固无不得思惟之者矣。吾心思想之法则，亦即合于宇宙之法则。宇宙不啻一大我，而我不啻一小宇宙，故曰"宇宙内事，乃己分内事"。至于"宇宙即吾心""吾心即宇宙"者，吾所具之心、所具之理，即宇宙之理，即往古来今、东西南北之圣人所具之心之理。特举之曰："圣人云者，亦以其能显现心之全体，而不为物欲所蔽耳。然则吾心，即千古之心；所具之理，即千古之理。有此心即常有此理。此心、此理，东西、古今，万人所同。非一人之心，一时之心，而充塞宇宙恒久不磨之心，充塞宇宙恒久不磨之理也。"知象山"宇宙便是吾心，吾心即是宇宙"之说，斯可通彻象山学说之全矣。象山"心即理"之说，实自十三岁时，已有所悟，后推而大之，成一简易直截之心学。后世尊象山者以此，其诋象山以为近禅学者亦以此。要之象山所谓	至宋代，周濂溪、程明道出焉，复寻孔、颜之宗，得精一之旨，于此心学复兴。其后陆象山起，提倡心学，鼓吹简易直截之教学法，继承孟子心学传统，故陆子之学即孟子之学。象山之后，复无振兴心学者，偏向于分析式讨究的朱子学的势力风靡天下，学者皆孜孜穷理，日益趋向支离灭裂，陷于繁衍丛脞，抛弃所谓一贯之要诀。明世阳明复起，始又主张简易直截之心学，以救时弊。阳明的系统远接陆子，直截依据陆子简易直截之讲学法，然阐幽明微，集心学之大成，实乃阳明之功。是故究阳明之"心即理"说，不可不先究象山之"心即理"说矣。 　　象山之"心即理"说，含义颇深。当象山十三岁时，读古书解"宇宙"二字，读到"四方上下曰'宇'，往古来今曰'宙'"忽大省曰："元来无穷，人与天地万物，皆在无穷之中者也。"尝对天地有无穷尽怀有疑问，至此焕然冰解。所得不止，乃援笔书曰："宇宙内事，乃己分内事；己分内事，乃宇宙内事。"又曰："宇宙便是吾心，吾心即是宇宙。东海有圣人出焉，此心同也，此理同也；西海有圣人出焉，此心同也，此理同也；南海、北海有圣人出焉，此心同也，此理同也；千百世之上，至千百世之下，有圣人出焉，此心、此理亦莫不同也。"（《象山全集》卅六卷《年谱》） 　　他日象山启悟后进学者，亦多及"宇宙"二字。上述语录广为人知。象山因究天地之所穷际，而悟人间与宇宙之关系。认为夫人与天地万物，皆在此无穷之中。其起于吾心内之诸现象，即宇宙内之诸现象也。由是以推，则吾心所思惟之理，即宇宙之理。而凡宇宙之理，吾心固无不得思惟之者矣。吾心思想之法则，亦即合于宇宙之法则。宇宙不啻一大我，而我不啻一小宇宙，故曰"宇宙内事，乃己分内事"。至于"宇宙即吾心""吾心即宇宙"者，吾所具之心、所具之理，即宇宙之理，即往古来今、东西南北之圣人所具之心之理。特举之曰："圣人云者，亦以其能显现心之全体，而不为物欲所蔽耳。然则吾心，即千古之心；所具之理，即千古之理。有此心即常有此理。此心、此理，东西、古今，万人所同。非一人之心，一时之心，而充塞宇宙恒久

第三编　阳明之伦理说 第二章　心即理说	第三章　阳明之伦理说 第二节　心即理说
"心即理"者,远则宇宙万物之理备于心,近则人伦百行之标准备于心,故人当不失其本心。而所谓"理"者,遍满宇宙,无有际限,秩序井然不乱。天地万物由而顺,人类彝伦由而叙。为宇宙之原则者,此理也;为政治及道德之原则者,亦此理也。理既为自然律,又为道德律,大哉理乎!子思以一"诚"字,为宇宙及伦理之原则。 象山之言理,殆无异子思之言诚也。虽然,尤有不可不察者。心所以能为百行标准者,以理备于吾心故也。惟此备理之本心,乃能为标准,而非并言其作用。故象山特以本心及良知、良能,与邪心、私心区别。心本一也,至其作用,则或有不能正布陷于邪,不能公而流于私者。盖公与正者,心之本体;邪与私者,外物陷溺之所由生也。象山所谓"心即理"之心,指本心即良知,非兼邪心、私心而言。故《与曾宅之书》曰:"此理本天所以与我,非由外铄。"(《象山全集》卷一)则理赋于先天,得名之为心,名之为良心,即具充塞宇宙之理之心也。又曰:"心,一心也;理,一理也。至当归一,精义无二。此心、此理,实不容有二。"(《象山全集》卷一)言心与理之关系,此非最深切著明之语耶?夫然后宇宙内事,皆己分内事。心外无事,心外无理。宇宙之理,皆具吾心。故又曰:"万物皆备于我,只要明理。"(《语录》)象山所谓"理",合于孔子之言"仁"、子思之言"诚"。使学者契天人一贯之符,以达于圣人之阃域焉,真所谓"简易直截"者也。阳明又由象山之"心即理"说,而益征之于实践之地,以切于人生之行为,当于后论之。	不磨之心,充塞宇宙恒久不磨之理也。"知象山"宇宙便是吾心,吾心即是宇宙"之说,斯可通彻象山学说之全矣。象山"心即理"之说,实自十三岁时,已有所悟,后推而大之,成一简易直截之心学。后世尊象山者以此,其诋象山以为近禅学者亦以此。要之象山所谓"心即理"者,远则宇宙万物之理备于心,近则人伦百行之标准备于心,故人当不失其本心。而所谓"理"者,遍满宇宙,无有际限,秩序井然不乱。天地万物由而顺,人类彝伦由而叙。为宇宙之原则者,此理也;为政治及道德之原则者,亦此理也。理既为自然律,又为道德律,大哉理乎!子思以一"诚"字,为宇宙及伦理之原则。 象山之言理,殆无异子思之言诚也。虽然,尤有不可不察者。心所以能为百行标准者,以理备于吾心故也。惟此备理之本心,乃能为标准,而非并言其作用。故象山特以本心及良知、良能,与邪心、私心区别。心本一也,至其作用,则或有不能正布陷于邪,不能公而流于私者。盖公与正者,心之本体;邪与私者,外物陷溺之所由生也。象山所谓"心即理"之心,指本心即良知,非兼邪心、私心而言。故《与曾宅之书》曰:"此理本天所以与我,非由外铄。"(《象山全集》卷一)则理赋于先天,得名之为心,名之为良心,即具充塞宇宙之理之心也。又曰:"心,一心也;理,一理也。至当归一,精义无二。此心、此理,实不容有二。"(《象山全集》卷一)言心与理之关系,此非最深切著明之语耶?夫然后宇宙内事,皆己分内事。心外无事,心外无理。宇宙之理,皆具吾心。故又曰:"万物皆备于我,只要明理。"(《语录》)象山所谓"理",合于孔子之言"仁"、子思之言"诚"。使学者契天人一贯之符,以达于圣人之阃域焉,真所谓"简易直截"者也。阳明又由象山之"心即理"说,而益征之于实践之地,以切于人生之行为,当于后论之。
二、"心即理"之意义	二、"心即理"之意义
要之阳明所用"心即理"一语,其意义果如何?今请得而详释之。夫"心即理"者,即心与理合一之谓也。盖理无不备于心,求之心而理得矣。虽曰"心外无理"可也。理为标	首先想详细解释阳明"心即理"一语的意义。夫"心即理"者,即心与理合一之谓,只是异语同意。所谓"心即理",说心就是理,或者是理无不备于心,求之心而理得矣。

（续表）

第三编 阳明之伦理说 第二章 心即理说	第三章 阳明之伦理说 第二节 心即理说
准，为法则，又至善，故心亦得为标准，为法则，为至善也。吾明吾心，而求标准、法则之所在，斯理亦在焉。更详言之，则"心即理"者，与二与二为四之相等者不同。 　　心之标准常正，而其作用则有正、邪，故阳明特揭良知与邪心区别。至古来辨"心之正邪"之术语，有道心、人心、天理、人欲、本心、私心、性欲、私欲、良知、物欲等名，或约之为仁义之心与利欲之心，以立义、利二者之辨。又就性分为天地之性、气质之性。气质之性，虽不尽恶，然以视天地之性，则含恶较多，可与佛家所谓"真如佛性，无明烦恼"互相参考发明。故良知之与邪心，一则高尚纯洁，一则卑劣污浊，不可同器。是以人间之心之作用，其上焉者可由以优入圣域，下者至近于禽兽，其几不可不辨也。陆王所谓"心即理"之真义，是指良知之本心，能为百行之标准者而言，而邪心、私心不与焉。 　　世或误解"心即理"之语，以本心与私心同类而并论之。遂以心学之弊，将流于放僻邪侈，无所不至。是岂陆王之本旨哉？故略论其差别于此。（完）	虽曰"心外无理"可也。理为标准，为法则，又至善，故心亦得为标准，为法则，为至善也。吾明吾心，而求标准、法则之所在，斯理亦在焉。更详言之，则"心即理"者，与二与二为四之相等者不同。 　　心之标准常正，而其作用则有正、邪，故阳明特揭良知与邪心区别。至古来辨"心之正邪"之术语，有道心、人心、天理、人欲、本心、私心、性欲、私欲、良知、物欲等名，或约之为仁义之心与利欲之心，以立义、利二者之辨。又就性分为天地之性、气质之性。气质之性，虽不尽恶，然以视天地之性，则含恶较多，可与佛家所谓"真如佛性，无明烦恼"互相参考发明。故良知之与邪心，一则高尚纯洁，一则卑劣污浊，不可同器。是以人间之心之作用，其上焉者可由以优入圣域，下者至近于禽兽，其几不可不辨也。陆王所谓"心即理"之真义，是指良知之本心，能为百行之标准，由此而进也，并非包含邪心即私心之义。并非说二加二等于四。 　　世间或误解"心即理"之语，连累陆王二子，将本心与私心混同而解释为理，遂认为陆王二子说此心即此理是从私心所欲，从而陷入放僻邪侈，不但违反陆王之本旨，且毒害世间。……（以下还有280余字）
三、"心即理"与"即物穷理" 　　与高濑著作大同小异，省略	三、"心即理""即物穷理" 　　省略

　　鉴于篇幅关系，对于第三节，我们因其大同小异而加以省略了。通过以上文本比较，可以得出如下结论：

　　1. 二者内容字句基本相似。只是《二、"心即理"之意义》部分谢著突然止住，大概是他认为高濑著的后面280余字稍显啰嗦。

　　2. 如果说"略传"和"宇宙观"部分谢无量还有一些发挥的余地的话，到"心即理"部分谢著基本上没有发挥，这可能和"心即理"的内容比较难懂有关。以后的各编各章也大同小异，暂且省略。

二、 中国哲学史学科的产生

通过上面的考察，我们基本上可以得出结论，《阳明学派》一书不是谢无量的原创（original）著作，而是以高濑武次郎的《阳明学新论》为蓝本而进行的转译、编译和再编撰，也有人归纳为"译编"①。到目前我们所知"中国哲学史系列著作"的作品中，类似这种情况的应该还有如下著作：

谢无量《中国哲学史》（中华书局 1916 年 10 月初版）——高濑武次郎《支那哲学史》②

谢无量《王充》（中华书局 1917 年 5 月初版）——宇野哲人《支那の哲学》《王充》

谢无量《孔子》——蟹江义丸《孔子研究》③

谢无量《诗经研究》——诸桥辙次《诗经研究》④

谢无量《老子哲学》——高濑武次郎《老庄哲学》⑤

…………

对此学界已经有一些文章加以过披露、检验和批评。

那么，我们是不是就可以放心大胆地去批判谢无量的"中国哲学史系列著作"不符合学术规范，进而去谴责其不是原创，而是抄袭、剽窃、盗译之类了呢？我们认为，事情并没有像学生被老师抓到考场舞弊那么

---

① 覃江华：《翻译与现代知识话语建构——以谢无量的翻译活动为例》，《上海翻译》2022 年第 3 期。

② 陈威瑨：《〈中国哲学史〉通史专书写作的发展——从中日交流的视角谈起》，载钟彩钧主编：《中国哲学史书写的理论与实践》，"中央研究院"中国文哲研究所 2017 年版，第 139—194 页。

③ 张子康：《近代中国学界对日本孔子研究的模仿与移植——以谢无量〈孔子〉与蟹江义丸〈孔子研究〉的关系为例》，《关西大学中国文学会纪要》（日本）2022 年第 43 集，第 209—222 页。

④ 张文朝：《诸桥辙次〈诗经研究〉与谢无量之盗译、抄袭及其影响》，《中国文哲研究集刊》（台湾）2020 年第 56 期，第 101—148 页。

⑤ 据上引张文朝文的 102 页注 2，谢无量《老子哲学》系高濑武次郎《老庄哲学》，榊原文盛堂（日本）1909 年版的第一篇《老子哲学》编译而成。

简单,除了揭开历史秘密,还原事实真相之外,还应该去思考当时他为什么会那样做,该做法在他的时代起到了什么样的作用,客观上有什么样的意义。为了说明此事,首先还得从中国哲学史学科的创立史开始谈起。

　　所谓"中国哲学"一词是一个"和制汉语",为日本学界在 1881 年前后针对"西洋""哲学"而发明出来(当时叫"支那哲学",下同)的词汇和创设的学科。1881 年,东京大学在"和汉学科"中设立"印度·支那哲学讲座",1883 年东京大学第一届毕业生,日本哲学界的开山鼻祖井上哲次郎(1856—1944)正式开设"东洋哲学史"讲座。① 井上的"东洋哲学史"讲座分为日本、中国、印度三个部分。日本哲学史讲义部分后来出版为所谓"汉学三部作":《日本阳明学派之哲学》(富山房 1900 年)、《日本古学派之哲学》(富山房 1902 年)、《日本朱子学派之哲学》(富山房 1905 年);印度哲学讲义部分出版了《释迦种族论》(哲学书院 1897 年)和《释迦牟尼传》(文明堂 1902 年)。唯独他的中国哲学史讲义部分却没有如期出版,现在只留下了当时一些学生(如井上圆了等)的听课笔记。② 日本最早的中国哲学史教科书是内田周平在 1888 年出版的《支那哲学史》(哲学史馆讲义)。其后 1898 年松本文三郎出版了第一部完整的《支那哲学史》(东京专门学校出版部),1900 年远藤隆吉出版了《支那哲学史》(金港堂),1903 年出版了《支那思想发达史》。1903 年宇野哲人的《支那哲学史讲话》(大同馆)上梓,其后几乎每年再版,为日本影响最广泛的教科书。③ 1910 年高濑武次郎出版了《支那哲学史》(文盛堂)。无独有偶,上述几人的共同特点在于他们都是东京帝国大学文科大学哲学科的毕业生,为井上哲次郎的学生。换言之,他们的著作都不是自己的原创,而

① 关于井上哲次郎的生平事迹,可参见拙文《井上哲次郎与〈日本阳明学派之哲学〉》,《贵阳学院学报》(社会科学版)2018 年第 5 期。
② 〔日〕井ノ口哲也:《井上円了が受讲した井上哲次郎の"东洋哲学史"讲义》,东洋大学《井上円了センター年报》2019 年第 27 卷,第 3—17 页。
③ 请参见拙著《王充新八论续编》的《自序》及有关章节,中国社会科学出版社 2007 年版。

是以老师井上哲次郎的讲课笔记整理修改而成。

相对中国而言,学界现在大多认定,1917 年胡适在北京大学开设中国哲学史,并以此讲义为底稿在 1919 年出版的《中国哲学史大纲》(只有"卷上"),为中国学者运用现代学术方法系统研究中国古代哲学史的第一部著作,标志着中国哲学史学科的建立。然而就在 1916 年,谢无量出版了《中国哲学史》(中华书局)一书,为在中国出版的第一部中国哲学史著作。

再来说一下阳明学。"阳明学"也是一个和制汉语。王阳明的学问在近世日本和明治早期一直被称为"王学"或"姚江学"。1896 年 7 月 5 日,在东京创办了一本《阳明学》的大众通俗杂志,1899 年《阳明学》杂志废刊。① 在此之后日本又陆续出现了四本名为《阳明学》的杂志。1896 年第一本《阳明学》杂志的创刊,标志着"阳明学"这一近代学科名称术语的正式诞生。1900 年,井上哲次郎出版了《日本阳明学派之哲学》,为"阳明学"这一学术分野在日本学术界取得了正式的话语权。②

在中国,从明清到民国时代,王阳明的学问一直被称为"王学"。在《明儒学案》中,王阳明一派被归入《王门学案》,1948 年嵇文甫出版了《左派王学》(开明书店 1948 年版)。1949 年以后,新中国的中国哲学史学界也一直称王阳明的学术为"王阳明的思想""王守仁的哲学",如侯外庐等主编的《中国思想通史》第二十章为《王阳明的唯心主义思想》(人民出版社 1960 年版)。1981 年沈善洪、王凤贤出版了新中国第一本王阳明研究专著《王阳明哲学研究》(浙江人民出版社),1989 年邓艾民出版了《朱熹王守仁哲学研究》(华东师范大学出版社),都没有使用"阳明学"这一名称。直到 20 世纪 80 年代底到 90 年代,中国的王阳明研究者

---

① 1983 年在九州大学名誉教授冈田武彦先生的监修下,一家叫木耳社的出版社将《阳明学》杂志收集在一起,影印刊行了合订本。
② 参见拙著《日本的阳明学与中国研究》(广西师范大学出版社 2018 年版)的《何谓"日本阳明学"》一文及其他文章。

先后到日本与日本的阳明学者交流,特别是 1994 年 4 月,日本著名阳明学家冈田武彦先生在日本福冈市召开了世界阳明学大会"东亚传统文化国际会议",狄百瑞、杜维明、秦家懿、成中英、李焯然、郑良树、黄俊杰、戴琏璋、张立文、陈来、高令印、黄宣民、吴光、钱明等知名学者与日本的冈田武彦、荒木见悟、沟口雄三、福田殖、佐藤仁等阳明学者们荟萃一堂,共同研讨阳明学。从此以后,"阳明学"一词才在中国学界真正流行开来。

三、 中国哲学史学科从无到有的标志

之所以这样不厌其烦地回顾"中国哲学史"和"阳明学"的产生发展过程,首先是想指出,谢无量的"中国哲学史系列著作"的意义在于,其和胡适的《中国哲学史大纲》(上)相得益彰,共同构成中国的中国哲学史学科乃至阳明学从无到有的标志性著作群。

我们知道,数学上从 0 到 1 是质变,也即从无到有,代表着翻天覆地的本质变化。谢无量和胡适的著作即为从 0 到 1 的质变,虽然这个质变拿现在所谓的"学术规范"来看不是那么正规——谢无量的《中国哲学史》为编译日本著作而成,胡适只出了一个上册,但这和日本的情况很类似。井上哲次郎的"中国哲学史"讲义到现在都没有出版,但目前日本学界都以井上在东京大学开设"东洋哲学史"讲座为中国哲学史学科的开端。相对而言,冯友兰 20 世纪 30 年代初出版的《中国哲学史》两卷本,与日本的内田周平、松本文三郎、远藤隆吉、宇野哲人、高濑武次郎等人的《中国哲学史》一样,仅是从 1 到 N 的,代表中国哲学史学科诞生以后质量得到提高的数量叠加。

虽然谢无量的著作带有浓厚的日本色彩,甚至是编译日本著作而成书的,但是联想到"中国哲学"这样的词汇是和制汉语词组,世界上第一

个中国哲学学科是日本人建立的,世界上第一本《中国哲学史》也是日本人编撰的,可知,谢氏的努力还真离不开这样的"日本因素"。同样,胡适《中国哲学史大纲》(上)比日本同类著作晚了三十余年,此时世上已经有了许多同类异语范本。且其为早先在美国大学的博士论文改编而成的,在写作过程中得到了美国老师的指导,受到注重方法的西方哲学尤其提倡"历史的方法"和"实验的方法"的杜威实用主义哲学影响,再加上一开始是用英语写作的,在语言风格上无疑受到近代英语的影响。胡适的努力离开西方哲学因素、美国留学经验也是不能成功的。所以吾人甚至曾经怀疑过胡适的《中国哲学史大纲》(上)是不是参考过当时日本的同类著作,犹如当年有人怀疑过鲁迅《中国小说史略》抄袭日本学者盐谷温的《支那文学概论讲话》一样。① 我们还有理由断定胡适的《中国哲学史大纲》(上)在出版前参照过早三年出版的、流传甚广的谢无量《中国哲学史》。

谢无量的"中国哲学史系列著作"虽然不是原创,却因其用中文写成且通俗易懂,在中文世界得到广泛的阅读,构成了中国的中国哲学史学科乃至阳明学从无到有、从0到1的一个量变积累,从量变到质变的一回契机,促成量变到质变的一次(日本)视角转换,也是中国哲学史学科登上学术殿堂的一种通俗化准备和大众心理测试——谢无量的著作最先是作为"学生丛书"之通俗化读物发行的,而胡适的《中国哲学史大纲》(上)在出版前的1917年作为北京大学的讲义发给学生,1918年蔡元培写了《序言》,得到校长的赞许后,才于1919年出版。坊间已有类似著作流行,学术界也就见惯不惊了。

四、 关于学术规范问题

现在有学者撰文,"揭露"谢无量的学术著作为"盗译""抄袭",认为

① 请参见拙著《王充新八论续编》的《自序》,中国社会科学出版社2007年版,第3页。

其不符合现代学术标准,典型的如上引学者张文朝撰《诸桥辙次〈诗经研究〉与谢无量之盗译、抄袭及其影响》一文。

刚才已经说过,谢无量发表《阳明学派》乃至《中国哲学史》时的中国,所谓"中国哲学史"乃至"阳明学"这样的近代学科还没有起步,所以也不存在什么学术规范,更不存在所谓符不符合学术规范的问题。中国大陆的学术规范大概在20世纪八九十年代开始为学术界所重视,到21世纪初才逐渐开始正规起来。台湾也应该差不多同步,如张文援引为判断是否"抄袭""盗译"的所谓台湾《"科技部"学术伦理案件处理及审议要点》,也只是2017年才公布的。

法律上有个"不溯及既往原则"(The law does not operate retroactively),指刑法只适用于其生效以后的行为,对其生效以前的行为不得适用。离开学术史从无到有的脉络和学科格局从小到大的变化,按照当前的所谓学术标准和规范对一百多年前的著作进行评判,就是"溯及既往",不但于法理讲不通,也相当于以今天的价值观去裁判过去的历史事实,无异于刻舟求剑,是一种缺乏历史眼光的表现。何况张文朝自己也承认"谢无量大部分的解释与论述架构来自诸桥辙次的《诗经研究》,但有些解释、论述,则有别于诸桥辙次,属于是谢无量自己的观点"①。

就本文重点叙述的《阳明学派》而言,其在王阳明的略传方面承袭的是《阳明先生年谱》的传统说法,在宇宙观方面加上了重视陆象山学术渊源的独特观点,只有在学理部分(如"心即理"等方面)才按照高濑的解释和论述来。在我们看来,当时"日本阳明学"将王阳明的学说简化成"心即理""致良知""知行合一"三点一线的快餐式理解法,当今学者看来都有些晕头转向,当时的谢无量则更是一头雾水,出于无奈不得不"照着讲"。

---

① 张文朝:《诸桥辙次〈诗经研究〉与谢无量之盗译、抄袭及其影响》,《中国文哲研究集刊》(台湾)2020年第56期,第138页。

学科的开创者们一旦奠定了一门学科的研究范式和基础著作之后，后起的学人们读他们的书成长，沿着开创者们开辟的路继续往下走，进而形成了我们今天才有的学术格局。总不能说当你沿着开创者们开辟出来的道路走下来成长为一名学者之后，再反转去指摘那个开辟者在开创当初违反了现在制定的"学术规范"，侵犯了当代所谓的"知识产权"吧！这犹如指摘开辟者手上拿的开山斧头是日本造的，开路的蓝图是照抄袭日本人的，或者说那样的道路日本早就有，开创者只不过把它搬到中国、在中国模仿那条路而开了一条而已，等等之类。打个通俗的比喻，一个人从小喝村里公用水井的井水长大，等他懂得所谓产权的私有化知识，知晓了一些考证知识以后，反过来去考证出那口井在打井时使用了外国人的工具，从而怀疑井水带有外国滋味，为那口井所谓产权不明而打抱不平。"吃水不忘挖井人"讲的就是相应道理。

陈来先生曾指出："就体系、框架、分期而言，谢无量的《中国哲学史》基本上还是对1910年高濑武次郎《支那哲学史》的沿袭。我们今天同当时人有一点很不一样，就是过分强调知识产权的私有性，反而忽视了文化传播的积极性、公共性。"[1]这里就牵涉到一个文化传播和思想启蒙的问题。

五、 文化传播与思想启蒙

作为白话文运动乃至新文化运动的一环，谢氏的"中国哲学史系列著作"首先具有文化传播和思想启蒙的积极意义。

1840年鸦片战争以后，特别是1895年中日甲午战争之后，中国内忧外患交相煎逼，甚至到了亡国亡种的边缘，而中国传统的旧文化和旧思

---

[1]《2020年9月1日在清华大学哲学系研究生新生入学引导讲座上的讲话整理稿》，https://www.phil.tsinghua.edu.cn/info/1037/1217.htm，访问时间：2023年5月26日。

想又严重地阻碍着民族意识的觉醒和民智的开启。为此,受到外来新文化、新思潮影响的先进知识分子奔走呼号,致力于新语言、新文化、新思想的启蒙工作,以唤醒民众,挽救民族国家危亡的局面。从梁启超、严复开始的近代白话文运动,到陈独秀提倡的"文学革命",再到"五四"新文化运动,最先就是从翻译、转译、编译外文特别是日文著作开始的,且始终贯穿"文体革新""文学革命"和"思想启蒙"三部曲。在这个运动中,谢无量从南洋公学开始,始终走在时代的最前列。

如果说"文学革命"的内涵包括"学术革命""科学革命"的话,这和新文化运动提倡的"赛先生"是一致的,也就是学术的现代化。谢无量"中国哲学史系列著作"对中国的中国哲学史学科的开山之功,可谓"科学革命"中的人文科学革命和社会科学革命的先驱。

再来看文体革新。谢无量《阳明学派》中的语言虽然还有"之乎者也"之类,但也只是一种点缀,语气已经极为接近于现代文。请看下面这两段:

> 陆王皆重实践伦理,而于宇宙问题,罕加考索。然就学说而推之,则似主张一元论。陆子虽不信周子之《太极图说》,其与朱子辨无极,亦以太极为万化根本。(引自《第一章 宇宙观》)

> 世或误解"心即理"之语,以本心与私心同类而并论之。遂以心学之弊,将流于放僻邪侈,无所不至。是岂陆王之本旨哉?故略论其差别于此。(引自《第二章 心即理说》)

以上和我们现在写论文的文章体,已别无二致。

"文体革命"的另一项内容是学术用语的近代化。时代要求新的文体,而新文体除了要求写文章时语法、语气从文言文转译到白话文以外,还要求以新的词汇为承载新文体的舟楫。众所周知,自明治维新以后,日本人主要根据中国传统典籍创制出来许多新的汉字词汇来翻译西方传来的各种科学技术、文化、法律方面的用语,也即所谓"和制汉语"。这些用语通过以梁启超为首的留日学人孜孜不倦地翻译、转译、介绍而传到中国。中国今天日常所使用的诸多词汇,特别是社会科学用语的一大半都是由近代以降的日本输入的。

单就哲学词汇而言,井上哲次郎在 1881 年编成《哲学辞汇》,后来又连续改编了三次,几乎囊括了日本新编、自造的哲学和伦理学方面的译词与术语。后来井上的学生们编撰的中国哲学史教科书中都使用着这些译词和术语。谢无量在出版《阳明学派》之前的 1914 年,出版了《(新制)哲学大要》(师范学校适用)(署名"谢蒙",中华书局 1914 年 5 月初版),介绍了哲学的基本概念及各种学派,书末还附上了译名对照。"中国哲学史系列著作"更是对哲学术语在中国的传播作出了重要的贡献。《中国哲学史》开门见山便是新词汇的堆砌,如"学术""哲学""科学""形而上学""认识论"等。《阳明学派》中则有"实践""伦理""宇宙观"之类,王阳明的宇宙论为"理气合一论",朱子的宇宙论为"理气二元论",又自创"理一元论"来概括陆象山的宇宙论。这些术语和说法沿用至今。只是"阳明学"一词因太前卫而没有被中国学术界接受,还得等待八十年后才得以流行开来。

最后想简单谈一下"思想启蒙"以及文化知识的传播问题。近代中国哲学学科产生在船坚炮利的西方列强入侵、民族危机日益严重的时代,以文化救国与开启民智是近代人文科学最大的道德要求。反帝反封建和思想启蒙是先行者文人们面临的首要任务,宣传国学知识,研究学术都应该以有益社会的功利目的为最高准则。也即时代要求中国哲学史学科在诞生时既要负担起文化启蒙的任务,又要有匡时济世以救亡的意识,以有利于时代与社会的进步。研究国故是为了打破过去的旧有观念和旧知识体系,建立新的学科是建设新文化和新的知识体系的重要一环。在这一点上,谢无量"中国哲学史系列著作"很好地完成了自己的任务,因为其最初目的就是启蒙、为学生提供新式参考书籍。这些著作一出版便风靡一时,开风气之先,影响了整整一代人,为苦难的中国带来了丰厚的精神食粮。现在再回过头去指责批判它们学术不规范,可谓以知识产权之私有心,度启蒙思想家们之公共腹。

六、 编译与创造

谢无量的"中国哲学史系列著作"为对日本同类著作的"编译",这里想讨论一下"编译"的意义。

一般来说,翻译是一个再创作的过程,也可称为二次创作(derivative work)。那么,编译的难度远在一般意义的翻译之上。

首先,编译需要一种全局想象和通盘设计。近代中国的编译事业是从梁启超开始的,他一生编译了达尔文、亚当·斯密、笛卡尔、孟德斯鸠等五十余位在世界上有影响力的思想家、哲学家、文化学家的学说与著作,当我们现在再去看梁启超的编译事业,会发现其都是有通盘考虑和一贯宗旨目的的。① 再仔细观察谢氏编译的"中国哲学史系列著作",我们也可以发现其并非随机安排、任意拈来,而都是经过了精心筛选和过滤的。

譬如按照出版时间顺序,应该是:《阳明学派》(1915)、《孔子研究》(1915)、《老子哲学》(1915)、《韩非》(1916)、《朱子学派》(1916)、《佛学大纲》(1916)、《中国哲学史》(1916)、《王充哲学》(1917)、《诗经研究》(1923)、《楚辞新论》(1923)、《中国古代政治思想研究》(1923)等等。但

---

① 李静、屠国元:《以译举政——梁启超译介行为价值取向论》,《中南大学学报》(社会科学版)2013年第6期。

是如果按照中国史的顺序加以重新编排的话,则可转换为《孔子研究》→《诗经研究》→《老子哲学》→《韩非》→《楚辞研究》→《王充哲学》→《佛学大纲》→《朱子学派》→《阳明学派》→《中国哲学史》→《中国古代政治思想研究》,一部从上古至中古到近世,从专著到通史的"中国哲学史编年系列"跃然纸上。难怪有学者不无深意地说,谢无量"特别手快而且特别善于抢先占领选题"①。

从编译宗旨来看,谢氏的筛选标准以编著一套"中国哲学史"为要务,以达到启蒙民智、宣传文化救国的目的。对此,他在国学方面的专业知识和研究积累、日本留学经历以及自南洋公学以来的翻译经验,起了很大的作用。

其次,一般的翻译者只要具备外语方面的基本知识就足以胜任简单的语言转换和翻译工作,而编译者则需要拥有一定的专业知识。这种专业知识不仅仅反映在前述选题方面,也体现在编译时对原著的删补、批判和发展等方面。在这些方面,谢无量的编译堪称楷模。

在补充方面,前文所提到的谢氏《阳明学派》对王阳明名字由来的添加,以及讨论阳明宇宙观的渊源时对陆象山宇宙观的补充,都是非常必要的,起到了画龙点睛的作用。在删节方面,据张文朝的研究,谢无量的《诗经研究》将诸桥辙次《诗经研究》中利用《诗经》讲日本式的"国家道德论",讲绝对的君臣之间的"忠""天皇一系""君臣一家"的道德论部分全部删去。② 不仅如此,谢无量的《诗经研究》删去了所有和日本相关的部分,这些都和当时风起云涌的反日爱国主义运动有关。

在批判方面,据张子康撰《近代中国学界对日本孔子研究的模仿与移植——以谢无量〈孔子〉与蟹江义丸〈孔子研究〉的关系为例》一文:

① 葛兆光:《思想史的写法——中国思想史导论》,复旦大学出版社 2004 年版,第 3 页。
② 张文朝:《诸桥辙次〈诗经研究〉与谢无量之盗译、抄袭及其影响》,《中国文哲研究集刊》(台湾)2020 年第 56 期,第 132 页。

　　蟹江还批评朱熹、王阳明未解《大学》的真意,认为朱熹的三
纲领(明明德、亲民、止于至善)与八条目(格物、致知、诚意、正心、
修身、齐家、治国、平天下)没有道破《大学》的根本思想,至于王阳
明的"致良知"说反更不如朱子。而谢无量则说:"盖《大学》以明
德、亲民、止于至善为三纲领,格物、致知、诚意、正心、修身、齐家、
治国、平天下为八条目。言孔子德治之条理,莫备于此。"与蟹江
之说正相反。①

　　他认为谢无量的《孔子》针对蟹江义丸在《孔子研究》中对朱子和王
阳明的批评进行了批判。现在看来,蟹江对朱子和王阳明的批评毫无道
理,因为《大学》因朱子才名列"四书",王阳明一生非常重视《大学》,其
创作的《大学问》为朱子之后解释古本《大学》的另一经典范本,所以谢无
量的批判是成立的。

　　在发展方面,前述谢无量在《阳明学派》的"宇宙观"部分提出象山的
宇宙观为"理一元论",就是对高濑说王阳明的宇宙观为"理气合一论"的
发展,使得人们对王阳明宇宙观的来龙去脉有了一个完整的了解。对于
此点,高濑虽有所涉及,但不详尽,只认为象山为"理宇宙观"。大概是谢
著认为在谈论阳明的宇宙观时,离开了象山的"吾心即宇宙"之说,所谓
"理气合一论"便是无源之水,于是自己添补了一些关于象山学说的材料
和论述,从而一开始就将"陆王"并称,此犹如神来之笔。张文朝认为谢
无量《诗经研究》对诸桥辙次《诗经研究》的改编有十个手法,其中第十个
手法即为"改写原著作,提出谢无量自己的观点",这其实也就是一种再
创作。②

---

① 张子康:《近代中国学界对日本孔子研究的模仿与移植——以谢无量〈孔子〉与蟹江义丸
　〈孔子研究〉的关系为例》,《关西大学中国文学会纪要》(日本)2022 年第 43 集,第
　218 页。
② 张文朝:《诸桥辙次〈诗经研究〉与谢无量之盗译、抄袭及其影响》,《中国文哲研究集刊》
　(台湾)2020 年第 56 期,第 135 页。

最后,编译者除了专业知识以外,还要有一定的研究积累。特别是对原著的增添,首先得知道原著有缺陷,需要弥补,但如何弥补,则要看编著者平时的积累和专业的功力。譬如高濑《阳明学新论》的主要缺点,就是对阳明学的渊源陆象山的事迹和学说陈述不够,显得阳明学似乎是无源之水。为了弥补这个不足,谢无量的《阳明学派》除了前述在《略传》和"宇宙观"部分"陆王并称",并随处添加关于陆象山的论述以外,还在第一编《第二章　阳明与陆象山之关系》的开头部分,增添上了这样一段:

> 学者皆以"陆王"并称,盖自宋以来之理学,程、朱为一派,陆、王为一派。阳明之学,实出于象山,而益扩充之。读象山之书,可以知阳明学之渊源;读阳明之书,可以知象山学之发展。故陆、王二家之关系,最为密切。今先述阳明博观众学,而率以象山为归者于此。以后凡述阳明学说,皆兼附论象山平日之旨趣焉。欲知阳明与象山之关系,必先考阳明平时直接所师承讲论之人,既乃明归依一宗,而致其推崇之意者。[①]

整个《第二章　阳明与陆象山之关系》为编译高濑《阳明学新论》的《第一章　发端》和《第二节　学统》而成,唯开头部分增加上了这样一节。大概是谢无量觉得这还不够,于是又在《阳明学派》的附录里增添了《附录一　陆象山学略》,其蓝本为建部遯吾《陆象山》一书《序论》的《第四　生涯》一节,但有大的删减和添加。

建部遯吾(1871—1945),号水城,新潟县人。1896 年东京帝国大学文学部哲学科毕业,也是井上哲次郎的学生。毕业后留校任讲师,1898

---

① 谢无量:《谢无量文集(第 3 卷):朱子学派·阳明学派·王充哲学》,中国人民大学出版社 2011 年版,第 197 页。

年起任东京帝国大学社会学教授,1903 年创立东京大学社会学研究室,1914—1922 年创办《日本社会学院年报》,为日本社会学界第一人,1922年退休。《陆象山》(哲学书院 1897 年版)为其 1895 年在东京大学文学部哲学科学习时的作品,前面有井上哲次郎和三宅雪岭写的《序》。建部的《陆象山》为世界第一部研究陆象山的专著,所以谢无量的《陆象山学略》以之为蓝本,说明谢氏对日本学界的动向非常了解。

七、结 语

本文认为,谢无量"中国哲学史系列著作"为日本同类著作的"编译"而非原创,并以此为前提,对谢著牵涉到所谓违反"学术规范"的疑窦进行了回应和说明。如果谢无量是一个现代人的话,那么我们会毫不留情地对他违反学术规范的行为口诛笔伐,但他毕竟是一个历史人物,当时又无什么学术规范可言,我们没有权力和法理去溯及既往,也不能用当代的学术伦理规范去裁判古人的行为,再借用一个法律用语,这叫"时效消灭"(extinctive prescription)。我们能够做的,无非揭露历史秘密,还原事实真相,思考他当时为什么会那样做,该做法在他的时代起到了什么样的进步作用,客观上有什么样的积极意义。何况谢无量的"中国哲学史系列著作"在各方面的影响力和历史功绩,比起原著来说可谓有云泥之差、天壤之别,这是不可否定的客观事实。故本文对谢无量开创中国哲学学科之功、在新文化运动中所起到的文化传播与思想启蒙作用以及"编译"的创造性和学术意义进行了如上评述,以正视听。

参考文献

1. 葛兆光:《思想史的写法——中国思想史导论》,复旦大学出版社2004年版。

2. 彭华:《谢无量年谱》,载舒大刚主编:《儒藏论坛》第3辑,四川大学出版社2009年版。

3. 钟彩钧主编:《中国哲学史书写的理论与实践》,"中央研究院"中国文哲研究所2017年版。

4. 张子康:《近代中国学界对日本孔子研究的模仿与移植——以谢无量〈孔子〉与蟹江义丸〈孔子研究〉的关系为例》,《关西大学中国文学会纪要》(日本)2022年第43集。

(编辑:吴华)

书评

《周易象数学史》简介

秦　洁[*]

　　《周易象数学史》由林忠军著,上海古籍出版社 2022 年 12 月出版,全书共 2 028 页,约 128 万字,为国家社会科学基金重点项目"象数易学史研究"结项成果,是当今海内外学界第一部《周易》象数学通史。本书以历代易学家和易学著作为研究对象,通过对大量的传世和新出土易学文献之梳理和解释,系统地论述了先秦象数易学萌芽形成、两汉象数易学鼎盛与衰微、两宋图书之学兴起与盛行、明清汉易回归与重建及晚清汉易衰落与转型等象数学之发展历程,阐明了不同时代易学家的象数思想内涵、特色及其在注经中的体例方法,并对其中复杂的象数疑难问题作了详细的考辨,力图还原历史事实。在此基础上,本书还试图运用现代话语和思维对于著名的易学家或易学著作中的象数思想与方法作出理论评析和历史定位。

　　具体而言,全书共分《先秦汉唐卷》《宋元卷》《明清卷》三册。

　　第一册《先秦汉唐卷》分四编,并卷首有绪论一篇。绪论部分简要介绍象数易学之源头、发展历程、特点及研究方法。第一编《先秦:象数易

* 秦洁,博士,山东大学易学与中国古代哲学研究中心助理研究员,研究方向为象数学、易学文献等。

学的萌芽》论述先秦时期的象数易学,涉及数字卦、《周易》经传、孔子易学观、清华简象数思想等内容,作者提出数字卦与龟卜是象数易学产生的源头,《左》《国》筮例反映出春秋时期的零星象数思想以及开始使用以象注《易》之方法,而今帛《易传》以较高的抽象思维第一次全面地对《周易》象数之概念、性质、作用等加以概括,并尝试把象数作为一个重要方法来注释《周易》卦爻辞,因此《易传》成书标志着象数思想的形成。第二编《西汉:象数易学的兴起与发展》论述了西汉时期孟喜、焦延寿、京房和《易纬》的象数易学,西汉易学家们迎合当时经学和整个学术发展的需求,运用象数观念作为手段,重在阐发易学微言大义,建立起了推天道、明人事的庞大易学体系,从而改变了易学发展的方向,使象数学成为汉代易学的主流。第三编《东汉:象数易学的鼎盛时代》论述东汉时期郑玄、荀爽、虞翻的象数易学,以此三大家为代表,他们沿袭汉易旧说,通过注经形式,阐发了一系列比西汉时期更为精密、更为深刻的象数思想,成为象数易学集大成者;但是由于东汉象数易学家过分地推崇象数,夸大其作用,因而又使易学体系变得机械、烦琐,远离了《周易》之本义,导致了自身的式微。第四编《三国魏晋隋唐:象数易学之余音》论述了三国至唐代时期陆绩、蜀才、干宝、孔颖达、李鼎祚等易学家的象数易学。此一时期,少年王弼以老庄注《易》,辨名析理,尽扫汉代象数之学,至唐尊王弼易为官学,象数之学衰微至极,幸有唐李鼎祚慧眼洞悉,撰《周易集解》而使汉代象数易学得以传世。

　　第二册《宋元卷》分三编。第一编《北宋:图书之学的兴起与发展》论述北宋时期陈抟一系、刘牧、周敦颐、邵雍的象数易学。刘牧、邵雍等不囿于易学文字笺注形式,以《易传》的数理为最基本的依据,追溯易学源头,揣摩易学圣贤思绪,探索《周易》成书的历程,由此而形成以解释图式为最基本内容的河图洛书和先天后天之学,开启了此时期易学创新之先河。第二编《南宋:图书之学流行及其合法地位之确立》论述了南宋时期朱震、朱熹、俞琰、丁易东等易学家的象数易学。其中,朱震以"推原《大传》天人之道"为宗旨,融合汉、宋象数之学,为《易》立注,以补义理之学的不足,成为宋代偏于象数之大家。而朱熹作《周易本义》和《易学启蒙》,以理学家视域诠释河图洛书、先后天图,确立了图书之学在宋代易学中的地位。第三编《元代:图书之学发展,并与汉易进一步融合》论述了元代胡一桂、吴澄和张理的象数易学。受朱熹影响,宋以后言《易》者,多言图书之学,图书之学成为易学中的重要内容。元代吴澄、张理等便对图书之学有所阐述,而从某些层面发展了朱熹图书之学的思想。

第三册《明清卷》分四编。第一编《明代:象数易学的新发展》论述了明代来知德、黄道周、方氏父子等易学家的象数易学。明代以程朱易学为官学,易学家大多以阐发和修正程朱易学为己任。但来知德、黄道周等在程朱易学之外专研象数之学,其中来知德重点以错综观念谈论易学,黄道周融合易学与天文、历法、数学为一体,而方氏父子则整合儒道释、心学与理学、象数与义理,他们各自建立起异于程朱的易学体系。同时,明代也出现了以象注《易》、回归汉易的倾向,易学研究开始转向。第二编《清初的易学辨伪思潮》论述了清代初期顾炎武、毛奇龄、黄宗羲、黄宗炎、胡渭的象数易学。虽然以程朱为代表的宋易仍是清初的显学,但却同时兴起了一股以检讨宋易图书之学为主要内容的辨伪思潮。以毛奇龄、黄宗羲、胡渭等为代表的易学家全面清算了图书之学,认为图书之学不符合《易》之本义,纯属宋人伪造。而他们所倡导的考据之方法,朴实而严谨,为清代中期乾嘉易学的形成奠定了基础。第三编《汉易象数学的复兴与重建》论述清代中期惠栋、张惠言、姚配中、焦循、王念孙父子的象数易学。具体而言,惠栋、张惠言从"汉去古未远、存古义"之观点出发,运用汉代象数兼训诂的易学方法,对汉代象数易进行了爬梳和解说,其研究旨在复原汉代象数学;而姚配中、焦循则不满足于还原汉易,而通过检讨解构汉易来创新重建汉代象数之学;此外,高邮王氏父子则反对

汉代象数之学,转而重视训诂学,重建了易学训诂范式。第四编《晚清:
汉易的衰落与象数学的转型》介绍清代晚期俞樾、纪磊、杭辛斋的象数易
学。其中,深受焦循与王氏父子影响的俞樾,用象数与训诂之法,重新诠
释汉宋易学,成为晚清时期传统象数易学之强音;与之不同的是,杭辛斋
贯通古今、融合中西,赋予象数以新的意义,其易学成果标志着象数易学
现代转型的开端。

　　整体来看,本书有如下研究特色:第一,全书研究视野广阔,研究对
象全面,是对象数学之集大成式的研究成果。本书以"周易象数学史"为
研究主题,在研究资料方面,既广泛论及传世易类文献,又详细探讨了数
字卦、清华简《筮法》等与《周易》象数密切相关的出土资料,研究所涉文
献齐备;在研究跨度方面,从《周易》成书之前的象数起源时期,经先秦、
两汉、三国魏晋隋唐、两宋、元、明,迄晚清时期,前后贯通,完成了通史性
的写作;且与研究时段相匹配,本书次序关注到孟喜、京房、郑玄、荀爽、
虞翻、邵雍、朱震、来知德、惠栋、张惠言、焦循、杭辛斋等历代代表性象数
易学大家,并分别研究了卦气、卦变、爻辰、升降、旁通、图书等代表性易
例,同时又关注并反思了历代学者对象数的不同态度。可以说,无论从
哪个角度来看,本书都是开创性的、系统性的、集大成式的当代象数易学
研究的代表性成果。第二,本书对与象数相关的理论问题有充分的自觉
与省察。除易学史层面的研究外,作者还自觉关注到象数学本身的理论
性问题。譬如,本书区分了广义与狭义的象数,广义的象数是指包括各
种术数机制在内的最庞大的象数体系,而狭义象数是指与《周易》密切相
关的易学象数体系,"周易象数学"的研究对象当然是狭义的象数体系,
这在一定程度上匡正了黄宗羲等泛化研究象数学的问题。又如本书定
位"易学史包括象数易学史和义理易学史",并重点揭橥象数易学史的研
究要点在于"以《周易》象数符号和图式为研究对象","探讨不同时代的
象数易学思想内涵、与自然科学的关系、解经方法、学派形成及在易学发

展史上的价值等问题",进而"以现代话语深刻地检讨易学史上不同形态的象数易学,重新诠释象数在新时代语境下的易学研究中的意义,思考和探索其哲学意蕴,运用新的话语系统重构其思想体系,展望其未来发展的大趋势",这显示出本书极强的问题自觉意识。第三,在研究方法方面,本书既沿袭了传统易学的解经方法,又借鉴了现代西方哲学中的解释学、符号学等方法,如论朱熹重新确立易文本为卜筮之书的解释学意义、焦循易学与经学解释学等,又如论汉代象数之学与宋代图书之学是图像符号,深刻反映出古人对"客观世界的理解与认知","以独特的思维形式展现出丰富的哲学意义",这种创新转化之尝试,使得被置于当代文化语境中的象数易学不再是一种僵死的传统,而初步转化为基于传统且又生机勃勃的象数符号新世界。第四,在研究结论方面,本书多有超越前人之论。例言之,本书在整体梳理象数易学发展历程的基础上,高度概括象数易学可分为以《左》《国》筮例,孟喜、京房、梁丘贺、焦延寿等为代表的"占验派",以汉代郑玄、荀爽、虞翻,清代惠栋、张惠言、焦循、姚配中等为代表的"注经派"和以宋代刘牧、邵雍,元代雷思齐、张理及清代江永、胡煦等为代表的"图书派"。这一认识显然比《四库全书总目》要更进一大步。又如,本书立足研究心得,从注经方式、理论形态、思维方式和影响情况等四方面全面比较了象数、义理之学,持论公允,堪为确论。

综上所述,本书以历史为线索,通过对文献和史料的搜集与辨析,全面、客观地再现了中国古代象数易学固有的"真实意义",同时通过对思想和义理的阐发与体悟,立足现代哲学视域开显了深藏于象数文本深层的"新思想"。作者淡泊名利,几十年如一日,潜心研读和思索历代艰深的象数易学著作,终于完成这部贯通先秦至晚清象数易学发展的巨著,代表了当代象数易学研究的最高水平。

Contents & Abstracts

Thematic Studies

Qiao Ding's Yi-Ology: A Changed Role—An Analysis of Qiao Ding as a "Da Zong of Cheng Yi's Philosophy"

Liu Fusheng

Abstract: Qiao Ding, a renowned Yi scholar in the Song Dynasty, is well-known for his knowledge of image-numerology. Between the Northern and Southern Song Dynasties, it is said that he mastered the art of defending against enemies and was called twice by the emperor then but without success. He is also a famous hermit. During the reign of Emperor Xiaozong of the Song Dynasty, it is said that he lived in seclusion in the Qingcheng Mountain, Chengdu at the age of 120 or 130. However, various evidence suggests that Qiao Ding could not have lived such a long life. Qiao Ding learned the image-number Yi-Ology from Guo Yong and Guo Nangshi. Moreover, there is a difference between the research fields of Qiao Ding and Cheng Yi, and Qiao Ding did not meet Cheng Yi throughout his life. Thus, it is hard to acknowledge that Qiao Ding was a disciple of Cheng Yi as suggested by Song people, or a "Da Zong (grand master) of Cheng Yi's philosophy" as regarded by Qing people.

Keywords: Qiao Ding; Cheng Yi; Yi-Ology; image-number; Zhu Xi

The Historical Cycle of Folk Taoism and Upper Taoism in Ancient China— An Examination of the Relation between *The Shangqing Dadong Zhenjing* and *The Wenchang Dadong Xianjing*

Huang Haide

Abstract: Taoism is a religion nurtured by local Chinese culture and a distinctive folk religion with its special organizational form and religious rituals since its inception. After the Wei-Jin period, Taoism was introduced to the southern region of the Yangtze River from the north. Due to the transformation of the social and historical situations, the self-inclination of Taoism to the upper class of society, and the involvement of the noble and scholar-officials, Taoism gradually became the religion of the upper class. During the Tang-Song period, Taoist beliefs flourished in Chinese society and nearly reached the status of a state religion, thanks to the political need for the imperial rule and multi-dimensional developments of Taoism. After Jin and Yuan Dynasties, upper Taoism saw a gradual declination, and continually developed as a folk religion, making a vast space for the survival of religion in civil society throughout China. This bottom-up transformation with the subsequent top-down spread is a unique religious cycle phenomenon of Chinese Taoism. Through examination and discussion of the *Shangqing Dadong Zhenjing*, a classic of the Taoist Shangqing School (School of Highest Clarity) in the Wei and Jin Dynasties, and the *Wenchang Dadong*

Xianjing which was popular in the Song and Yuan Dynasties, this paper attempts to depict the special trajectory of the religious cycle in order to reveal the inner historical logic hidden behind the phenomenon.

Keywords: folk Taoism; upper Taoism; *Shangqing Dadong Zhenjing*; *Wenchang Dadong Xianjing*

Refining Classics with Reason: On Wang Bai's Study of *The Book of Documents*

Chen Shijun

Abstract: Wang Bai(王柏,1197—1274) is a major representative of Beishan School. His study of *The Book of Documents* is built upon Zhu Xi(朱子, 1130—1200) and Cai Shen(蔡沈,1167—1230) in a creative way, as was demonstrated by the new development of Zhu Xi's philosophy when introduced to the Jinhua area of Zhejiang Province. Wang Bai paid equal attention to practice and lecturing. He emphasized the interaction between text and intellectual activities, and regarded *The Book of Documents* as reliable history of three generations to impart Confucian orthodoxy. *The Book of Documents* was compiled by Confucius(孔子,551 BC—479 BC) with the intention to set an example and establish his teachings for later generations. By following the theory of orthodoxy, Wang Bai "complemented the books by the saints". He relocated, deleted and reordered the text of *The Book of Documents*, by the virtue of Tao, and developed Zhu Zi and Cai Shen's method of "Considering every interpretation, and then applying righteousness and reason to determine. Washing what is fragmented, and finally unifying in simplicity". To a certain extent, he was able to reconcile the conflicts between Zhu Xi's

Philosophy and the texts of Confucian classics, which were often found in Zhu Xi's philosophy. Nevertheless, Wang Bai's deletion and removal of some text are inevitably influenced by his subjective conjectures. Some of his changes lack strong evidence, and is therefore criticized by later generations. Between the texts of Confucian classics and the ideas of righteousness and reason advocated by Neo-Confucianism, Wang Bai preferred the latter. His idea of refining Confucian classics is influenced by the ideological trend of his time, yet this is also where his studies on the classics are limited.

Keywords: Wang Bai; study of *The Book of Documents*; Zhu Xi's philosophy; the theory of orthodoxy; disputable scripture

The Influence of Dong Zhongshu on the Confucian Classics in the Late Qing Dynasty

Huang Kaiguo

Abstract: The Gongyang study, formed by the explanation of *The Gongyang Commentary on the Spring and Autumn Annals*, is the most significant doctrine in the Confucian classics since Han Dynasty, with Dong Zhongshu as its greatest master. His Gongyang study was not only a prominent work in the Western Han Dynasty, but also had a major impact even in the late Qing Dynasty. The theories of scholars—Liao Ping and Kang Youwei on the Confucian classics in the late Qing Dynasty, are constructed mainly by making use of a study of Confucius' reform proposed by Dong Zhongshu, and focusing on the flexible interpretation of the Confucian classics. For one thing, based on that study, Liao Ping created the study of Confucian classics with humans and nature as the core; while Kang Youwei established modern theories focusing on contents like Western democracy. For another, the flexible interpretation of the Confucian classics serves as the most effective methodology for both Liao Ping and Kang Youwei in the utilization of the ancient and modern Chinese and Western theories with facility for setting up their own.

Keywords: Dong Zhongshu; Gongyang study; late Qing Dynasty; Liao Ping; Kang Youwei

Filial Piety as the Base of Morality and *Xiao Jing* as the Root of "Six Confucian Classics"—Based on Ma Yifu's *Taihe Yishan Hui Yu* and *Xiao Jing Da Yi*

Shu Dagang

Abstract: This paper presents a discussion Ma Yifu's view which claims "*Xiao Jing* (*The Scripture of Filial Piety*) is the root of the Six Arts" from the perspectives of principle, literature, and history and culture. It asserts that Ma's systems of "Six Arts ruling Confucian classics" and "*Xiao Jing* as the root of Six Arts" are effective in systematically understanding the significance of Confucian classics, disentangling its reading order, and quickly grasping its essence.

Keywords: Ma Yifu; Six Arts; *Xiao Jing*; the Dao of Filial Piety

The Thought of "Men Are My Brothers and All Things Are My Friends"—From the Perspective of the Community of Human Destiny

Xu Ning, Gao Guipeng

Abstract: The thought of "men are my brothers and all things are my friends" put forward by Zhang Zai not only reflects of the spirit of Neo-Confucianism, but also epitomizes the characteristics of excellent traditional Chinese culture, which contains the benevolent spirit of "all under heaven are one family", the ecological ethics of "harmony between man and nature", the value concept of "revenge will be reconciled" and the idea of "peace through all ages". The thought of "men are my brothers and all things are my friends" not only reflects the spiritual characteristics of Neo-Confucianism, but also reflects the cultural ideal that transcends times and contains the fundamental idea of the common destiny of humanity.

Keywords: Zhang Zai Guan School; men are my brothers and all things are my friends; the community of human destiny

The Hermeneutic of the Four Books and Shanji Lu's Confucian Thought

Chen Hanming

Abstract: *The Hermeneutic of the Four Books*, written by Shanji Lu (鹿善继,1575—1636) in the late Ming Dynasty, is a work on "the Four Books". Among Lu's voluminous writings, *The Hermeneutic of the Four Books* gives full expression of Confucianism and communicates Lu's personal Confucian thought and moral spirit. Among many aspects that are covered in this work are the ontology of conscience, the idea of learning with frequent review as academic nurturing, the idea of gaining joy through making great efforts at work, the theory of conducting oneself, the theory of ceremonial rites and music, the view of righteousness and benefit and etc. Two significant features of Lu's Confucian thought can be characterized as emphasis on practice and transcendence over various schools of Confucian thought.

Keywords: *The Hermeneutic of the Four Books*; Shanji Lu; the Confucian thought

The International Dissemination of Chinese Classics

The Interpretation Features of Jeong Yak-yong's *Ancient and Modern Annotations of the Analects*

Tang Minggui

Abstract: In terms of arrangement style, Jeong Yak-yong set the main forms of supplementation, rebuttal, enquiry, citation, examination, and facts and cases to evaluate and differentiate classical texts in *Ancient and Modern Annotations of the Analects*. By doing so, Jeong Yak-yong also established the interpretation system of Confucius Classics. Although he quoted a lot of notes from his predecessors in his exposition, Jeong Yak-yong exercised sound judgement to tell right from the wrong. At the same time, he presented many fresh ideas about these annotations and supplied the *Analects* with more annotations. Therefore, the *Ancient and Modern Annotations of the Analects* became a classic representative of the practical studies school in the late Korean period.

Keywords: Jeong Yak-yong; *Ancient and Modern Annotations of the Analects*; interpretation features

Xie Wuliang's " The Collective Works of the History of Chinese Philosophy" and Japan—Centered on *The Yangming School*

Deng Hong

Abstract: "The collective works of the history of Chinese philosophy" by Xie Wuliang are not original writings but compilation of translated works of Japanese scholars on the same subject. They have been widely spread in the Chinese language world for more than a hundred years, and are far more influential than the original works in all aspects. They played a pioneering role in the creation of Chinese philosophy as a discipline. They also have made an important impact on cultural dissemination and ideological enlightenment in the New Culture Movement, and had a creative and academic significance in terms of compiling translated works.

Keywords: Xie Wuliang; Takejiro Takase; *The Yangming School*; the history of Chinese philosophy; compilation; the New Culture Movement

约稿函

　　《中华经典研究》旨在"研究经典,传承文明;融会中西,沟通古今"。本刊主要栏目有:文本研究、经典阐释、名家访谈、学术动态、海外传播、青年学者论坛等。我们以"开明开放,平等平和;百家经典,兼容并包;学术融通,互动互鉴"为办刊方针,倡导学术民主,讨论自由,因经明道,弘道兴学。研究经典之文本,总结经学之成就,发掘经典之价值,揭示圣贤之密旨,为认识历史、服务现实贡献智慧。引领社会亲近经典、研读经典、品味经典,从经典中汲取古今中外圣贤的智慧。

　　来稿须坚持马克思主义的立场、观点和方法,体现原创性、前沿性和专业性,符合学术规范,学风严谨、文风朴实。来稿须确保没有知识产权争议,杜绝弄虚作假、抄袭剽窃、侵犯他人知识产权。论文部件及格式:包括题名(一级标题3号,二级标题4号,三级及以下标题与正文同用小4号,均用宋体),作者(4号楷体),中、英文内容摘要(200字以内,中文5号楷体,英文5号Times New Roman),中、英文关键词(术语3—5个,中空1字符,中文5号楷体,英文5号楷体Times New Roman),正文(中文简体,小4号宋体),注释,参考文献(置于文末,用1、2、3……排序,5号宋体)等。

　　其中,注释统一采用页下注(脚注),序号用①②③……置于引用文

字或要说明文字的右上方。每页重新编号(小 5 号宋体)。相关技术规范如下:

专著。如:晁中辰:《明成祖传》,人民出版社 1993 年版,第 6 页。

析出文献。如:汪子春:《中国养蚕科学技术的发展和传播》,载自然科学研究所主编:《中国古代科技成就》,中国青年出版社 1978 年版,第 382—391 页。

古籍。如:[清]姚际恒:《古今伪书考》卷三,清光绪三年苏州活字本,9/a。

[清]屈大均:《广东新语》卷九《学语》,中华书局 1985 年版,第 5 页。

期刊、报纸。期刊如:吴艳红:《明代流刑考》,《历史研究》2000 年第 6 期。

报纸如:王启东:《法制与法治》,《法制日报》1989 年 3 月 2 日。

外文文献。如:Charles Shepherdson, *Vital Signs: Nature, Culture, Psychoanalysis*, New York: Routledge, 2000, p. 35.

D. Schiffrin, D. Tannen & H. E. Hamilton (eds.), *The Handbook of Discourse Analysis*, Oxford: Blackwell, 2003, pp. 352-371.

转引文献。如:章太炎:《在长沙晨光学校演说》,1925 年 10 月,转引自汤志钧编:《章太炎年谱长编》下册,中华书局 1979 年版,第 823 页。

来稿需提交电子文本或纸质文本。投稿日期以邮件寄发时间为准。应另件专附作者简介及项目信息(200 字以内)。电子版稿件请以 Word 文件格式提交,邮件主题为"《中华经典研究》投稿",文件名为"作者名—文章名",请发送至:scuzhjdyj@163.com。纸质稿件请寄:四川省成都市武侯区望江路 29 号四川大学中华文化研究院《中华经典研究》编辑部,邮政编码:610064,请注明"《中华经典研究》投稿"字样。联系电话:028-85415080。

稿件评审采取双向盲评方式,严格遵循科学、专业、公正的原则,实行函件与线上评审相结合,个人审阅与会议评审相结合,履行责任编辑初审、编辑部二审、编委会三审、主编审定等程序,严把稿件质量关。来稿一经录用即行通知,并致稿酬,优稿优酬。

请勿一稿多投。若投稿后三个月仍未接到用稿通知,可自行处理稿件。纸质稿件恕不退还。

本刊已许可中国知网等网络知识服务平台以数字化方式复制、汇编、发行、信息网络传播本刊全文。本刊支付的稿酬已包含网络知识服务平台的著作权使用费,所有署名作者向本刊提交文章发表之行为视为同意此说明。如有异议,请在投稿时说明,本刊将按作者说明处理。

Invitation Letter for Contributions

The purpose of *The Study of Chinese Classics* is to "study classics, inherit civilization; integrate different cultures, and communicate between the ancient and the modern." The main columns of this journal include Text Analysis, Exposition on Classics, Scholars One-on-One, Academic Trends, Overseas Dissemination, Young Scholars' Forum, etc.

We embrace the principles of being open-minded, being inclusive, being communicative, and mutual learning. We advocate academic democracy, freedom of discussion, truth-seeking, and knowledge revival by studying classics, learning from previous achievements, discovering the value of classics and revealing thoughts of sages. By doing so, we contribute our wisdom for understanding history and serve society.

Manuscripts submitted to our journal must adhere to the Marxist position, viewpoint and method, reflect originality, frontier of the most current research and professionalism, and must be in line with academic standards, demonstrate academic rigor, and follow a straightforward academic writing style. Authors must ensure that there is no dispute over intellectual property rights, and no fraud, plagiarism, or infringement of other's intellectual property.

Manuscripts written in languages other than Chinese should follow MLA style as set out in the most recent edition of the MLA Handbook. *The Study of Chinese Classics* adopts a double-blinded review process. We encourage authors to send in your manuscripts anonymously with author's bio attached in a separate document to the editorial office of *The Study of Chinese Classics* via email. The email address is scuzhjdyj@ 163. com.

Please know that the author should disclose any prior distribution and/or publication of any portion of the material, including where the article has been shared as a preprint, to the Editor for the Editor's consideration and make sure that appropriate attribution to the prior distribution and/or publication of the material is included.

The Study of Chinese Classics provides the author grants for the sole and exclusive right and license to publish for the full legal term of copyright.